陈垣
和家人

（修订版）

曾庆瑛　著

北京师范大学出版集团
BEIJING NORMAL UNIVERSITY PUBLISHING GROUP
北京师范大学出版社

图书在版编目(CIP)数据

陈垣和家人 / 曾庆瑛著．—修订本．—北京：北京师范大学出版
社，2020.8

ISBN 978－7－303－25871－0

Ⅰ.①陈… Ⅱ.①曾… Ⅲ.①陈垣(1880－1971)—人物研究 ②陈
垣(1880－1971)—家族—史料 Ⅳ.①K825.81②K820.9

中国版本图书馆 CIP 数据核字(2020)第 093113 号

营 销 中 心 电 话	010－58807651
北 师 大 出 版 社 高 等 教 育 分 社 微 信 公 众 号	新外大街拾玖号

CHENYUAN HE JIAREN

出版发行:北京师范大学出版社 www.bnup.com
　　　　　北京市西城区新街口外大街 12－3 号
　　　　　邮政编码:100088
印　　刷:北京盛通印刷股份有限公司
经　　销:全国新华书店
开　　本:710 mm×1000 mm　1/16
印　　张:26.75
字　　数:300 千字
版　　次:2020 年 8 月第 1 版
印　　次:2020 年 8 月第 1 次印刷
定　　价:79.00 元

策划编辑:李 强 卫 兵　　　责任编辑:陈佳宵
美术编辑:李向昕　　　　　　　装帧设计:李向昕
责任校对:陈 民　　　　　　　责任印制:马 洁

目　录

第一篇　陈垣先生的家乡、家世与家庭

一、家乡

史学大师陈垣先生，字援庵，清光绪六年（1880 年）11 月 12 日出生在广东新会县棠下镇石头乡（今已划归江门市蓬江区）。石头乡位于新会县的北部，距广州市 103 千米，距江门市只有 4 千米，距新会县城 20 千米。它处在珠江三角洲的西南边缘，境内水道纵横，果树繁茂，绿水青山美如画，是名副其实的鱼米之乡。

关于新会陈氏的祖先，根据《陈氏家谱》的记载，可以追溯到中国历史上的虞舜时代。舜的第二十八代孙胡公满，受周武王（约公元前 11 世纪）册封为陈国的国君（在今河南淮阳），因而以"陈"为姓。胡公满的第三十八代孙为陈寔，他是东汉时代一个很有名气的官员。陈寔的第五代孙名陈登，是三国曹操时代的一名将军。陈登的第二十二代孙陈洪，在北宋初年曾当官。陈洪的后人先在金陵（今江苏南京），后迁移到福建。陈洪的第五代孙名陈寅，又迁移到广东北部的南雄保昌县珠玑巷。陈寅的第四代孙名陈宣。陈宣有七兄弟，当时保昌县有一名姓黄的珠宝商人，勾引皇妃苏氏潜逃，宋朝官府发兵要除灭保昌县的百姓，他们又从南雄迁到珠江三角洲的顺德、新会一带。陈宣的次子陈仲义定居于新会石头乡，这时已是南宋。

从虞舜到陈洪，只是一些传说，不可能是准确的记载。陈寔到陈登，相隔只有二十几年，陈登不可能是陈寔的第五代孙。在《陈氏家谱》中，从陈寅到陈仲义这一段，也有许多传说的成分，如所谓黄姓商人勾引皇妃的故事就是如此，类似的故事在广东其他姓的家谱中也有记载。陈垣先生的祖先，陈宣以下，在《陈氏家谱》中都有明确的生卒年代及葬地，到此才算有准确的记载。

《陈氏家谱》也部分地反映了珠江三角洲的开发情况。珠江三角洲与黄河流域、长江流域相比，开发时间比较晚。它是随着大批中原地区民众一次又一次大迁徙而发展起来的。

根据史书记载，大约在东晋（317—420）时，才在新会设立"县"一级的机构。这说明，此时期当地人口大增，经济也得到相当发展，政府认为有必要在此设置常驻机构和官员。到了隋朝（581—618），此地才正式命名为"新会"。这个名称一直沿用至今。

从陈宣到陈垣，相隔六百余年，陈垣是陈宣的第二十三代孙（大约三十年为一代）。

二、家世

（一）祖父海学与祖母

陈垣先生的祖父名社松，字海学，号达潮。他的后人尊称他为海学公。他生于清嘉庆十六年（1811年）五月十八日，卒于光绪四年（1878年）十月二十一日，享年六十八岁。海学在青年时从新会柑农手中收购陈皮，运到广州摆地摊卖。由于经营有方，在1836年二十六岁时在广州开办了以自己名字命名的"松记"药材店，1847年三十七岁时就在广州城晏公街租了闽漳会馆旧址，正式开办了"陈信义"药材商行。店门前挂了一副对联：

"信人所任，义事之宜。"药店取名为"陈信义"，表示商店秉持诚信，老幼不欺。

海学公在陈垣先生出生前两年便去世了。他是从父辈们的讲述和他童年在铺头（陈信义行）生活的经历中，对祖父有所了解的。他深感祖父当年白手起家、赤手空拳在家乡经营陈皮生意，三十七岁就在广州开办陈信义行，实属不易。海学公是陈氏家族药材生意的开创者和奠基人。

海学公先后有三位妻子。第一位是谢氏（辛亥革命前的中国，许多妇女只有姓而无名，或者只有小名）。谢氏比海学小七岁，十二岁时便死了。可能是童养媳，或订婚后未完婚就死了。海学正式娶的第一位妻子钟氏，按当时的说法叫"继配"，也是正妻。她比海学小六岁。在海学富裕起来后，又娶了比他小二十三岁的黄氏为妾。娶妾在旧中国富裕家庭中是比较普遍的现象，在广东更为常见。钟氏和黄氏一共生了九个儿子，九兄弟中，除了老四读过几年书外，其余八子都继承父业经商。

在两位祖母中，陈垣先生只见过黄氏。但因为他很早就离开了家乡，到广州读书，对祖母没有深刻印象。黄氏祖母1921年去世，享年八十八岁。陈垣先生只保留了她的一张照片，称她为太君。

（二）父母

陈垣先生的生父满田，字维启，号励耘，是海学公的第五个儿子，生于清朝咸丰五年（1855年）。维启除了经营中药材生意外，还做过茶叶生意，他曾到广东北面的湖南湘潭县采办茶叶，因而陈垣在20世纪40年代为湘潭宁氏题诗曰：

两世论交话有因，湘潭烟树记前闻。

寒宗也是农家子，书屋而今号励耘。

维启的号叫"励耘"，他对陈垣先生一生事业的发展、为人的态度，影响很大。陈垣后来把自己的书斋取名"励耘书屋"，一方面是用它来勉励自己要努力在学术上耕耘，另一方面也是表达他对父亲的怀念。

维启的妻子周氏，比丈夫小四岁。在维启二十六岁、周氏二十二岁时，也就是清朝第十一代皇帝——光绪皇帝的六年十月初十，即 1880 年 11 月 12 日，他们的第一个儿子诞生了。他就是 20 世纪中国著名的史学泰斗——陈垣。按照家谱，陈垣先生的大名为"道宗"。一般人很少知道他的大名，只知道陈垣字援庵。他的弟弟比他小十五岁，大名叫宗强，后来改名为国键。周氏共生了四个儿子，但其中两个夭折了，另有四个女儿。

陈垣先生出生之时，陈信义药店已创建了四十四年，家境比较富裕。祖父海学在生前为他的九个儿子买地置产。石头陈氏故居是三排九栋房屋。每个儿子一栋，每栋布局几乎都一样。进入大门是天井，天井两侧各有一间小屋大约十平方米。一边是厨房，一边是堆柴草用的。正厅有六七十平方米。正面是安放祖宗牌位的供桌。正厅两侧各有两间厢房，是卧室。这样的居住环境，在当时当地是比较好的了。房后小山坡种满竹子、果树。整个宅院用石头砌成院墙，总称为"陈宁远堂"。光绪二十四年（1898 年）树立的一块界碑，至今还在原处。

陈垣先生六岁时（实足年龄不到五岁），他的三伯父维举去世了。维举比陈垣的生父维启大两岁，死时不到三十四岁。他只

祖母黄氏。1920 年照，时年 87 岁。　　　父亲维启。

母亲周氏。1918 年照，　　　过继母亲李氏。1938 年照，
时年 60 岁。　　　　　　　时年 81 岁。

有一个女儿，没有儿子。在当时的中国社会，一个人死时没有儿子，他的灵魂就无人供养，无人为他祭祀、守灵。这就是最大的一件憾事。在他们几兄弟中，维举与维启感情最好，于是，维启将儿子陈垣过继给维举。当时国键尚未出生，按照宗族家法，陈垣要兼祧两房（三房、五房），从此，父母让他搬到三房去居住。在陈垣先生的青年时代，还经常回忆起孩童时期的经历与感受。他说在幼童时代，自己虽然与过继母亲李氏生活在一起，她对他百般关爱，但他毕竟是在生母周氏的怀抱中长大的，对她还是很依恋的。每次吃饭，他总是先在过继母亲处吃一点，然后又偷偷跑回生母那里去吃饭。生母虽然识字不多，但经常教他唱儿歌。陈垣见到母亲时还会唱上几句，逗得母亲开怀大笑，自己也很高兴。三房在第一排，五房在第二排，两房离得很近，很容易跑来跑去，有点"身在曹营心在汉"的意思。这样，陈垣先生就有了两位母亲，一位是生母，她活到七十六岁；一位是过继母亲，她二十八岁时便守寡，一直活到九十岁。她们逝世时，陈垣先生无论怎么忙，都回到家乡奔丧。

陈垣先生的生父维启，是位很开明的商人，他自己没有读多少书，把一切希望寄托在儿子身上，期望他将来有所作为。陈垣读书，得到了父亲全力的支持和鼓励。陈垣最喜欢博览群书，而并不是按照科举考试的要求去读书。在陈氏家族中，不少长辈认为，他既不经商，又不好好准备科举考试，对他有不少指责。他的父亲则不然，不惜花费重金，供他买书，不加任何限制，要多少钱买书就给多少钱。1941年陈垣先生在家书中深情地回忆道："余少不喜八股，而好泛览。长者许之者夸为能读大书，而非之者诃为好读杂书，余不顾也。幸先君子（指父亲）不加督责，且购书无吝，故能纵其所欲。"他十六岁时开始购买大部头的书，花八两银子买《四库全书总目》，花七两银子买《十三经注疏》，花十三两银子买《皇清经解》，花一百多两银子买《二十四史》，等等，他父亲从未因他花钱买书皱过眉头。

十七岁时，陈垣自觉学有所成，只身到北京参加顺天乡试，但因为作文没有按照八股文程式，名落孙山。他发愤学作八股文，但是"等八股文学好，科举也废除了，白白糟蹋了两年时间。不过，也得到一些读书的好方法。就是苦读，也就是我们现在所说的刻苦钻研，专心致志。逐渐养成了刻苦读书的习惯"。这就为他后来从事史学研究奠定了扎实的基础。

可以说，陈垣先生一生的光辉成就，与他父亲的大力支持、培养分不开。当然，他天赋很高，记忆力超群，是一代奇才。

他父亲于 1909 年病逝，享年五十五岁。

他的两位母亲长期住在乡下。陈垣六岁就离开家乡到广州求学，1913 年定居北京后，除了有限的几次回家省亲外，没有与母亲见面的机会，因此，他每次给广东的儿子约之写信，必定要他向两位祖母请安，并告知自己的近况，要她们不要过分担心，他常因不能亲身侍奉母亲而内疚。抗战期间，他常挂念母亲的消息，"企想不可言喻"，得到平安消息时，为之"慰极"。

新会故居外景。

陈宁远堂族人团聚图。前排左二为陈垣，左三为九叔维镰。

三、家庭

（一）妻子

陈垣先生先后有三位妻子。

结发妻子邓照圆，新会篁边人。1896 年，陈垣十六岁了，正在广州读书，父母做主，要他回家完婚。小小年纪的他，不懂得如何面对。他没有选择的余地，只得默默地接受。因为他孝顺父母，违抗父母之命是大逆不道的。邓照圆比他小两岁，婚前他们从未见过面。她原名叫邓珍安，家里还有两个姐姐，大姐金安，二姐银安。父亲名邓学桥，是邓家的独子，一直在家务农。由于辛勤耕种，家境还算殷实，在他有了三个女儿后，其母十分焦急，盼望有个孙子，于是又为邓学桥娶了二房，希望能为邓家传宗接代。果然二房连生二子二女，后来原配也连生了两个儿子。这样，邓珍安便有四个弟弟，这四个弟弟后来都随堂叔、老同盟会会员邓泽如到南洋、新加坡做药材生意去了。

小小年纪的陈垣，虽对这桩婚姻不满意，但在当时，他无法决定自己的命运，这种无爱情的婚姻是不幸的，也是无可奈何的。好在邓珍安是个本分、纯朴的妇人，她对丈夫尽心照料。为了让自己随时陪伴在丈夫身边，她把自己的名字改为邓照圆。因为陈垣字援庵，又字圆庵，"照圆"有映照着圆庵之意。她自小没有读过书，缠小脚。只要她知道陈垣要回来，就会跑到村口路边去等，一直到等来丈夫为止。有段时间，陈垣让妻子跟自己的两个妹妹一同到广州去读书、识字。

结婚三年之后，他们的第一个孩子降生了，是个女儿，因为是农历八月桂花开时生的，取名桂辛。四年后的 1902 年，长子博出世（后来改名乐素）。1909 年，三子约之出世。陈垣先生

1913 年到北京定居，邓照圆一直随小儿子和女儿在乡下、广州、香港、韶关各地居住，没有到过北京。她于 1966 年在广州病逝，享年八十四岁。

陈垣的第二位妻子名吴淑媛。当年陈垣过继给三伯父维举时，生父维启也只有陈垣一个儿子。直到 1895 年，生母才生了第二个儿子国键。故陈垣过继时是"兼祧两房"，因此，在与邓照圆结婚以后，家族又让他娶了第二房吴淑媛。当时陈垣在广州读书，很少回家，有一种说法是发妻邓照圆也想趁此机会把自己认识的朋友吴淑媛介绍过来，作为五房为陈垣娶的妻子。吴比陈垣小四岁，也是新会人。

这两次婚姻可以说是没有爱情的结合，为以后的家庭悲剧留下隐患。陈垣当时正在专心读书，他的翅膀还没长硬，只得顺从长辈们的安排，像例行公事一样，生儿育女。吴淑媛嫁到陈家后，育有二子二女：1904 年生子仲益，1908 年生女利贞，1910 年生子让，1912 年生女潜。

吴淑媛也没有随陈垣到北京。不久以后她送朋友上船，返回岸上时，在跳板上失足落水身亡，时年只有二十八岁。

这两位夫人既不识字，又缠足，与陈垣没有什么共同语言。特别是发妻邓照圆，她对丈夫一往情深，自认命苦，不能跟随照顾陈垣，就把哀愁与思念深深埋在心底。她知道陈垣喜欢吃家乡的鲮鱼，经常让儿女们买些鲮鱼，晒干后寄到北京。

随着西方文化的传入和影响的深入，陈垣在广州眼界渐开。他读书很多，并学习西方的医学。他很聪明，又长得一表人才，人们常称他为"靓仔垣"。他经常在报刊发表文章、公开演讲，能说善写，是个活跃的先进青年。他的名气与日俱增，引来了不少开放女性的追求。当时，陈垣凡是发表政论文章都用笔名，其

夫人邓照圆。

夫人徐蕙龄。

中一个笔名是"豔"。有朋友曾问他，"豔"是何意，他坦言，是他最喜欢的一个女朋友的名字。

陈垣先生的第三位妻子徐蕙龄，毕业于广州光华医学校。陈垣是该校的第一届毕业生，毕业后留校任教。而徐则是第五届毕业生，因此，两人既是校友，又是师生，他们应该是自由恋爱的。陈垣1913年就任民国国会众议员，到北京定居，徐也从广州来到北京。对此有两种说法：一种说法是陈垣到北京后，徐追随其后，从广州追到北京。这种说法比较可靠，因陈垣到北京开会，不可能带家眷来。另一种说法是陈垣把她带到了北京。她与陈垣育有一子三女：1914年女儿善生于北京，1916年生子容，1918年生女慈，1921年生女冬。

陈垣先生与徐蕙龄共同生活的时间最长，将近四十年。但到了晚年，两人的感情出了问题。1948年两人分居，徐一人离开兴化寺街五号，独自搬到毛家湾居住。1949年后，又由儿子陈容接到天津，同儿子生活在一起。徐女士到北京后一直没有工作，虽学过医，没派上用场。她不懂历史，喜欢做自己的事，身体也不很好，抽烟、喝酒，不管家务，经常一人外出游玩，家里总是乱糟糟的。陈垣先生在家经常吃不上一口热饭，只得从辅仁女校买面包，涂上点黄油，就是一顿。陈和徐生的子女，长大后都没有留在他们身边。大女儿在广州教书，儿子和两个小女儿到美国留学。陈垣先生整天忙于教学，著书立说，生活上不会自己料理，他去上课时，扣子掉了，袖口开线了，都没有人钉一下。当然，有时学生看不过去，也会帮帮忙。徐女士后来精神有些不正常，弄得陈垣先生也很烦恼。

对天津、广州的两位妻子，陈垣先生一直寄生活费。一直到1966年5月，邓、徐两人相隔不到一周，先后在广州、天津病逝。

邓享年八十四岁，徐享年七十四岁。亲朋在料理徐的后事时，发现她的衣橱里装满了两大袋香烟头，可见她晚年的抑郁、苦闷。

陈垣先生没有记日记的习惯，他的内心情感也很少外露，但从种种迹象来看，他的夫妻生活并不融洽。

1932年10月，他在给广州的儿子约之写信时说："我近日处境，亦极困难。上不得两母欢心，下不得妻子满意，中不得弟妹怡悦。时时抚心自问，只觉读书一世，不晓做人。望我儿好自为之，勿效乃父也。""不得两母欢心"，是指远隔平粤，不能亲身服侍母亲，深感愧疚。"不得弟妹怡悦"，也是因为分处南北，不能叙首。重点是"不得妻子满意"，大约是指同徐的关系，已出现了裂痕。

20世纪40年代末，陈垣先生在给外孙罗永昌的复信中说："你知道久不覆你信的缘故否？因你每次来信，都有三个刺眼的字，常常惹起此间家庭的不快，所以一见到你来信，不敢拆，即焚毁。你系好意，但系累人，请以后信内不可提及这三个字。不告你，你永远不明白，忍不住，乃告你。"罗永昌是长女桂辛之子，当时在香港，"三个刺眼的字"，应该是"外祖母"，指陈垣先生的结发妻邓照圆。"惹起此间家庭不快"，应指徐蕙龄之不快。看来，外孙的信，使陈垣先生处于两难之地。

（二）子女

陈垣子女共十一人。邓照圆、吴淑媛所生四女三子都出生在广东，除约之外，陈垣先生都让他们在北京上中小学，学北京话。约之则到1950年才实现了到北京看望父亲的心愿。

吴淑媛所生的四个孩子中，让、利、潜都死于肺结核。利死时二十四岁，未婚。潜死时三十五岁。让死时才二十一岁。长子仲益 1970 年死于肺癌，享年六十六岁，在吴所生四个子女中，算是最长寿的了。

陈让聪颖早熟，深受陈垣疼爱。他的早逝，令陈垣痛惜不已，在家书中屡屡提到他。1932 年 11 月 16 日，是让逝世周年，陈垣写道："今日为让儿卒日，思之为之泫然酸鼻也。"同年 2 月 24 日家书："让篆似是十七岁时所书，可惜、可惜！"陈垣先生一直保存着让于十九岁时所作《清代学者之地理分配》文稿，从中也可以看到陈垣对他的指导与帮助。陈垣先生用三页纸列出两地或两地以上的同名名单。如新城，吉、直、鲁、赣、浙、黔都有此县名，提醒让在撰述清代学者的地理分配时，避免张冠李戴的错误。可以说，让是他最喜欢的一个儿子。

长子乐素，原名博，是陈垣十一位子女中唯一继承父业、从事历史研究和历史教学的人。乐素在广州小学毕业后，1916 年十四岁时到北京与父亲一起生活，就读汇文中学。十六岁时，陈垣让他和小两岁的弟弟仲益赴日本留学。当时，他学的是经济学，在东京明治大学就读。陈垣先生对子女的教育一向遵循"不愤不启，不悱不发"的方针，着重诱导、启发。开始他并没有强迫乐素一定要从事历史学，只是让他在日本的著名图书馆帮他查找、抄录宗教史的资料。待到乐素留学回国，并且表现出对史学的兴趣，转而从事史学时，陈垣欣喜异常。他对乐素确定论文的选题，寻找资料，组织成文，以至推荐在合适的刊物上发表，无不倾注心血。他关注乐素每一步的成长，为之欣慰。现存的 1946 年 3 月至 4 月的连续多封信中，他对乐素所作《直斋书录解题作者陈振孙》一文，巨细无遗，提出了详尽的修改意见，甚至考虑到"此文引号多，传写排印，易于脱落，故需预备其有脱落时，亦不至令人误会乃可"。同年 6 月至 7 月的几封长信，又详细介绍自己开设"史源学实习"课的经验和办法，为他在浙江大学开设相类似的课程提供非常详尽的指导。抗战期间，父子分隔南北，通信不畅，"等汝信等到疲了"，"得到平安家报，欣喜之至"。真是"烽火连三月，家书抵万金"。知道乐素经济困难，家书中说："汝有儿女多人，家中应帮助汝，汝所业是教读，家中尤须帮助汝。家中无钱则已，如有，任汝花消也。免得时时要兼顾生活，何能读书耶？不够用，向三叔处汇可也，或由我转知亦可。"1936 年，乐素的《毛诗六帖》等两篇文章发表，陈垣先生在给约之信中谈到乐素说："名誉渐起，可慰也。"1947 年家书中又说乐素："学问日进，声望日起，地位日高，慰甚。"他对儿子的进步感到由衷的高兴。

约之是陈垣先生唯一留在南方的儿子，父子间的通信特多。约之有时流露出对不能到北京的埋怨情绪，陈垣先生总是这样开导他："远有远的好处，他们在平的，一年不能得我一字也。""彼（指四子容之）喜欢物理工程一路，不甚好文科也。我与你讲话时候，比与他讲话时候多得多。你每星期一函，他每星期不一定回家，回家未必细谈能如通信也。故汝受教训时比他多，所谓数见不鲜也。细察自觉。"果然，现在保留下来的陈垣与约之自 1928 年（约之十九岁）至 1966 年近四十年间的两百多封信，详细记录了陈垣先生如何教子为人、处世、教书、写字，是一部多方面的"函授教材"。陈垣先生没有记日记的习惯，这些书信，也是了解他感情生活的重要资料。

对于孙子、外孙一辈人，陈垣先生也是不分内外，关怀备至，有来信必复，循循善诱。外孙罗永昌，是长女桂辛的小儿子。少年丧父，青年丧兄，十几岁就辍学工作，养活寡母。抗战

1918年赴香港省亲，与母亲胞妹、胞弟合影。

1924年九叔、胞弟来北京时合影。

后期在贵阳，胜利后至台湾，后又回到香港。十余年间常与外祖父通信。陈垣有时回信语气很严厉，但内心其实很疼爱他。对比大约同时写给永昌和约之的信，就可以看得很清楚。前面引陈垣因永昌信中常有"外祖母"三个字，何等不快。但同对给约之的信中却说："今日适接永昌来信，此子真可教，我见他进步得多，虽暂时失职，殊可爱。予常常去信责之，其实余心甚爱之。责之欲其警醒，且防其犯罪也。他不过暂时失职，不闻犯法，又不闻被人陷害，余心慰极矣！"在此之前，陈垣曾复信永昌："你如果要去台湾，我有几句话送汝：存心要忠厚，做事要谨慎，对人要谦和，不可贪不义之财，不可为犯法之事。要想长远，不可徒顾目前。要顾名誉，不可徒想富贵。孔子曰：'君子怀刑，小人怀利（惠）。'恕不多写，多写怕你记不得。"

可以说，陈垣先生是位好父亲、好祖父，在学校里是位好老师、好校长。

四、故居

西城区兴华胡同 13 号（原为兴化寺街 5 号，20 世纪 60 年代改今名），是一座典型的老北京四合院。从这座院往西几步，穿过一条狭长的甬道北行，就是定阜大街的辅仁大学旧址（现为北京师范大学之一部）。它东临什刹海，西距嘉兴寺不远，南行马路对面就是北海后门。它坐北朝南，灰砖灰瓦。门前有四级台阶，两扇大门油漆已斑驳，但两边的一副对联"忠厚传家久，诗书继世长"仍清晰可读。门前原有一对石狮。进入大门，影壁迎面而立。向左行，就步入这两进院落的前院。前院不大，长六七米，宽十六七米。南房是套间，比较宽敞，原主人在世时，是他会客的地方。西厢是厨房和保姆住的地方。老保姆有时在这小小

书库生活。

20 世纪 60 年代在兴化寺街 5 号励耘书屋。

家。他是陈垣先生在燕京大学任国学研究所所长时的学生，后来任北师大历史系主任。

原住院内的各家，除了前院的两户外，都分配了房子，陆续搬出了这个院子。北师大近年对这个院子进行了整修，北院现在是辅仁大学校友会办公室，院内安置着一座由校友捐赠的陈垣塑像。正屋现在悬挂着启功题的"励耘书屋"牌匾。四周挂的是陈垣先生一生不同时期的照片。每年辅仁大学的返校节，包括台湾辅仁大学在内的校友会来此聚会，也有一些国内外的学者、学生来参观。

故居现为北京市西城区文物保护单位。

第二篇 陈垣先生与学术

一、自学成才的大史学家

陈垣先生是我国老一辈的史学大师，在国内外史学界享有盛名。他在历史学的许多领域都做出了独创性的工作。他是宗教史的权威之一，对世界三大宗教——基督教、伊斯兰教和佛教在我国流传的历史都有深入的研究，还有许多关于道教史、犹太教史、火祆教史、摩尼教史的著作。他为历史学的一些辅助学科，如年代学、校勘学、避讳学等，做了总结性的工作。在断代史方面，他对五代、宋、元、明、清史，特别是元史，有深入的研究。他为我们留下了三百余万字的史学著作（包括尚未发表的一百余万字）。但是，陈垣先生却是一位没有家学、没有师承、自学成才、土生土长的大史学家。

（一）不喜八股的前清廪生

陈垣先生五岁时跟随父亲从新会到广州读私塾，开始读四书五经，一直到十四岁，接受的是传统儒家的启蒙教育。跟别人不同的是，他十二岁时偶尔发现了张之洞的《书目答问》，就渐渐按着《书目答问》所开的书目，找自己喜欢的书买来看。如前所述，他父亲对他读书非常支持，后来花了一百多两银子给他买了一套《二十四史》，只要他愿意读书，父亲毫不吝啬。陈垣先生十三岁时开始阅读《四库全书总目提要》，后来又读了两三遍。他看了以后眼界大开，知道除了私塾里面学的儒家经典以外，还有这么多书，特别是史学方面的书，所以他开始不满足于私塾教育了，而是读自己喜欢的书。他后来回忆，有的长辈责备他不好好读儒家经典，而去读其他一些书，但他的父亲一直是支持他的。

1897年，陈垣先生十七岁。这一年他去北京参加顺天乡试，考举人。因为当时顺天乡试录取的名额比较多，陈垣先生的父亲花钱给他买了一个监生的资格，所以他就跳过了童试阶段，直接到北京考试。大家都认为他读书多，考取是没有问题的，但是陈垣先生不受八股文格式的约束，考官认为他的试卷不合程式，结果他名落孙山。回广东后，他发奋学习八股文。他买了十年来乡试、会试中榜者的试卷，认真研究，从中挑选出他认为写得不错的考卷，作为练习样板，练习写作八股文。同时，他在一个私塾里当老师，经济上独立，不让家里再贴补了。就这样过了三年，他通过童试考取了秀才，得了一个廪生的资格。后来陈垣先生填写学历的时候，他都写的是前清廪生。同年，陈垣先生到开封参加"光绪帝三旬万寿恩科"。这次考试，他仍未能考中，但有一件事使他彻底失去了对科举的兴趣。原来，此次考试前曾有一位广东同乡请他代考，他想自己写作快，就答应了。考试时，他就写了两篇文章，给了同乡一篇。可是到了发榜的时候，同乡因他作的文章而中了举人，陈垣先生自己却又一次考场落败了。他后来回忆说：给别人写的那篇文章，根本没下功夫，非常普通；而自己的文章却是动了脑筋，下了功夫的。看来自己与那个世道不合啊！从此，陈垣先生放弃参加科举求取功名的仕进之路。

（二）由医入史

在放弃了科举仕进的道路后，陈垣先生曾经进入医学校学习西医，这段经历对其日后从事史学研究产生了重要影响。出身于中药材商人家庭的陈垣先生为什么会去学西医呢？1906年，他的父亲患膀胱结石症，发作时非常痛苦。中医多方医治无效，于是入住广州博济医院施行手术，终于治愈，取出一块如鸡蛋大的结石。这件事促使他学习西医，于次年进入美国教会办的博济医学堂。自此陈垣先生再不相信中医疗法，直至晚年在家人的劝说下，才勉强服一些中药。

1. 自己发给自己的毕业文凭

一些受过陈垣多年教育、和他接触较多的学生，都见过陈垣的一张毕业文凭，签发者中赫然也有他的名字。这张自己发给自己的毕业文凭，蕴含着他的一段重要经历。

这张文凭一尺有余，四周画有龙旗，显然是清代的物件。原来这是清宣统二年（1910 年）广州光华医学专门学校的毕业文凭。

1907 年，陈垣先生在广州振德中学任教，不久以后，他进博济医学专门学校学习。他"当时认为要使中国摆脱落后的状态，一定要使科学发达起来"，他选择了医学作为自己救国救民的职业。但后来又因不满校方对中国员生的歧视而愤然退学，于 1909 年与友人创办光华医社、光华医学专门学校和光华医院。取名"光华"，寓意"光我华夏"。创办医院和医校，是为了与列强争医权、争医学教育权。1909 年 3 月，光华医学专门学校正式开学，这是中国第一所民办的西医高等学校。陈垣作为该校的创办人之一，从博济医学堂退学，进入光华医校三年级作插班生，因此也是该校第一届毕业生。1910 年，陈垣先生以优异成绩在光华医学专门学校毕业。毕业时，他已被推举为学校的董事之一，所以在毕业文凭中，他以董事陈援庵的名字，和其他董事一起，签发了给陈垣的毕业文凭。这在中国教育史上也是一段逸闻。

2. 瓷制的骷髅模型

如果在 20 世纪三四十年代你走进陈垣的客厅，你会在书架

1906 年的一期《时事画报》。陈垣先生当时负责报中文字部分。

上发现一具晶莹剔透的瓷制骷髅模型。如果你进而把这具模型当作话题，主人会告诉你，骷髅两边那双蝴蝶骨是最美丽的图案，头骨上由线条与缺陷造成的曲线，是造物主最大的创作。他还会得意地告诉你，学生物解剖时，需要精密谨严的科学方法。

这位史学大师对生物学表现出如此的兴趣，是同他曾经学医、后来又从事医学教育有关的。

1910年他从广州光华医学专门学校毕业后留校任教，教授解剖学、细菌学等课程。

他讲课注意直观教学，在教解剖学时，为了使学生易于理解，在当时市面上还没有教学挂图的情况下，他就自己动手画挂图，他还经常带学生到广州郊区的乱坟中去捡拾散落的骨骼，回来洗净拼合，作为教具。

1908年和1910年，他先后发表了《王勋臣像题词》和《中国解剖学史料》两篇对中国解剖学史具有奠基性的文章。他在1908年《医学卫生报》第二期发表的《王勋臣像题词》一开头就指出"吾国解剖学最古"，在《灵枢》的《经水》篇中已有解剖的记载；但后来由于"以戮尸为虐政"，"医术昔又侪于贱技"，解剖学衰落了。直到清代的王清任（勋臣）才发觉古医籍的错误，指出：业医诊病，当先明脏腑。尝阅古人脏腑论及所绘之图，处处矛盾。"乃发愤著书，求丛冢露脏之小儿，观菜市刑剐之逆犯，为《医林改错》二卷。"陈垣先生热烈赞扬王清任"局处于数千年学说之下，而能为是反古之言，譬之于儒，则黄梨洲之俦也。……使吾国医林尽效先生乎，则吾国医学何至不竞如是！"在这篇文章中，陈垣先生既讲了历史，又联系现实；从医学谈起，最终引导人们要打破对数千年学说之迷信。《中国解剖学史料》则系统地叙述了中国解剖学的历史，一方面宣扬了先人的优良传统，同时警醒今人，不能躺在前人的功劳簿上。在文章结尾他大声疾呼："吾今记述其祖若宗开国之雄烈，黄帝子孙，有能来言恢复乎，吾将执大刀劈斧从其后！"

1913年他到北京定居以后，没有再从事医学，但青年时期这一段学医、从事医学教育的经历，对他一生产生了很大的影响。20世纪30年代他在一封家书中说道："余今不业医，然极得医学之益。"一方面是知道怎样保持健康，令"身体少病"；另一方面则是从医学中得到许多从事史学研究的可资借鉴之处。他说："近20年学问，皆用医学方法也。有人谓我懂科学方法，其实我何尝懂科学方法，不过用这些医学方法参用乾嘉诸儒考证方法而已。"这里虽然有自谦的意思，但医学确实给了他一把分析历史的解剖刀。

（三）与北洋政府决裂

1904年，陈垣先生与友人潘达微、高剑父等在广州创办《时事画报》，并负责报中文字，积极参加了1905年因美国政府颁布《华工禁例》、继续执行迫害华工政策而激起的反美爱国运动，同时撰文反对清朝政府。陈垣先生不仅在文字上进行反清反列强的宣传，还参与了当时从香港偷运武器到广州的行动。他把需要偷运的枪，藏在盛满"锅巴"（广东人叫"饭焦"）的桶里，从香港带到广州。

中华民国成立后，他以革命报人身份当选国会议员。当时的国会议员是专职性质的，所以他自1913年从广州到北京定居，此后除了偶尔回广东，基本上就在北京活动，他一生三分之二的时间是在北京度过的。

到北京以后，一方面，他充分利用北京藏书丰富这个有利条件，读了许多在广州读不到的书。他曾在一张纸条上这样写道：

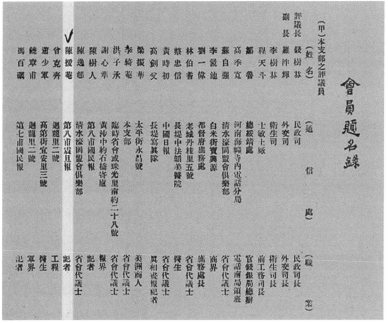

1912年在广东出版的《中国同盟会杂志》，上载陈援庵为广东支部评议员。

"在粤遍找十年无有者，《上谕八旗》及《旗务议覆》，均入京后才得之。"特别是 1915 年从承德移贮京师图书馆的文津阁《四库全书》，他下了很大的功夫去研究。这对他日后的史学研究工作很有帮助。

另一方面，他结识了交通系的梁士诒，参与了当时的政治活动。从 1914 年以后，他先后在梁士诒主持的全国税务处、内国公债局、毛革改良会等机构任职。1921 年 12 月，梁士诒任国务总理，陈垣先生担任过半年左右的教育次长，代理过部务（部长黄炎培不到职），当时鲁迅也在教育部任佥事，两人还有一段同事之谊。陈垣先生担任教育次长期间，所做的最后一件事，就是处理 1921 年爆发的"索薪运动"。当时，北京国立八校教师被拖欠薪金，集体罢教。李大钊还曾任北京大学的"索薪代表"。随后，教师们联合学生去政府请愿，并与守卫发生冲突，时称"六三惨案"。北洋政府的作为，在社会上遭到极大谴责。陈垣先生为缓解教师们的燃眉之急，多方筹措资金，发放拖欠的教师薪资。

现在还保存的一张梁士诒的题词，是陈垣先生当年极力想摆脱政治、潜心著述的见证。1919 年，他写了《浙西李之藻传》，校阅了《辩学遗牍》和《大西利先生行迹》，并将三篇汇刻出版。梁士诒在合刊本上题道："去夏游静宜园，曾以所购《元也里可温考》赠援庵。昨游园，复得此书。援庵撰述甚伙，人将爱之，诒将哀之，因袭近人诗赠之曰：消磨一代英雄尽，故纸堆中问死生。是耶？非耶？民九，四月二十七日士诒记。"显然，梁士诒对他从事学术是很不赞成的，认为这是在故纸堆中消磨锐气。但他终于还是脱离了梁士诒，脱离了当时的政界，献身于祖国的史学。他自己后来也曾在家信中回忆说："照相寄汝，此余与三水

（指梁士诒，梁为广东三水人）一段因缘。三水不喜人读书，所以不能久处。然在今日思之，当时若随三水不去，亦不过如刘铁城等，多找几个钱而已，孰与今日所就之多也！为之一叹。"然而，即便是自此转入学术研究，陈垣先生也不是进入书斋、不问世事，他的学术研究始终与当时国内外的形势有密切的关系。

1917 年发表的《元也里可温考》，是陈垣先生第一部正式的史学著作，发表后立即引起中日学术界的重视。20 年代以后，陈垣先生逐步转入学术界和文化教育界。1922 年任北京大学研究所国学门导师、京师图书馆馆长。1925 年任故宫博物院图书馆馆长。1926 年起任辅仁大学校长。1931 年任北京大学史学系教授、名誉教授。1948 年当选中央研究院院士。1952 年高等学校院系调整，任北京师范大学校长，直至逝世。

二、陈垣先生的学术贡献

陈垣先生是一位大学者。早在 20 世纪 20 年代，他就与王国维先生齐名，被中外学术界公认为当时中国史学界的领袖人物之一。他是宗教史、元史、历史文献学等研究领域的奠基人或集大成者。本节我将以时间为线索勾勒陈垣先生所取得的学术成就。

（一）成就大师的二十年创作

从 1917 年到 1937 年抗日战争全面爆发这二十年间，可以说是陈垣先生史学研究的第一阶段。在这一阶段，他的研究工作主要集中在三个方面。

1. 宗教史

1917 年，陈垣先生发表了《元也里可温考》，这是他一生中一个重要的里程碑，标志着他的史学生涯的正式开始。这虽然是他的第一篇史学论文，但一发表就引起了中日史学界的重视，从

1912年5月广东医学共进会同人与孙中山先生合影。三排左起第一人为陈垣。

1912年10月参选众议员时摄于广州。

1913年3月当选为众议员后摄于北京。

此以后，他的史学著作像打开了闸门的滔滔江水，源源不断。

他的第一篇论文之所以选择《元也里可温考》这个题目，有相当大的偶然性，他写成这篇论文所花费的时间也不长。但是，这篇论文能够取得成功，绝不是偶然的，是他多年辛勤积累的结果。

1917年春天，陈垣先生准备写一部中国基督教史，到处收集明末中国基督教书籍。他后来看到英华的《言善录》，知道作者藏有这类书籍，因此前去借阅。英华，字敛之，号万松野人，是一位爱国的天主教人士，当时正在香山静宜园主持辅仁社。陈垣先生去访问英华的时候，英华不但"倾筐倒箧"，将自己所藏的全部基督教书籍供他阅读，而且把辅仁社正在讨论的问题提出来同他研究，其中之一就是"元也里可温考"。陈垣先生对这个问题特别感兴趣，"叩其端绪，偶有所触，归而发箧陈书，钩稽旬日，得左证若干条，益以辅仁社诸子所得，比事属词，都为一卷，以报先生"。就是说，他仅仅用了十天左右的时间，就写成第一稿，并在五月份付印出版。到八月，由于"续获资料几及倍，其中复有有力之证据数条"，于是作重大补充修改后再版印行，并在《东方杂志》上发表。

这篇文章为什么引起人们的重视并给陈垣先生带来学术上的声誉呢？因为它是一篇从现代意义来说真正的科学论文，而在1917年的中国史学界，这样的论文犹如凤毛麟角。它的出现，给人以耳目一新之感。在《元史》中，多次出现"也里可温"这个名词。它究竟是什么意思，五六百年来无人知晓，也无人去探究。直到清朝光绪年间，刘文淇才指出也里可温就是基督教；光绪年间，洪钧根据瑞典人多桑的《蒙古史》，才证明蒙古人所以称基督教为也里可温是仿效阿拉伯人。但他们对此点都语焉不详。陈垣先生在《元也里可温考》一文中，收集了有关这个问题的丰富的汉文史料，对它作了一个全面的考察和描述，沉埋了六七百年的元代基督教的情况，方才大白于世。这篇文章的发表，也为史学研究开辟了一个新的领域，即宗教史的研究。在我国，宗教信仰有悠久的历史，有关宗教的古籍也不少，但把宗教作为历史研究的课题和对象，应该说到这时才正式开始。这篇文章在材料的运用上也有它的特点。陈垣先生使用了许多过去很少为人重视的史料，例如，被主持编修《四库全书》的纪昀讥为"兼杂方言俗语，体例瞀乱"的《元典章》，像《至顺镇江志》这样的地方志，以及被顾炎武称为"文极鄙俚"、"可发一笑"的元代白话圣旨碑，等等。

《元也里可温考》发表以后，陈垣先生逐步转入学术界和文化教育界。

陈垣先生研究宗教史，一开始就有一个大的设想，即同时研究各种宗教，而不把自己的对象局限在一种宗教。在《元也里可温考》之后，他在 1918 年发表《记大同武州山石窟寺》，考察了北魏时佛教流传的情况；1919 年写成《开封一赐乐业教考》，这是关于中国犹太教的专著；1922 年的《火祆教入中国考》，1923 年的《摩尼教入中国考》，是关于两种古代宗教的系统论述；1924 年编成《道家金石略》一百卷，收集了自汉至明有关道教的碑文一千三百余种，是一部系统的道教史资料集。1927 年的《回回教进中国的源流》，是他多年研究伊斯兰教史的一个简要的总结。这样多头并进，费力较大，也不容易很快出成果，但由于他掌握了各种宗教的情况，就可以互相比较，有些材料也可以互相融通，这样，他对每一种宗教的研究都能比较深入。例如，对于摩尼教，王国维及法国著名汉学家伯希和都有过论述，但在广度

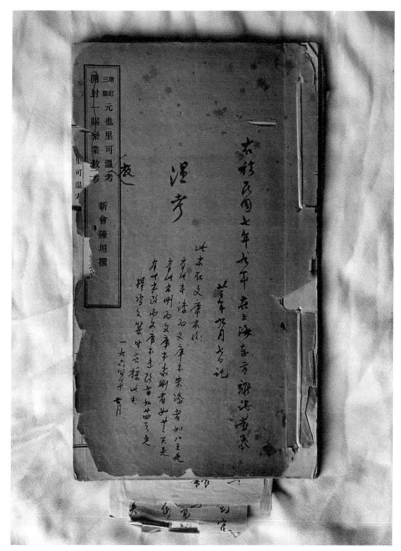

第一篇学术著作《元也里可温考》封面。有作者 1934 年至 1964 年题记。

1918年重阳节摄于山西云冈，回京后写成《记大同武州山石窟寺》。

和深度上，都比不上陈垣先生的《摩尼教入中国考》。

陈垣先生研究宗教史，是把宗教作为一种历史现象、社会现象，着重研究它的流传及与政治、文化、经济的关系，而不研究它的教义。他虽然一度信仰基督教，但在研究中绝不厚此薄彼。他当时还没有接触马列主义，还不可能对宗教的本质有正确的认识，而是认为"在人类烦恼的时候，失意的时候，信仰宗教可以得到安慰。因此对任何宗教都有好感"；但是，作为一个严肃的史学家，他总是力求使他的叙述符合历史事实，材料搜罗齐全，所以还是为后人留下了许多很有学术价值的宗教史著作。

2. 元史

元朝的历史虽然不到百年，但在元朝的统治下建立了一个空前规模的封建大帝国。当时，不但东西方的交流非常频繁，而且国内各地区、各民族之间的交流和相互影响也超过了以往许多朝代。这对我们这个多民族国家的巩固和发展是有积极作用的。也许是在写作《元也里可温考》时受到启发，陈垣先生在 1924 年又写成《元西域人华化考》。这部近十万字的专著在国内外都得到很高的评价。日本研究东西方关系史的著名学者桑原骘藏发表专文加以评价，盛赞陈垣先生"为现在中国史学者中，尤为有价值之学者也"；"观其目录，则可知著者之论文，对于西域人华化之问题，为如何彻底的研究考核矣。观其绪论，先限定西域之范围，以解释华化之意义，于此可证明著者之研究为科学的也，此为从来中国学者所不经见。又如以介绍元以前西域人华化之事实为研究之前提，更可见著者研究之方法周到也。其本论博引旁搜元人之文集随笔等一切资料，征引考核，其所揭之各题目，殆无遗憾"。2008 年，陈智超费尽周折，以收集到的《元西域人华化考》不同时期的稿本和版本为基础，编著并出版了《〈元西域人华化考〉创作历程——用稿本说话》一书，书中客观揭示了陈垣先生如何对这部作品精雕细琢、反复修订的事实，更反映出在如此长的时间内该书一直受到学界重视，说明它的学术价值之高。

1931年，陈垣先生又完成《沈刻元典章校补》。《元典章》是研究元代政教风俗语言文字必不可少之书，但因为它"兼杂方言俗语"，《四库全书》竟不予收入。清末沈家本才把它雕版印行，但错误极多。早在光绪末年，年轻的陈垣先生在广州巴陵方氏（功惠）处读到《元典章》的旧抄本，就为它的高度史料价值所吸引。二十多年中，他收集了几种《元典章》的刻本和抄本。1925年，清室善后委员会在斋宫发现了一部元朝刻本的《元典章》，这是到目前为止发现的该书最早的刻本。当时虽然准备把它影印，但议论了很久，却没有实行。于是他从1930年5月开始，同几个学生在故宫寿安宫用这部元刻本的《元典章》对校沈家本刻本。这是一件很枯燥的工作，但陈垣先生乐此不疲，天天如此，从不间断，整整用了两个半月的时间把它校完。然后又用其他几种版本互校，总共校出沈刻本《元典章》的各种错误一万二千多条，成《沈刻元典章校补》十卷。有了这部《沈刻元典章校补》，研究者等于有了一部比元刻本更好的《元典章》，因为元刻本也有错误。而陈垣先生通过这次校补工作，收集到了极其丰富的有关校勘学的例证。

两年后，他又写成《元秘史译音用字考》。这部著作分量不大，但作者下的功夫很深。多年来，他收集了《元秘史》（正确的译名应是《蒙古秘史》）的各种版本，考察了它的源流，断定了它由蒙古语译为汉语的年代，并对它的译音用字作了细致的分析，找出了其中的规律。他收集和编制了数十万字的资料，最后把自己的研究成果压缩为一万多字的著作。我国研究中外关系史的专家冯承钧非常佩服他的"用力之勤"及"别人所无的细密方法"。

3. 重视历史文献学的几个重要分支

考据学盛于清代乾嘉时期，它的特点是运用校勘学、年代学、避讳学、金石学等知识，考察古籍中记载的人物、事件、年代、地点，以及文献本身是否准确、真实。陈垣先生非常钦佩乾嘉学派所做出的学术贡献，同时他也特别重视考据学知识在史学研究中的作用。考据学所关心的问题都是历史研究的组成部分，是史学研究向前推进的基础。陈垣先生在史学研究中坚持运用考据学方法，尤其在校勘学、历史年代学、避讳学、目录学、版本学和史源学等方面，取得了令人瞩目的成绩。

（1）校勘学

校勘学是历史学的一门重要辅助学科。陈垣先生曾说过："校勘为读史先务，日读误书而不知，未为善学也。"因此，他在各大学曾开设校勘学的课程。他利用校勘沈刻本《元典章》所发现的一万余条错误，从中选出有代表性的一千余条，加以分析归纳，总结出四十二种误例，也就是刊刻、传抄书籍中造成错误的四十二种原因。其中有的是"古籍窜乱通弊"，即共同性、普遍性的原因，例如，因字形近似而误，把"老成"误成"考成"，"止是"误为"正是"等；有的是"一代语言特例"，即与书籍的时代及具体内容有关的特殊性原因，沈刻本《元典章》中就有许多因刊刻者不懂元代的简笔字、用语、制度等问题而发生的错误，如元代"他每"、"人每"的"每"字与现代的"们"字同义，而沈刻本《元典章》常将"每"改为"每每"。陈垣先生又根据自己和前人从事校勘的丰富经验，总结出著名的"校法四例"，即四种最基本的校勘方法：对校法、本校法、他校法、理校法。这样，他就把过去校勘的零散经验提高到规律性的高度，使校勘学真正成为一门学问。

几十年来，陈垣先生运用他总结的校勘学的规律，校出了史籍的不少佚文或错误。例如，廿四史《魏书》的《乐志》，自北宋末靖康年间就缺了一页，一直到清代的卢文弨才据《通典》补了几十字。陈垣先生根据《册府元龟》将全页补足，在史学界传为美谈。这就是他所说的他校法。

他还有一个校辑《旧五代史》的庞大计划。原来，《旧五代史》各种刻本早已散失，片纸不存，现在通行的《旧五代史》是清朝时从《永乐大典》中辑出的，不是全本，而且经过清人窜改。现在《永乐大典》大部分也散失了。陈垣先生计划用《册府元龟》重校《旧五代史》，并已经做了许多工作，其中的一部分成果，就是 1937 年完成的《旧五代史辑本发覆》。

（2）历史年代学

早在写作《元也里可温考》的时候，陈垣先生曾参考洪钧的《元史译文证补》，书中有许多地方记事用西历或回历的年月。陈垣先生作研究强调寻根究底，绝不满足于仅仅知道一个大概。他要确切知道这些西历或回历的月日相当于中历的何年何月何日，以便加以比较。在当时，不但找不到一本方便的工具书，就是每次要计算也无所依据。不仅如此，中历与西历虽然月日有差异，但大致的年份还相当。而回历是纯阴历，每年只有三百五十四或三百五十五天，隔三十多年就同中历或西历相差一年。过去的记载都没有注意这个问题，造成回教史研究中的许多谬误。于是，陈垣先生下决心编一部中西回史日历。第一步，1922 年春天，他请一位研究历法的人编制了一部《回历岁首表》，就是用表列出回历每年的一月一日相当于中历及西历的何年何月何日。然后，

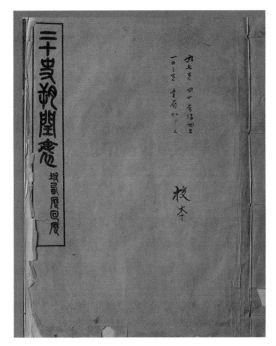

《二十史朔闰表》
校本封面。

《中西回史日历》
扉页。

他自己分别编了《中历岁首表》和《西历岁首表》。有了这三种历的岁首表，要找出中、西、回三种历法的相互关系，就不会发生一年以上的大偏差了。但是，中历同纯阳历的西历和纯阴历的回历不一样，它实际是阴阳合历。因此逢闰年要置闰月，而闰月的位置是不固定的；每月是大月还是小月也不固定。所以，有了三历的岁首表，还是不能求出岁首以外的月日。于是陈垣先生又做了第二步的工作，即将两千年来中历的朔（即每月的初一日）闰（即每个闰月的具体位置，如闰二月闰三月等）加以考定，以此为根据，编成《二十史朔闰表》。这样，中历每月的初一相当于西历或回历的何年何月何日也可以按表查出了。陈垣先生还不以此为满足，又根据西历四年一闰的特点，设计了一种表格，将考定的中历的朔闰及回历的月首按表填入，编成《中西回史日历》二十卷。至此，无论中西回历中的任何一天，都可按表查出相应的其他两历的年月日。他编纂《二十史朔闰表》及《中西回史日历》，前后经历了四年。为了设计出方便适用的表格，他曾经废寝忘食，以致得了胃病，长期不能吃米饭。编历过程要做许多烦琐、机械的工作，有些人是不愿为或不屑为的，但他立定目标，坚持不懈，终于把它完成。这两部著作的完成，为历史年代学开辟了一条新路，给中外学者提供了很大的便利。

（3）避讳学

避讳是我国古时特有的现象。辛亥革命以前，凡文字上都不得直接写出当代帝王或所尊者的名字，必须用其他方法来回避。古人叙述历史或抄刻古书的时候，为了避讳，甚至把历史上的人名、地名、官名、书名、年号等都改掉。例如，司马迁著《史记》，碰到"恒山"这个地名的时候，因为汉武帝的祖父文帝名恒，就把恒山改称常山。不懂避讳，读古书往往会出现许多疑难和混乱。但反过来，掌握了避讳的规律，就可以利用它来"解释古文书之疑滞，辨别古文书之真伪及时代"。陈垣先生根据他多年读书的经验及收集的历代避讳资料，总结了历代避讳的规律，在1928年钱大昕诞辰二百周年时，写成《史讳举例》一书，"意欲为避讳史作一总结束，而使考史者多一门路一钥匙"。

（4）目录学

陈垣先生曾用"陈门四学"来概括自己在历史文献学的四个分支的成就。它们是目录学、校勘学、年代学和避讳学。其中，目录学以其"辨章学术，考镜源流"的独特作用，一直受到他的重视，并被作为指导学生和晚辈读书与治学的门径。

陈垣先生自学成才，引领他走上学问之路的就是《书目答问》和《四库全书总目提要》这两部目录学著作。1961年，他同北师大历史系毕业生谈话时，一再以自己的经验告诉同学们，要"从目录学入手"，"懂得目录学，则对中国历史书籍，大体上能心中有数，也就是使我们知道究竟都有什么文化遗产，到深入钻研时才能有门径，找自己所需要的资料，也就可以较容易地找到了。"

《敦煌劫余录》是他这一时期关于目录学的重要著作。《敦煌劫余录》著录了北平图书馆（今国家图书馆前身）所藏敦煌千佛洞写经共8679号。敦煌文书、文物被斯坦因、伯希和等人劫掠，劫余文书在从敦煌运至北京途中，又遭巧取割裂。即便如此，这8000多轴经卷仍有重要价值。陈垣先生在写作《摩尼教入中国考》时，就曾加以利用。他在1922年和1928年，用了几个月时间对这些经卷一一检阅，并针对它们分散并曾遭割裂的特点，编制了准确目录，使人能充分了解和利用它们。陈寅恪先生在为《敦煌劫余录》作序时说："敦煌学者，今日世界学术之新潮流

1929年秋与中央研究院历史语言研究所同人傅斯年、陈寅恪、顾颉刚等摄于北京北海静心斋。第三排左第一人为陈垣。

也。……吾国学者，其撰述得列于世界敦煌学著作之林者，仅三数人而已。……新会陈援庵先生垣，往岁尝取敦煌所出摩尼教经，以考证宗教史。其书精博，世皆读而知之矣。……斯录既出，国人获兹凭藉，宜益能取用材料以研求问题，勉作敦煌学之预流。庶几内可以不负此历劫仅存之国宝，外有以襄进世界之学术于将来。"

（5）版本学

版本学是历史文献学的重要分支。学者通过广泛收集不同版本，可以勘误纠谬，为校勘提供基础；可以比较优劣，选择善本。《元西域人华化考》作为陈垣先生前期的代表性著作，从文学、儒学、佛老、美术、礼俗等各个方面考察了元代进入中原的西域人（色目人）逐渐为中原文化所同化的情况，证明元代"西域人之同化中国"，显示出当时中原文化的先进性和生命力。全书资料丰富、考证精详，具有很高的学术价值，在当时即得到了老一辈学者如陈寅恪、王国维及日本学者桑原骘藏等人的高度评价，是现代中国元史研究的开拓性著作之一。

陈垣先生在写作的过程中，查阅了大量古籍资料。诚如许冠三先生所言，"他的代表作，如《华化考》之类，所采原料，素以数量、品类和版本并多称著。重用诗文专集和金石遗文是一大特色"，"仅就资料丰实言，已属前无古人。全书七万余字，共用材料二百二十余种，以金石录和诗文集为主体，所引元、明人诗文集约百种。在一般史家常用的正史、方志、杂记、随笔外，连画旨、画谱、书法、进士录等，亦搜罗无遗。如此的繁富而多样，仅有晚年的陈寅恪和顾颉刚差堪匹敌"①。

---

① 许冠三：《新史学九十年》，123、128 页，长沙，岳麓书社，2003。

（6）史源学

史源学是一门锻炼学生研究历史时如何寻找史料、鉴别史料的学问，是陈垣先生在长期治史和教学中开创的一门学科，是中国 20 世纪历史学研究的创新。他指出，研究史著应该认真寻考其所依据的史料来源，以考察其根据是否可靠，引证是否充分，叙述是否正确。他常说，"史源不清，浊流靡已"，强调"读史必须观其语之所出"，必须"一一追寻其史源，考正其讹误，以练习读史之能力，警惕著论之轻心"。

20 世纪三四十年代，陈垣先生先后在辅仁大学、北京大学开设"史源学研究"课，后来觉得"空言不能举例，讲授不便，贵乎实习"，改名"史源学实习"课。这门课的授课方法是：其一，选定教材。他认为必须选用近代史学名著，如赵翼的《廿二史札记》，顾炎武的《日知录》，全祖望的《鲒埼亭集》，首先是使学生在学习中能得其精神。二是让学生通过自己动手寻考其史源，如能发现名家大师在引证史料中的讹误，更会大大激发起他们研究的兴趣，增强他们研究的自信心，并体会到即使是名家大师之作，也不可盲目迷信。其二，寻考史源。陈垣每次上课前，都要从所选定的名著中抽出一二篇，交学生"端楷抄好后即自点句，将文中人名、故事出处考出；晦者释之，误者正之。隔一星期将所考出者缀拾为文，如《某某文考释》或《书某某文后》等"。他要求学生从四个方面考察教材："一看其根据是否正确：版本异同，记载先后，征引繁简。二看其引证是否充分。三看其叙述有无错误：人名、地名、年代、数目、官名。四看其判断是否正确：计算、比例、推理。"陈垣认为"非逐一根寻其出处，不易知其用功之密，也无由知其致误之原"。如在一次《史源学实习》课的试题中，陈垣要求学生通过"读《廿二史札记》所得教训"，从六个方面举例说明之："一、读书不统观首尾，不可妄下批评。二、读史不知人论世，不能妄相比较。三、读书不点句分段，则上下文易混。四、读书不细心寻绎，则甲乙事易淆。五、引书不论朝代，则每因果倒置。六、引书不注卷数，则证据嫌浮泛。"学生们要认认真真回答出这六个问题，就必须自己动手找资料、翻目录，独立思考，追根溯源，分析考证，这对学生提高读史和科研能力有很大的帮助。

关于陈垣先生"史源学"的精髓，历史学家许冠三曾概括为八义：①穷根源，即追寻一事一案的史料来源，直到穷尽为止；②别异同，即考订各史源间的"父子"、"兄弟"关系；③辨正误，判优劣；④知其人，察其世；⑤采用文献材料，务须检核原本原文；⑥非不得已，不可转引他件，如有必要，亦当注明亲见出处；⑦征引旧文，虽可删节，但不可改窜；⑧引述素材，当以制作、完成和印行先后为序。

这一时期，陈垣先生创作的激情，来自他要把汉学研究的中心地位夺回中国的决心，这体现了一位有良知的史学家的爱国心。陈垣先生曾对胡适先生说："汉学正统此时在西京呢？还是在巴黎？"两人"相对叹气，盼望十年之后也许可以在北京了！"据郑天挺先生回忆，1923 年，北京大学研究所国学门在龙树寺抱冰堂举行恳谈会，陈垣先生说："现在中外学者谈汉学，不是说巴黎如何，就是说日本如何，没有提中国的。我们应当把汉学中心夺回中国，夺回北京。"1928 年翁独健先生在燕京大学一年级的课堂上听到陈垣先生感慨地说："今天汉学的中心在巴黎，日本人想把它抢到东京，我们要把它夺回到北京。"1929 年陈述先生在北师大听陈垣先生的课时，曾听到他讲道："近世国外研究汉学主要指中国历史的中心在巴黎、在东京。我们要从法国、日本夺回来。中国史研究，我们不能落后于国外。"1929 年 5 月，陈垣在燕京大学现代文化班演讲，主题为"中国史料亟待整理"，他强调"我们若是自己不来整理，恐怕不久以后，烧又烧不成，而外人却越俎代庖来替我们整理了，那才是我们的大耻辱呢！"

陈垣先生在多个场合的讲话，中心都是一个，就是要重新振兴中国学术，使全世界都承认汉学的中心在中国、在北京。他是如此说，更是如此努力实践的。

（二）饱含民族气节的爱国著作

抗日战争爆发以后，陈垣先生的政治思想和学术研究都发展到了一个新的阶段。

20 世纪 20 年代他脱离当时的政界，以为从此可以不问政治，专心学术。但严酷的政治现实、日益加深的民族危机，使他再也不能在政治上保持沉默。

1931 年的九一八事变，对他是一次很大的震动。在这以前，他对乾嘉学派，特别是钱大昕，十分佩服，多年来向学生讲授钱氏之学。这以后，他转而推崇明末清初讲究经世致用的顾炎武，以他的《日知录》作为教材来启发学生。

1935 年年底，日本帝国主义进一步把魔爪伸向华北，在课堂上从来不谈政治的陈垣先生也破例了。当时一个北京大学的学生这样描述他的变化。这个学生说，过去陈垣先生"每当讲到史书中'再受禅依样画葫芦'之类的地方，常常感慨系之地说：'所以政治没有意思啊！今天是这样说法，明天又是正相反的那样说法！'不过这并不是他不注意国家兴废。当二十四年十一月二十日左右，北平的空气恶劣得很，'华北国'在酝酿之中，大家都郁闷而不安，朝阳门外日本兵打靶的枪声'突突突突'的直送入大红楼课室中来，我们要求他对时局作一个指示，他沉沉地说道：'一个国家是从多方面发展起来的；一个国家的地位，是从各方面的成就累积的。北平市商会主席到日本去观光，人家特别派了几位商业上的领袖人物来招待，倾谈之下，我们的商人什么都不明白。连谈话的资格都不够，像这样凭什么去和人竞争？凭什么能使人重视？我们必须从各方面就着各人所干的，努力和人家比，我们的军人要比人家的军人好，我们的商人要比人家的商人好，我们的学生要比人家的学生好。我们是干史学的，就当处心积虑，在史学上压倒人家。'"很显然，这时他在考虑的，是如何利用他的史学教学与研究，为挽救遭受亡国威胁的祖国做出自己的一点贡献。

卢沟桥事变爆发不久，日军占领了北平城，北平沦陷了。北京大学、清华大学南迁，大批师生南下。当时，辅仁大学没有南迁的打算，陈垣先生也没有南下，他认为沦陷区需要有一批人留下来主持正义。他说："余如南归，辅仁大学数千青年，有何人能代余教育之？沦陷区正气有何人能代余支持倡导，且余之图书，又不能全部带去，只身南逃，尤属不宜。"从此，他在沦陷的北平整整生活了八年。

在这八年中，他坚决不和敌人合作，坚决不任伪职。由于他在学术上有很高地位，敌伪千方百计想拉拢他，拉拢不成就威胁他。他们先是请他参加"东洋史地学会"并担任职务，这是一个披着学术外衣的汉奸组织，他当然拒不参加。1941年太平洋战争爆发后，日本提出建立"大东亚共荣圈"战略目标，在北平策划筹建"东亚文化协会"。鉴于陈垣先生在国内外教育界的声望，日伪又准备让他担任副会长，派人前去游说。来人利诱说："日本人已许诺，陈先生出任副会长属众望所归，可发给月薪5000元。"陈垣先生断然拒绝："莫说几千元，即使万两黄金我也不干!"来人满脸愧色退去。

陈垣先生在极为困难的条件下，坚守住了民族气节。沦陷期间，日伪对高校实行奴化教育，日语被作为必修课，教材改用日文课本。辅仁大学由于德国教会背景虽未被日伪接管，但面临着难以想象的压力和干扰。辅仁大学不接受伪教育部命令，仍遵国民政府之学制及校历、假期规定，使用原有教材，保持了北平古都学府一片净土。1938年徐州失陷，日伪当局强迫北平机关、学校挂伪国旗，游行"庆祝"。辅仁大学和附中拒绝挂旗、游行，附中被强令停课3天。日本人找到校长陈垣"质问"恫吓，他说："国土沦陷，我们只是悲痛，要庆祝，办不到！"从此，学校返校节等集会，皆以校旗代国旗。他认为，若悬起冒牌国旗"使人一见，感领土之沦亡致为泪下"，"是最大的耻辱"。1939年，学校放映世运会影片，忽然显出中国国旗，在场学生都情不自禁地起立鼓掌。日本宪兵队找陈垣先生责难，要他交出鼓掌的师生。他回答："带头鼓掌的是我，要逮捕就把我抓走！"慑于他的威望，这件事后来不了了之。1942年4月，辅仁大学举行返校节，照例要开运动会。陈垣先生在运动会开始时讲述了一个孔子开运动会的故事。他说：《礼记·射义》篇记载，孔子曾主持射箭比赛，让子路把门，宣布有三种人不能参加，"贲军之将、亡国之大夫与为人后者不入"，即败军之将、为敌人做事的、认敌作父的三种人。宣布完三条，不少人都溜走了。他巧妙地在公开场合警告汉奸，打击敌人。1944年3月，辅仁大学三十多名教授、附中教员因宣传抗日被捕，多方营救无效。直至1945年7月他们才被释出狱。当时抗战还未结束，辅仁大学公宴出狱的教授，以此来表达对他们抗日的支持和对日伪当局的抗议。

1945年8月15日，日本宣布无条件投降。9月3日，辅仁大

1941年在辅仁大学校长办公室。

1942年4月在辅仁大学返校节运动会上讲话，怒斥汉奸。

学举行了八年以来首次开学典礼。陈垣先生在开学典礼上讲话："民国二十六年以来，我们学校已有八年不行开学典礼，因我们处在沦陷区域，国旗拿不出来，国歌亦唱不响亮，甚至连说话都要受到限制，为了避免一切不必要的麻烦，以往的八年是在不动声色的黑暗世界中度过的，从昨天日本投降签字起，世界的永久和平已经产生，光明的新时代已经开始，所以八年来的第一次开学典礼，是特别值得庆贺的。"他痛斥那些为日伪服务的人"已经忘了我们国旗的本来面目"。在1946年的元旦团拜会上，国民党一位高级官员说北平这地方没有一点民族意识。陈垣先生听了十分气愤，便站起来反驳他，说："你过去来过这里没有？我们在日本人统治下进行斗争，你知道吗？可惜你来得太迟了！"于是愤然离席，并说今后再也不参加这种集会了。

不仅如此，他还积极地利用他所从事的历史学，宣传民族气节，发扬爱国思想。他非常熟悉和理解祖国数千年光辉灿烂的历史，深信部分国土的沦亡只是暂时的现象，中国是绝不会亡国的。他用他的口和笔，把这部英雄的历史，把他从这部历史中得出的坚强信念传给学生，传给沦陷区的人民。正是由于这些突出的事迹，陈垣先生在2015年抗日战争胜利70周年之际，被北京市评为"京华英雄"。

陈垣先生在这一时期的研究工作，也达到一个新的高峰。越是环境险恶，他越是勤奋写作。他提倡经世致用和"有意义之史学"，以书斋作战场，以纸笔为武器，阐发中国历史上的爱国主义传统，以此借古喻今，痛斥日寇侵略和汉奸卖国。八年中，他写成的专著就有《释氏疑年录》、《明季滇黔佛教考》、《清初僧诤记》、《南宋初河北新道教考》、《中国佛教史籍概论》、《通鉴胡注表微》六种，占他的全部专著的一半。可以说，这是他一生中著作最高产的时期。其中《明季滇黔佛教考》及《通鉴胡注表微》，最能代表他这一时期的创作风格。

《明季滇黔佛教考》在材料运用上有很大特色。一方面，是在许多常见的书中，发掘出许多未为人注意的佛教史料，如《徐霞客游记》。另一方面，是利用了许多从未被人利用过的材料。1939 年年初，他在故宫内发现了一部从未被利用过的《嘉兴藏》，大喜过望，用他自己的话来说，这是一座"三百年沉埋之宝窟"。尽管藏书地点阴暗潮湿，蚊子很多，为了打开这座史料的宝窟，他还是不避艰难，带领助手，每次事先服用奎宁丸，在一年多的时间里，将全藏阅读一遍，收集了许多清初僧人的语录，并在《明季滇黔佛教考》中充分加以运用。他说："以语录入史，尚是作者初次尝试，为前此所未有。"著名史学家陈寅恪为本书写的序言也说："寅恪颇喜读内典，又旅居滇地，而于先生是书征引之资料，所未见者殆十之七八，其搜罗之勤，闻见之博若是。"

此书的更大价值在于它的思想内容。陈垣先生这时候为什么对明末云南、贵州的佛教情况发生兴趣，乃至把它作为研究、论述的内容呢？原来，他在阅读这一大批清初僧人语录的时候，发现他们许多原来是明末的遗民，是知识分子。明亡以后，他们不愿在清朝做官，于是隐居做和尚。他从这些纷杂零散的材料中，勾画出明末清初滇黔知识分子的爱国精神和民族气节，加以表彰；另一方面，则痛斥那些屈膝投降的民族败类。书中还讲了一个名见月体的和尚，云南人，明末主持南京附近的宝华山寺。清初尤侗著《见月传》，提到有人告发宝华山寺"通贼"，清兵把他和寺中众僧抓去，他大义凛然，从容应付，卒能保存。陈垣先生议论说："通贼一节，顺治三年事。……清人所谓贼，即明人所谓义，师虽明之遗民，而宝华斯时，已陷于敌，师处其间，卒能

1943 年在兴化寺街 5 号宅内。

镇静从容，使华山不至于封闭，非具至诚无畏之精神，曷克臻此!"这既是对见月的赞扬，也是身处敌后、为维持辅仁大学而努力的陈垣先生的自勉之辞。书中另一处说："明季遗民多逃禅，示不仕决心也。……范蔚宗（晔）谓：'汉世百余年间，乱而不亡，皆仁人君子心力之为'，然则明之亡而终不亡，岂非诸君子心力之为乎!"他坚信只要民心不死，民族意识、爱国精神得以发扬，中国总是不会亡的。

在敌伪统治下的北平，陈垣先生写出这样的史学著作，对广大有爱国心、不甘心为亡国奴的知识分子，是很大的鼓舞。辅仁大学文学院院长、北平抗日组织"炎社"负责人沈兼士读后赠诗"吾党陈夫子，书城隐此身。不知老将至，希古意弥真。傲骨撑天地，奇文泣鬼神。一篇庄诵罢，风雨感情亲"，给以很高的评价，它在今天仍是爱国主义的好教材。由于这本书根据的是大量确凿的材料，讲的是真实的历史，敌伪虽然明知他是借古喻今，也无可奈何。同样的理由，在今天看来，这部著作虽然"因限于当时思想认识，过于重视知识分子，看不见人民大众，致立论时有偏颇"，但仍有它的学术生命力。

抗日战争的最后两年，陈垣先生用他的全部精力写成《通鉴胡注表微》。所谓"胡注表微"，就是把胡三省注《资治通鉴》时的微言大义加以阐发。胡三省在宋亡以后，把全部精神寄托在他未完成的《资治通鉴》注上，不断补充修改，直至于死。但是，过去的人读胡注《资治通鉴》，只是把胡当作一个地理学家，或考据学家，而从未注意胡三省注《资治通鉴》时的心情、思想。陈垣先生从少年时代开始读胡注《资治通鉴》，先后读了七八遍，也没有注意到胡三省的思想。生活在敌人统治下的沦陷区，重读《资治通鉴》胡注，才对胡三省的心情有所体会。有一天，他读

《资治通鉴》至后晋开运三年，记契丹军队攻入后晋都城汴京，后晋出帝石重贵向契丹上降表，自称"孙男臣重贵"，太后上表亦称"新妇李氏妾"。胡三省在此处注曰："臣妾之辱，惟晋宋为然，呜呼痛哉！"又曰："亡国之耻，言之者为之痛心，矧见之者乎！此程正叔所谓真知者也，天乎人乎！"胡三省这里所说的"晋宋为然"，是指南宋亡国情况与后晋同样悲惨屈辱。元军攻到南宋都城临安时，宋帝降表亦称臣，太皇太后谢氏亦奉表。汪元量《醉酒》诗"侍臣已写归降表，臣妾佥名谢道清"，即指此事。胡三省亲历宋亡之祸，所以借注《资治通鉴》记后晋灭亡事，抒发自己对故国的感情。陈垣先生身处敌后，读到这里，"不禁凄然者久之"，因此发愤著《通鉴胡注表微》二十篇，阐发胡三省用什么方法来表达自己的意志，同时，也是通过为胡注作表微来表达自己的感情和意志。

　　陈垣先生作《通鉴胡注表微》虽然是有感而发，但与他以往的著作一样，态度异常严谨认真。他认为要真正了解胡三省的思想，就必须熟悉他的生平、处境及当时的形势。他在1945年1月31日的家书中谈到写作《通鉴胡注表微》的情况，是一段很宝贵的记载。他说："《胡注表微》，至今始写定《本朝》及《出处》二篇。成书殊不易，材料虽已找出一千一百余条，未必条条皆有按语。如果按语太少，又等于编辑史料而已，不能动众；如果每篇皆有十余廿条按语，则甚不易。说空话无意思，如果找事实，则必须与身之（按：胡三省字）相近时事实，即宋末及元初事实，是为上等；南宋事实次之；北宋事实又次之；非宋时事实，则无意味矣！因'表微'云者，即身之有感于当时事实，援古证今也。故非熟于宋末元初情形，不能知身之心事，亦不知身之所指者为何也。"为了准确地表达胡三省当时的思想，他征引了将近二百五十种书籍。所以，尽管他写《通鉴胡注表微》也是为了借胡注来援古证今，表达自己的思想感情，但他所阐发的胡三省的思想，都是有根有据，令人信服，而不是随意发挥的。

《通鉴胡注表微》二十篇中有一篇名《臣节篇》。作者在序录中先说："臣节者人臣事君之大节。"既然如此，为什么在这个时候要宣扬臣节、宣扬忠君呢？他接着说："《公羊》庄四年传曰：'国、君一体也。'故其时忠于君即忠于国。"封建君主时代，忠君即忠国。《通鉴胡注表微》是要借胡三省论臣节来宣扬忠于祖国的思想。他分析了胡注中论臣节所举的四种情况。第一种："能致其身"，即为国捐躯。这是第一等。第二种："抗节不仕"，不为新朝做官，这是第二等。以上两种人都是爱国者。第三种是"保禄位而背宗国者"。《通鉴胡注表微》举了唐德宗的太子少师乔琳为例。朱泚叛乱，德宗出奔，乔琳投奔朱泚为吏部尚书。《通鉴胡注表微》说："乔琳等以为乘舆不能复还，唐将止于此矣，中国无望矣，因而从贼，所谓投机也。岂意唐竟未亡，从贼者所以徘徊而狼狈也。"这是对汉奸的警告和斥责。第四种是"助敌国以噬宗国者"。书中对石敬瑭、赵德钧这些引狼入室、勾结外敌的无耻之徒，使用了"人之恨之，不比人类"，"千夫所指，无疾而死"等深恶痛绝的话，表现了作者的义愤。

《通鉴胡注表微》写成以后不久，抗日战争就结束了，它的刊行是在抗战胜利以后。这时，以接收大员身份回到北平的国民党官员的所作所为，使他大为失望。他在《通鉴胡注表微》中补充了一些新的内容。例如，《民心篇》中说："民心者人民心理之向背也。人民心理之向背，大抵以政治之善恶为依归，夷夏之防，有时并不足恃，是可慨然者也。""外敌犹有民族意识为之防，内战则纯视民心之向背。"《货利篇》说："人之于货利犹水

书馆馆长，1928 年任北平图书馆委员。他曾参加和主持清内阁大库档案、敦煌资料及《宋会要辑稿》的保管和整理工作。尤其是他不顾个人安危，保护明清清宫档案的义举，值得历史铭记。

（一）陈垣先生与明清档案的保存

明清档案大部分存于清宫，即现在的故宫，所以，要谈保存明清档案，首先要谈如何保护故宫。

1911 年辛亥革命后，民国政府对清室的"优待条件"里，给末代皇帝溥仪的小朝廷以"暂居宫禁"的规定。除了三大殿划归民国政府外，其余地方全属"宫禁"范围。末代皇帝宣统（溥仪）在这里一直居住到 1924 年 11 月 5 日，才被冯玉祥军队驱逐出宫。同月，由当时社会上的知名人士组成了一个清室善后委员会，处理清室善后事务，陈垣是委员之一，并经常主持会务。

1925 年 10 月，又由清室善后委员会筹备成立了故宫博物院，并设立文献部，开始集中宫内各处档案，这时陈垣是故宫博物院的理事，负责文献部。1926 年 8 月，北洋军阀政府在一批清室遗老的支持下，扬言要以武力接收博物院；并借口没有营房，要让军队在故宫住上一段时间；又说，宫中一些物品是清皇室私产，要归还溥仪，等等。后来张作霖命杜锡珪内阁组织了一个所谓故宫"保管委员会"，以著名遗老赵尔巽任委员长，企图接收故宫博物院。这时，陈垣先生与马衡、吴瀛等挺身而出，由陈垣召集博物院全体工作人员开会，要抵制北洋军阀的上述阴谋，陈垣被推为代表，与北洋政府进行交涉，提出：如要接收，需先立移交手续，将院中各物逐件清点，造册公布，并不给溥仪，不能变卖，不得有损毁，等等。杜锡珪也认为提得合情合理，无法拒绝，可赵尔巽却大为恼怒，以辞职不干相威胁，接收一事成了僵局。于是发生了张宗昌命令宪兵司令王琦逮捕陈垣的事件。但是，由于各方面人士的营救和斗争，赵尔巽受到了舆论的谴责，只好把陈垣先生放了。陈垣先生挫败了北洋军阀接收故宫博物院的阴谋，为保护故宫博物院、保护档案，贡献了自己的力量。

明清档案中清军机处档案，辛亥革命后全部被北洋政府国务院接收，移出故宫，存放在中南海的集灵囿楼（此楼已拆毁），鼠啮虫蛀达十余年，遭受了不少损失。为了挽救这批档案，1926年1月，陈垣先生出面，几经周折，才使这批重要档案又回到故宫，构成今天明清档案的一个极重要的组成部分。当时北洋政府总理是许世英，陈垣先生与许商量，要求把军机处档案和杨守敬观海堂藏书，一并移交故宫博物院，以利保管和利用。许世英表示同意，但要故宫给国务院一封正式公函。这封由陈垣先生起草的公函，援古证今，合情合理，送去后，移交工作很快完成。可以说，这批档案能够完整地保存下来，陈垣先生是有重要贡献的。

此外，在1925年11月，陈垣先生还为博物院购买了端方的档案六百余册。端方是清末湖广总督，这批档案多关系清末军国大政，其中还有苏报案的档案。这批档案原是北京大学教员伦明在琉璃厂购买，陈垣得知后，以九百银圆的价格为博物院买来。

（二）陈垣先生与明清档案的整理

保存档案只是第一步，第二步就是对这批汗牛充栋的档案进行整理，如果整理不好，就无法查阅。当时有的工作人员第一次走进库房，看见那堆积如山、尘封土渍、凌乱不堪的档案时，真有望洋兴叹、无从下手之感。陈垣先生负责故宫文献部，又是故宫图书馆馆长，他拟出《整理档案八法》交给工作人员。这八种方法是：（1）分类，即按照档案的种类分，这是最初步的工序。或按形式分，如纸样格式，长短大小，颜色红白，成本的，散页的，把它们汇集起来；或按文字分，如汉文、满文、蒙古文，分类汇总。（2）分年，即以年做单位，把同一年的同类文件集中在一起。同年的再按月日先后集中。（3）分部，即把档案归入各部署，如兵部的归兵部，礼部的归礼部。（4）分省，即各省来的归各省。（5）分人，即把各省总督、巡抚所承文件按人分在一起。（6）分事，凡同一事的，均按年月日集中，如纂修四库全书的文件等。（7）摘由，在完成上述分析工作后，把每一文件的事由摘出来，使研究人员一看便知其大概。（8）编目，这是最后一道工作，即把整理成功的档案编成几个总目，使用时只要查总目，便能依类寻出。陈垣经常告诫工作人员，要做到"秤不离砣"，就是说，这些档案还没有整理，不能让写着年月日的包纸离开原件，以防止分开后找不到头绪。这是对整理档案的基本要求，多年后故宫的一些老同志对陈垣先生的这个要求还记忆犹新，也经常用"秤不离砣"来要求新来的工作人员。

（三）陈垣先生与明清档案的公布

更为难能可贵的是，经过整理后，陈垣先生极力主张要公布档案，以便使研究人员能够看到档案、利用档案；而不是将档案束之高阁，成为少数人的私产。他更反对垄断档案，为少数人服务，或是独自使用，成为学霸。

为了便于研究者利用这些档案，在公布这些档案时，由编者加按语，介绍该档案的情况、背景、内容。据单士元先生回忆，许多按语都经过陈垣先生认真修改，有些按语还是他亲自执笔写的。

例如，《文献丛编》第二辑公布的《王鸿绪密缮小折》的按语，就是经由他仔细修改的。按语首先介绍这批档案的储藏情况："王鸿绪密缮小折三十封，康熙密谕三封，共储一小匣。匣

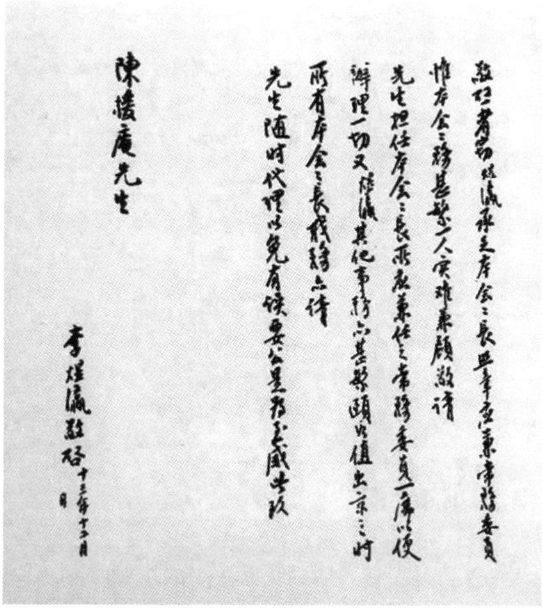
敬啟者：煜瀛承乏本會會長並本會常務委員，
惟本會會務甚繁，一人實難兼顧，敬請
先生担任本會會長，亦應兼任之常務委員一席，以便
辦理一切。又煜瀛其他事務亦甚繁，頭以值出京之時，
所有本會會長職務亦請
先生隨時代理，以免有誤要公，是為至感。此致
陳援庵先生
李煜瀛敬啟 十三年十二月 日

1924 年 4 月清室善后委员会委员长李煜瀛（石曾）请陈垣代行会长职务的信函。

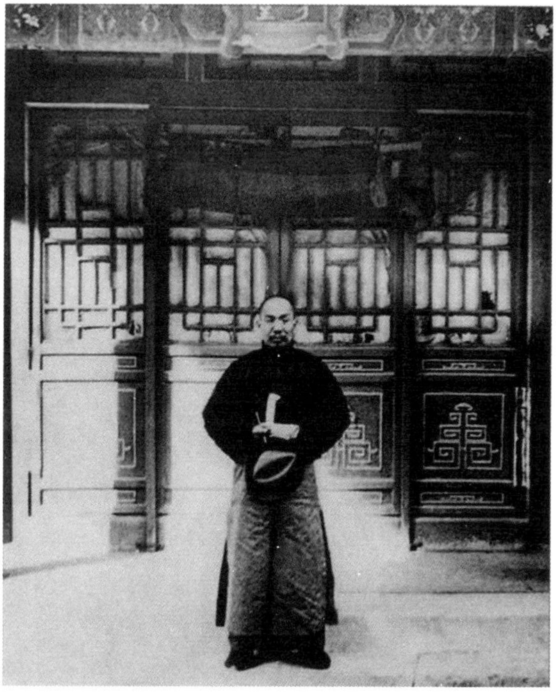

1925 年 4 月在故宫发现《四库全书荟要》后摄影纪念。

有七小屉，每屉标明自某年月日起至某年月日止共若干件字样，计由康熙四十四年二月至六十年五月。惟折内多不书年月，容易错置，现贮之屉是否无误，不可知也。此匣旧藏故宫懋勤殿。原折尺寸极小，长约二寸，宽约一寸。"然后介绍档案的内容及背景："每一折辄奏事二三项，皆奉密谕回奏。中有康熙四十四年二月谕云：'京中有可闻之事，卿密书奏折与请安封内奏闻，不可令人知道。倘漏，甚有关系，小心，小心。'盖是时当康熙南巡，故云京中也。"进而介绍这种"密折"的制度："折外有用纸加封者，封面皆书'南书房谨封'字样而不露姓名，康熙阅后发下时仍旧加封，如张霖案折末云：'此后臣所陈密折，伏乞皇上仍于密封套上御批一封字，以防人偷看泄漏。'"最后介绍了王鸿绪的简历。又如《康熙与罗马使节关系文书》的按语，则是陈垣先生亲自执笔的。

（四）陈垣先生与明清档案的鉴定

明清档案贮藏年久，又数经周折，"秤已离砣"的情况还是经常发生。对于零散的档案，如何确定其性质、类别？对于有月日无年，甚至年月日俱无的档案，如何确定其时间？这些问题如不解决，档案的价值就会大为降低，甚至不能利用，或者会导致错误的结论。

陈垣先生运用他渊博的历史知识、细密的方法，对一些重要的零散档案做出了科学的鉴定，挽救了一批档案。在这方面也为后人树立了榜样。

例如，《东华录》载乾隆在雍正十三年九月初四的一道上谕（时雍正已死，乾隆已即位，但尚未改元）提到雍正有销毁《北游集》的"严旨"。这个"严旨"涉及顺治皇帝的重要史实，但《圣训》及《东华录》都没有记载。1925年在故宫懋勤殿朱改谕旨中发现了四通无年月的谕旨，陈垣立即认定其中一通即为此旨，并考订其时间为雍正十一年，1930 年将此谕在《文献丛编》上发表。

又如前面提到的《康熙与罗马使节关系文书》，共十四件，原存故宫懋勤殿，先后发现于 1925 年、1928 年、1930 年，皆经康熙亲笔修改，是关于康熙与罗马教廷关系的极珍贵、极重要的材料。十四件中，标明年月者只有四件，其余十件，有的只有月日而无年，有的连月日也没有。这些档案的年、月、日不明确，势必影响其发挥正确作用。1930 年故宫博物院将这批档案排印，登载在《文献丛编》第六辑上，当时参加整理的人，由于水平所限，将先后次序弄颠倒了。1932 年故宫将这批档案影印出版，陈垣先生专门写了篇《康熙与罗马使节关系文书影印本叙录》，将这批档案的年代一一考订清楚，使得研究者能正确地使用这批档案，也就使这些档案在历史研究中发挥了作用。

（五）陈垣先生与明清档案的利用

保存档案、整理档案、公布档案、鉴定档案，目的都是为了正确、充分地利用档案。陈垣在史学研究中对明清档案的利用，对后人有许多启发。

陈垣先生利用档案，大致可分以下三种情况：

（1）用档案钩稽历史

当年故宫博物院文献部在乐寿堂陈列了两份反映中西两方禁教与传教的档案，陈垣先生为之写跋，名曰《跋教王禁约及康熙谕西洋人》，叙述了中西思想矛盾斗争的一段重要史实。天主教传入中国后，发展了中国教徒，但这些中国教徒既信奉天主教，又保留了祭祖先、尊孔的旧传统。西洋教士对这个问题产生了不同的看法，一派以龙华民为代表，认为既然信奉天主教，就不能再祭祖尊孔；而以利玛窦为代表的一派则认为，可根据中国的具体情况，信奉天主教，也可以保持原先习惯。两方把情况反映给教皇后，罗马教皇支持龙华民一派，立了七条禁约，并两次派使节来华申明禁约。然而康熙对教皇此举极为不满，以不准传教相抵制，并召集了在京的西洋人，指示他们应对罗马教皇使节的方法。这件事在中国文献中记载很少，陈垣先生就利用这两份档案为我们钩稽了这一段重要的历史事实和线索。

（2）用档案补充文献之不足，纠正文献之错误

陈垣先生的《雍乾间奉天主教之宗室》一文中关于苏努诸子的叙述，就是这方面的范例。苏努是清太祖努尔哈赤的四世孙，与雍正是兄弟辈，苏努和他的八个儿子都是天主教徒，由于苏努父子后来获罪被削籍，故在《宗室王公功绩表传》中无传。苏努父子事迹在教会史中倒有记载，可是西方人不了解中国各种制度，很多记载与史实不符合。陈垣根据档案，补充了教会史之不足，纠正其错误，如①关于苏努的封爵：樊国梁译《燕京开教略》卷中谓苏努为亲王，苏努之子为世子；陈垣根据懋勤殿雍正未刊朱批谕旨，证明康熙末年苏努犹为贝子，六十一年十一月，康熙崩，苏努始封为贝勒。②关于苏努父子获罪的真正原因：教会史认为是因为苏努父子信仰天主教、庇护天主教；又说是因为有人诬告苏努参与谋废雍正皇帝的阴谋。陈垣根据大量档案及其他文献资料，证明苏努获罪的唯一原因是帮助康熙第八子允禩谋继立，而此事发生在雍正为帝之前。苏努之子勒什亨、马尔陈等，更是在获罪发遣之后才信奉天主教的。

（3）以档案与文献互相印证，互相纠正

档案虽为原始材料，但仍带有鲜明的阶级性。现存明清档案绝大部分为统治阶级的记录，充满了地主阶级的偏见，还有许多

为皇帝掩饰的地方，所以对档案亦须采取分析的态度，不能迷信。

陈垣先生在《汤若望与木陈忞》这篇著名论文中，就根据传教士汤若望的回忆录、僧人木陈忞的《北游集》及其他材料，驳正了雍正谕旨中为顺治隐讳的许多事实。

（六）明清档案中的陈垣先生

陈垣先生研究明清档案，可是他当时并没有发现自己的名字和事迹也留在了清代档案中。陈垣先生的青年时代在清代末年，当时他投身报业，又学习医学，从事医学研究。他的这些经历，已经被人在近年来的清代档案中发掘出来。在清宣统三年正月《署两广总督张鸣岐为顺德县设立〈震旦日报〉请立案事致民政部咨文》这样记载："宣统二年十二月十六日据《震旦日报》发行人康仲荦禀称，民等现联同志，集合股本，开设新报，名曰《震旦日报》，以诱导舆论、扶植人权、奖进民德、提倡实业为宗旨，一切言论采录，谨遵报律。经众股东集议，公推康仲荦为发行人，陈援庵为编辑人，梁慎余为印刷人。"而附件《震旦日报》馆呈报表中更明确记载到："陈援庵，三十岁，广州府新会县人，廪生，医学毕业生，原居晏公街信义，现住本报。"

陈垣先生虽然在 20 世纪 30 年代就离开故宫，但直到晚年，他仍对明清档案非常关心。1965 年 10 月，他以八十六岁高龄完成的最后一篇学术论文《两封无名字无年月的信》的最后一句话是："凡做档案工作者，不宜将档案轻易分散及移动，所谓秤不离砣也。"今天，重温这位史学大师的遗言，更激励我们把档案工作做得更好。

四、陈垣先生与学人交往

陈垣先生有自己的交友原则，他在家书中曾经写道："交友原本要紧，无友不可以成学。"又说："文成必须有不客气之诤友指摘之"，"直谅多闻之友不易得，当以诚意求之"。许多著名学者都是他的诤友。

（一）陈寅恪

史学界将陈寅恪、陈垣合称为"南北二陈"。南陈指陈寅恪，北陈指陈垣。二陈并称既体现了两位大师在史学领域的成就，又表现了他们之间深厚的友谊。两人年龄相差十岁，相识于20世纪20年代，吴宓是介绍人。1926年7月13日《吴宓日记》载，他于当晚在中山公园的来今雨轩介绍陈寅恪先生与陈垣先生见面。"宓独坐。待至六时许，陈垣来。七时，陈寅恪来。宓请二君用西餐，为使寅恪得与陈垣谈其所学，且入清宫参观也。晚十时半始散。"此次见面，奠定了二陈日后多年的友谊。之后，陈寅恪曾荐举陈垣出任清华大学国学研究院导师，陈垣先生婉言谢绝。两人互相都颇为欣赏。陈寅恪先生为陈垣先生的《敦煌劫余录》、《元西域人华化考》、《明季滇黔佛教考》三部著作作序，对其学术成就及治学方法给予极高评价；而援庵先生要求他的学生们一定要精读寅恪先生的著作。

在整理陈垣先生遗墨的过程中，我们惊喜地发现了一件陈垣先生与陈寅恪先生笔谈的遗墨。陈垣先生或寅恪先生单独的遗墨，现在还可以见到，而二陈并书，则以此纸为仅见，实在是史学界的一件珍贵文物。

现将笔谈内容按照先后次序释录于下：

垣：不忽木，《元史》通作木，康里人，巎巎之父。不忽木，《元典章》忽（"忽"似为"木"之笔误）作术。究竟是"木"还是"术"？

寅：待查。但恐是术字。因蒙文 ju 字常有。而木字多是 bu 字，金女真满洲文即布字，如伊里布，塔齐布之类。

垣：此字若术，则与特勒、特勤之误相等，因各书皆作不忽木也。术误木甚易，木误术甚少。

寅：因此疑原是术。但须再查一查。

垣：元刻书如《太平乐府》等皆作木，若假定为术，应更有强有力之证据。

寅：故须再考是否有同一原文而译音不同者。此可于索引中求之。

此种两译名字见于《唐书》而须改正者，如《唐书》龟兹王之名，新、旧唐书皆不同。苏代（"代"为"伐"之笔误）勃駃、勃駛，其实作"駛"。因近日发见此王之文告。puspa，花之意，即玄奘《西域记》之金花。故新旧唐皆误。

垣：《元典章》错误凡一万二千余条。

寅：多！如此之多？

垣：拟为《校补释例》二卷。

寅：发凡起例，乃是著作，不仅校勘而已。

垣：拟即以此题为蔡先生祝贺论文，如何？

寅：甚妙。又桑原论丛乞借一观。

此次笔谈在何时？据陈垣先生在《沈刻元典章校补》缘起中自述，自 1930 年 5 月 19 日始，至 8 月 5 日止，他与门人那志廉等以故宫所藏元刻《元典章》校沈家本所刻《元典章》，继而又以诸本互校，"如是整理，又数越月，凡得讹误、衍脱、颠倒诸处一万二千余条"。至次年2月，完成《沈刻元典章校补》十卷。7月，又完成《元典章校补释例》六卷，最初发表于1932年1月出版的《蔡元培先生六十五岁庆祝论文集》中。笔谈时间，在用诸本校完沈刻《元典章》之后，而在《元典章校补释例》完成之前。故可知在1930年年底至1931年7月之间。

陈垣先生在校沈刻《元典章》时，发现在《元史》等书多次出现的不忽木其人，在《元典章》中独作不忽术。他是一位校勘大师，不是简单地用少数服从多数的原则来决定谁是谁非。又因在古文献出现的刊刻错误中，笔画少者误为笔画多者少，而笔画多者误为笔画少者多，颇疑是术误为木。他又是一位十分严谨的学者，在没有充足的证据之前，绝不轻易下结论。因此，他想到向通晓中西、古今多种文字的寅恪先生请教，从语言学方面寻找证据。

两人相处一室，何以要用笔谈？从内容可知，它牵涉到许多专门名词，除口谈之外，还需要借助笔谈。因此给我们留下了这一份珍贵的文献。

寅恪先生不愧为语言大师。他也怀疑是术而非木，因为蒙古文多用 ju 结尾，而用 bu 结尾的多是女真文、满洲文。他还提出了如有同名异译的情况，可以帮助解决这个问题。他所举的唐代龟兹王名，《旧唐书》作"苏伐勃駛"，《新唐书》作"苏伐勃駃"。据库车附近出土的古龟兹语木简，知为梵文 Suvarna（金）puspa（花）的音译，即金花王，亦即《大唐西域记》卷一《屈支国》条所载："近代有王，号曰金花。"故知应为"苏伐勃駛"，新、旧唐书均误。

当陈垣先生告知拟作《元典章校补释例》时，寅恪先生立即敏锐地觉察到，此书"发凡起例，乃是著作，不仅校勘而已"。这本书确是校勘学的总结性著作，后来改名《校勘学释例》。当时寅恪先生任中央研究院历史语言研究所历史组组长，蔡元培先生为研究院院长，所以陈垣先生告知寅恪先生，拟将此书作为纪念论文。

寅恪先生所借的"桑原论丛"，指日本著名史学家桑原骘藏的论文集。桑原与陈垣有文字之交。由此也可见寅恪先生对日本史学研究成果的重视。

此外，在边上还有陈垣先生笔迹"与也里迷儿同"六字。似指，如果确是"不忽术"误作"不忽木"，与"也黑迭儿"之作"也里迷儿"同。

总之，这近三百字的笔谈遗墨，反映了两位大师的严谨治学、博学多识，以及他们之间的深厚友谊。

除了这份笔谈稿之外，现在还保存着两位大师的十九封往来书信。其中十八封是陈寅恪致陈垣的，另一封是陈垣致陈寅恪函的影印件。这十九封中的十八封，写于1929—1937年，当时两人同在北平，一住西郊清华大学，一住城内，故时有书信。最后一封为陈寅恪1940年自昆明所寄。

这些书信的内容大致可分为以下四类。

（1）推荐人才。陈寅恪曾向陈垣推荐汤涤（定之）为辅仁大学艺术系教师，孙道昇为辅仁附中国文课教员。这些推荐信不是一般的客套，例如，陈寅恪在推荐吴其昌的信上说：

> 吴君其昌，清华研究院高才生，毕业后任南开大学教员，近为美国斯丹福大学经济学会收集中国经济史材料。吴

君高才博学，寅恪最所钦佩，而近状甚窘，欲教课以滋补救。师范大学史学系、辅仁大学国文系史学系如有机缘，尚求代为留意，吴君学问必能胜任教职。如其不能胜任，则寅恪甘坐滥保之罪。专此奉陈，并希转半农先生为荷。

陈垣先生对岑仲勉的推荐也很有意思。当时岑在广州圣心中学任教，在校刊《圣心季刊》上发表文章，寄给从未会面的陈垣十部。陈垣当即分寄陈寅恪、傅斯年等。陈寅恪在第二天即回信陈垣：

岑君文读讫极佩，便中乞代致景慕之意。此君想是粤人。中国将来恐只有南学，江淮已无足言，更不论黄河流域矣。

傅斯年也在随后的回信中指出："岑君僻处海南而如此好学精进，先生何不招其来北平耶？"以此为契机，岑后来进入史语所。

（2）介绍学人。陈寅恪先生曾有函介绍钢和泰与陈垣先生见面。还有一封信则是告知伯希和在法国的地址，1933年春伯希和来北平，二陈与伯氏曾合影。

（3）推荐书籍，借书赠书。这一类内容在函件中不少。1933年3月1日信中提到：

前借之《元书》久未奉还，甚歉，一二日内当即遣人送上也。

同年 10 月 15 日信中则涉及赠书事：

> 昨又蒙赐木刻本《史讳举例》及转赠索引二种，感荷感荷。归检《水经注引得》，尚有第一册在尊处未携回，乞便中交下以成完书为感。

（4）切磋学术，质疑问难。

如寅恪有两封不明年份的信是请查资料的。一封用"涵芬楼笺"，署四月五日：

> 顷欲乞灵于公所编《全唐文》、《全唐诗》等索引。谨将人名列后，蕲转托记室诸君代为一检，不胜感激之至。
>
> 大中时代：王端章、陈元弘、左承珍。

另一封署八月八日：

> 顷欲检"布拉特阿哈"（元世祖时派赴波斯者）事迹，非乞灵于尊编之《七家元史类目》不可，求便中示复，不胜感激之至。

陈垣先生一贯重视对工具书的利用。在过去工具书甚少的情况下，他从事每一问题的研究之前，往往亲自动手编制有关索引，认为这是"利人利己的工作"。寅恪先生请他查阅各种自编工具书，说明对陈垣先生的了解与熟悉。

抗战爆发，寅恪先生南下，陈垣先生留在沦陷区的北平。寅恪先生为陈垣先生《明季滇黔佛教考》一书所作序言深情地叙述了当时的情况：

> 忆丁丑（1937 年）之秋，寅恪别先生于燕京，及抵长沙
> 而金陵瓦解，乃南驰苍梧瘴海，转徙于滇池洱海之区，亦将
> 三岁矣。此三岁中，天下之变无穷。先生讲学著书于东北风
> 尘之际，寅恪入城乞食于西南天地之间，南北相望，幸俱未
> 树新义，以负如来。

人隔万里，地处两方，考虑到敌后的环境，寅恪先生此信写得很含蓄，但寥寥数语，已深寓老友之情，并对老友在《明季滇黔佛教考》一书中所表达的爱国之心给予高度评价。

如 1940 年 1 月的家书中说："胡（适）、陈（寅恪）、伦（明）诸先生均离平，吾文遂无可请教之人矣。非无人也，无不客气之人也。"目前所见到的陈垣先生致寅恪先生的信只有一封，其内容与陈垣先生的《元西域人华化考》有关。但可以肯定，陈垣先生致寅恪先生的书信，绝不止这一封。而陈垣先生在家书中更是多次提到寅恪先生。

陈寅恪与陈垣同为史学大师，他们都取得了令人瞩目的学术成就，这固然与天赋及努力分不开，但从他们的交往与友谊可以看到，充分认识到彼此的长处与短处，不是文人相轻，而是取长补短，互相切磋，是成功的重要因素之一。这也是两位大师留给后人的一份宝贵遗产。

（二）胡适

陈垣先生与胡适先生大约相识于 20 世纪 20 年代初，介绍人是他们共同的朋友沈兼士。1922 年陈垣先生担任北京大学研究所国学门导师。胡适于 1917 年自美回国，任北京大学教授。1922

年 3 月，北大《国学季刊》编辑部成立，为编辑部主任。4 月，被举为北大教务长。沈兼士既是《国学季刊》编辑委员，又是北大研究所国学门主任。1922 年 2 月 19 日，胡适在平民中学演说，并且在此前为该校校歌作词。这所专收贫苦学生的中学创办人和校长就是陈垣先生。所以二人最晚在此时已相识了。

1923 年 1 月，《国学季刊》第一卷第一号正式出版，胡适在创刊号上发表了著名的《发刊宣言》，提出"用历史的眼光来扩大国学研究的范围"，"用系统的整理来部勒国学研究的资料"，"用比较的研究来帮助国学的材料的整理与解释"。同一号上发表了陈垣先生的《火祆教入中国考》，第二号发表了他的《摩尼教入中国考》，第三号又发表了他校录的摩尼教残经，第四号更是发表了陈垣先生前半生最得意之作《元西域人华化考》的上半部。陈垣先生的这几种论著，可以说是胡适《发刊宣言》最有力的体现。

陈垣先生在编纂《中西回史日历》和《二十史朔闰表》时遇到问题，曾请教胡适。胡适先生在查阅了《大英百科全书》以后，以长函作了回答。《中西回史日历》和《二十史朔闰表》作为北大研究所国学门丛书，先后于 1925 年、1926 年出版。胡适先生在《现代评论》四卷九一至九二期上发表了《介绍几部新出版的史学书》的文章，文中首先就介绍了《二十史朔闰表》。他说："此书实在是一部最简便的中史二千年的日历。我们应该感谢陈先生这一番苦功夫……给世界治史学的人作一种极有用的工具。"

1930 年 11 月 28 日，胡适先生携家眷从上海北上北平，在后门内米粮库四号租定新居。次年一月，应新任北京大学校长蒋梦麟之聘，出任文学院院长兼中文系主任。而陈垣先生也于这一年被聘为北京大学名誉教授，并于 1932 年 8 月 21 日自丰盛胡同十八号搬至米粮库一号。从此直到卢沟桥事变爆发，两人做了近五年的邻居，此一时期，两人交往、论学的记录明显增多。1933 年 4 月 1 日至 10 日的十天中，两人围绕《四十二章经》的问题，往来书信竟达八通之多。

1932 年年底，法国学者伯希和再次来华，2 月 12 日陈垣先生以"谭家菜"宴请伯希和，并致函邀胡适作陪：

> 丰盛胡同谭宅之菜，在广东人间颇负盛名，久欲约先生一试。明午之局有伯希和、陈寅恪及柯凤荪、杨雪桥诸先生，务请莅临一叙为幸。

这次聚会后留有一张珍贵的照片，可以看到出席宴会的有柯、杨、陈等人，没有胡适，胡适可能有事而没有赴宴。

1937 年 7 月 7 日卢沟桥事变爆发。陈垣先生当天自米粮库一号搬到南官坊口二十号。8 日，胡适南下参加庐山谈话会，后又回到美国。二人天各一方。但二人的联系并未中断。1938 年 3 月 8 日陈垣先生在沦陷区的北平托人带信给胡适。而且陈垣先生给当时在香港的儿子乐素的家书中，也多次提到胡适，充满怀念之情。如 1939 年 1 月 14 日函："前者成文必先就正于伦、胡、陈诸公，今诸公散处四方，无由请教，至为遗憾。"伦指伦明，陈指陈寅恪。

身在美国的胡适也没有忘记在沦陷区的老友。1943 年 7、8 月，他在《读陈垣史讳举例论汉讳诸条》的后记中写道：

> 援庵先生旧居米粮库一号，我旧居米粮库四号。我们作

了多年的邻居，享受了多年的论文切磋之益。他的《元典章校补》我曾替他写两万字长序。现在我们相隔几万里，不知何时才得重有聚首论文之乐。所以我很诚恳地把这两篇避讳的文字奉献给我的老朋友、老邻居、陈援庵先生！

1946年3月29日，两位老朋友再次聚首。当日，陈垣先生在家书中说："余自《胡注表微》完后，尚未有第二题目，要稍为休息。闻胡先生今日到平，晤后当有所触发也。"胡适当天确实自沪飞平，并且在九月就任北大校长。

1948年12月13日夜，胡适关于《水经注》给陈垣的回信是他离开北平之前发出的最后一封论学信。《水经注》研究是胡适晚年学术活动的重点，从现存的书、文可以看到，他的老友陈垣曾给他提供过资料，与他进行过讨论。两天后他就乘南京政府派来的专机飞南京，不久便到美国了。

1949年4月29日，陈垣写成致胡适的公开信，5月11日，在《人民日报》上发表。

20世纪五六十年代两岸隔绝，但陈垣先生与胡适先生还是密切关注着对方的情况。1959年5月13日，台湾有人想翻印《道藏》，胡适不赞成翻印全藏，并说："陈垣著的《南宋初河北新道教考》这本书是值得印的。这本书里说那时的全真教、大道教、太一教的源流很详细，他收到很多碑版的资料，文章也很清楚。"这本书"可以叫人知道道教是有民族思想的"，"金元时代的士大夫看得起道教，因与外族奋斗时道教有用处。在陈垣这部书里都有书目，才是值得一看的"。1961年1月16日，胡适先生谈起校勘学的方法，说："陈援庵遇到重要的校勘，是倒过头来校勘的，使他失去了文词的意义，硬是一个字一个字地校对。"在北京这边，陈垣先生得知台湾历史语言研究所集刊有纪念胡适生日及傅斯年逝世的论文集后，于1960年4月20日致信在澳门的友人汪宗衍："关于胡、傅论文集，甚欲一见，邮局能寄，则请寄下为幸。"5月他收到了这两部论文集。1964年8月，陈垣又通过汪宗衍得到一部纪念胡适的论文集。

抗日战争时期，胡适、陈垣两位老友天各一方，盼望能"重有聚首论文之乐"，抗战胜利，这个愿望实现了。第二次分手，陈垣先生希望"将来能在一条路上相见"，可惜没有来得及实现。

（三）伯希和

伯希和，著名法国汉学家，对东方历史、语言、文字都有广泛涉猎，成就斐然。但是伯希和给广大中国人民留下的主要印象却是，1906年至1908年他曾从我国新疆、甘肃地区盗取大量珍贵文物，尤其是将敦煌藏经洞中的珍贵文献大量掠夺至欧洲，他人生的一大污点。但是作为一名举世闻名的汉学家，他所取得的成就是不容置疑的。由于他对东方文明，尤其是中国文化有着浓厚的兴趣，所以在他的一生中，曾经多次来华，并且与中国学术界众多学者建立了广泛的联系，这其中就包括陈垣先生。

在尹炎武致陈垣先生的信中，提及了伯希和对陈垣的评价："中国近代之世界学者，惟王国维及陈先生两人。不幸国维死矣，鲁殿灵光，长受士人之爱护者，独吾陈君也。"可见，他对陈垣先生的敬重与推崇。

伯希和与陈垣先生的交往，应当源自陈垣先生《摩尼教入中国考》的发表。1923年4月，陈垣先生在北京大学《国学季刊》第1卷第2号发表《摩尼教入中国考》，以京师图书馆所藏敦煌摩尼教经残卷，参照其他相关史料考证宗教史。此问题及资料，沙畹（伯希和的老师）、伯希和都已经做过研究，并以《研究京师图书馆藏敦煌摩尼教残经》为题予以发表，内容与陈垣先生文章多有类似之处，而陈垣并未看过沙、伯两人的论文，此事被学术界传为佳话。伯希和看到陈垣先生的论文，即致函陈垣，查询有关宋元间摩尼教流入福建的情况，尤其关注福州乌石山刻有二宗、三际经的两块宋碑。陈垣先生接信后，即派人前去查访，但并无结果。伯希和的这封信成为他与陈垣先生交往的开始。从那以后，两人的书信往来保持了相当长的时间。现在保留下来的1927 年陈垣先生致伯希和的信，其内容包括感谢伯希和所寄赠的著作，回复伯希和来信所询问的问题，还有将自己的著作寄赠与伯氏，同时向其询问自己关心的史料情况。通过两位学者之间的信件往来，我们可以看到世界级学者是如何将自己的全部精力倾注于学术的、他们是如何乐在其中的。

在看到伯希和与陈垣先生为探讨学术而彼此交往的同时，我们不能忘记陈垣先生是一名有着深厚爱国情感的学者，他曾经为汉学正统不在中国而感到愤慨，更为斯坦因、伯希和等西方人掠夺中国的珍贵文物而感到愤怒。1924 年陈垣先生将北平图书馆藏敦煌经卷八千余轴，进行分类、考订，编成目录，取名《敦煌劫余录》。1930 年出版时，陈垣先生在自序中写道："（光绪）三十三年，匈人斯坦因、法人伯希和相继至敦煌，载遗书遗器而西，国人始大骇悟。"他身边的人劝他不要在序中直接点名，因为伯希和还会来中国，在学术界集会上还要常见面，而且"劫余"二字太过"刺激"，是否可以改一改。陈垣先生答道："用劫余二字尚未足说明我们愤慨之思，怎能更改！"该书 1931 年由史语所印行。两年后伯希和对陈垣推崇有加，并不以"劫余"之斥为诋忤。

这里所说的两年后，即 1933 年，陈垣先生曾经设宴款待伯希和。这次宴会设在京城有名的谭家菜馆。陈垣先生邀请胡适、陈寅恪等先生作陪，体现对伯希和的重视。其实伯希和是于1932年年底来华的。他到中国后，社会各界纷纷举行了不同的欢迎会。他在一次宴会中，表达了对陈垣先生的推崇。据梁宗岱回忆，"三十年代初北平一次热闹的宴会上，聚当时旧都名流学者于一堂，济济跄跄，为的是欢迎著名汉学家、东方学家伯希和教授。除伯希和外，参加者还有其他欧美人士，因此交谈语言有中法英三种，我躬逢其盛，担任义务口译。席上有人问伯希和：'当今中国的历史学界，你以为谁是最高的权威？'伯希和不假思索地回答：'我以为应推陈垣先生。'"在同年4月15日伯希和回国之际，他在车站上对包括胡适在内的前来送行的人，再次表达了对陈垣先生的推崇。

1933年伯希和此次来华，还将俄藏《元秘史》十五卷六册影本分赠北平图书馆，并向陈垣请教该本的来历。陈垣先生阅读后，致函伯希和，说他通过考证认为，该本即韩泰华原藏本，亦即鲍廷博从《永乐大典》抄出，并从刻本补写之本，希望用该本和自己所藏文廷式抄本再校一次。后来，陈垣先生通过比较诸本，发现《元秘史》译音译义兼备的规律，写成《元秘史译音用字考》。

1935年伯希和再度来华，希望进一步推进《元秘史》的研究，通过北平图书馆索借当时还在陈垣先生手中的相关资料。5月29日，辅仁大学宴请伯希和夫妇，此次会面当是陈垣先生与伯希和的最后一次见面。

之后不久，第二次世界大战爆发，陈垣先生与伯希和的通信就此中断。直至第二次世界大战结束后，陈垣先生才得知伯希和已经逝世的消息，颇为哀痛。在1945年11月2日致傅斯年的信中，他这样写道："阅报知伯希和先生已作古，更为之怅然。"

（四）傅斯年

傅斯年，字孟真，山东聊城人，著名史学家，曾任中央研究院历史语言研究所所长。

傅先生是经陈寅恪先生的介绍而结识陈垣先生的。今天重读近九十年前傅先生写的缔交书，仍然深深为傅先生的真情所感动。信中说："斯年留旅欧洲之时，睹异国之典型，惭中土之摇落，并汉地之历史言语材料亦为西方旅行者窃之夺之，而汉学正统有在巴黎之势。是若可忍，孰不可忍？幸中国遗训不绝，典型犹在。静庵先生驰誉海东于前，先生鹰扬河朔于后。二十年来承先启后，负荷世业，俾异国学者莫我敢轻，后生之世得其承受，为幸何极。"把汉学中心从巴黎、京都夺回中国，这也是当年胡适先生与陈垣先生经常谈论的话题。我想，正是这种共同的认识及对陈垣先生学问之真切了解，促使傅斯年先生恳请陈垣先生担任史语所的特约研究员，并把《敦煌劫余录》作为陈垣先生在史语所的第一个研究项目。陈垣先生治学，甚得傅先生推崇。他说："《史讳例》一书，再读一过，愈佩其文简理富，谨严精绝。"又说："仰企先生精进不息，吾等真惭愧极矣。"人言傅斯年先生一身傲骨，很少有他能够看得上的人，通过他与陈垣先生的书信，可见傅先生对陈垣先生的崇敬之情。

此后，为使《元秘史译音用字考》能顺利出版，两人曾反复磋商。在请陈垣先生南下参加中研院评议会的信中，傅先生写道："在此做此似官非官之职，无异充军，只缘研究所皆是充军朋友，不至索居而离群，故至今犹未觉关山之感。……若江山不改，仍将有北归之日耳。研究院评议会将开会，自蔡先生以下，切盼先生惠然来会。"1937 年 4 月下旬，陈垣先生自北平至南京赴会，住在史语所，会期三天，傅斯年先生在生活上多方照顾。5月1日，陈垣先生北返，傅先生送别。

不久，抗战军兴，两人分隔南北，但陈垣先生仍时时关注傅斯年先生的情况。下面摘录几段他给乐素先生的家书，以见一斑。

> 即接到孟真先生撰《性命古训辨证》一部二册，内多新材料，新解释，不可不一读。（1940年8月14日）
>
> 余阅《性命古训辨证》，深知余已落伍，未知在他人觉得如何耳。（1940年8月16日）
>
> 傅公闻已辞中研院总干事，前云入医院，近状如何，有所闻否？（1941年8月16日）
>
> 沪上人来，说孟真须休养三年，是否？（1941年9月22日）

抗战结束，日寇投降之日，傅先生即致函陈垣先生。1945年11月2日，陈垣先生复函傅斯年先生，说："沈（兼士）、英（千里）二公来，备知近况安好，至以为慰。顷又接九月二日函，敬悉。弟自卅年底出版《南宋初河北新道教考》后，未尝发表一文，可谓懒极，仅为《通鉴胡注表微》，尚未出版而虏已降服矣！提要一纸谨呈。《道教考》想尊处亦未见，俟交通稍便当呈正。"1946年5月傅先生来北平，分别多年的故友再度相逢。1948年北平解放前夕，国民党政府派飞机接北平著名学者南下，由傅斯年先生开列名单，陈垣先生自然在其中，但他拒绝南下，从此天各一方。但傅先生与陈先生二十多年的情谊，和他们共同推动中国学术前行的功绩，值得后人永远铭记。

（五）汪宗衍

汪宗衍与陈垣是世交，其父汪兆镛，是广东近代大儒陈澧的学生，学海堂专科生，在史学、文学、金石、书画等方面，都有相当高的造诣。抗日战争爆发后，他坚决拒绝其弟汪精卫（兆铭）提议的广东省长的伪职。1939 年，汪兆镛逝世后，陈垣先生曾在家信中，回忆汪兆镛对自己学术的影响："卅年前，憬老（汪字憬吾）见予所写作小品，以为必传。三十年来孜孜不倦，未始非老人鼓舞之效也。汪兆镛的第五子汪希文与陈垣先生同为广州光华医学校第一期毕业生。汪宗衍是汪兆镛的第六子，在《陈垣来往书信集》中，两人的来往书信就有 189 通，其中陈垣致汪宗衍的有 97 通，数量是相当大的。时间从 1933 年至1969 年。

汪宗衍长期生活在南方，热衷学术，在与陈垣先生的往来信件中，内容多是讨论学术问题。比如汪宗衍对于明张西园的卒年有疑，向陈垣请教，陈垣经考证，证明"张西园生嘉靖三十七年戊午"，"崇祯十四年辛巳卒"。汪宗衍说："张西园生卒年尊考精确，至佩至谢。"汪宗衍撰《陈东塾年谱》，陈垣先生曾去信指出汪著年谱中记载东塾女儿生卒年有误，汪回信表示："东塾两女律、娴生卒年分考证精确，至为钦佩，当即将旧稿改补矣。"

陈垣先生对汪宗衍的写作帮助很大。汪著《陈东塾年谱》，陈垣为他提供很多资料，如陈垣先生在 1937 年 4 月给汪宗衍的信中说道："近得桂星垣玉堂归娶图卷有陈东塾、张南山题词。东塾词有年月，可入年谱，未知曾见否？谨录呈。"又如同年十月信中，陈垣先生写道："偶阅《金文最》，有东塾序，署明光绪七年九月，可入年谱不？"诚如汪宗衍所说："源源以东塾资料远寄，"其为人服务，诚如援老表字之称也。陈垣先生接到油印本

《陈东塾年谱》时，对该书大加赞赏。汪宗衍撰《天然和尚年谱》，向陈垣借阅资料，陈垣先生抄今辩撰《天然行状》、《天然语录》等资料与汪。其中，"《天然语录》外间少有，唯宫（指故宫）中有一部。因非公开阅览之品，抄阅极不易。前者塔铭系敝处旧藏，故即时抄上，语录须辗转乃得见，迟迟奉复，乞谅。"又"书（《天然语录》）已抄得一半，先从第三册书问杂著抄起，防有中变，亦可得比较有用之一册也"。可见，陈垣先生为抄录《天然语录》，费了不少周折，真切体现两人多年的学术交情。汪在撰写中事无大小，均请教陈垣，援庵先生只要能做到，都会满足汪的要求，真是关怀备至。陈垣先生对汪宗衍时常鼓励，收到汪寄来的《屈翁山年谱》后，复信道："资料丰富，用力至勤，佩甚佩甚。"但是，当汪宗衍欲将陈垣先生的帮助写入书中时，陈垣先生常以"不敢掠美"而拒绝了。这种不求回报、关心后学成长的作风，体现了一位大史学家、大教育家的气魄。

　　1949年后，汪宗衍时时在书信中，言及陈寅恪、冼玉清等人的情况，能够得到这些朋友的消息，陈垣先生非常高兴。汪宗衍还将当时香港、澳门、台湾的学术信息、高校情况，告诉陈垣先生，并将香港出版的学术刊物寄送陈垣先生。如1957年汪宗衍给陈垣的信中写道："另邮上《新亚学报》一期，其第二期及香港大学出版《东方文化》已函托港友代为寄上，祈惠存。另有台湾出版文史刊物见附单，请查览，或可在港觅购，祈酌示。"此外，汪宗衍还将当时香港、台湾对陈垣先生著作介绍的文章以剪报形式邮寄陈垣先生。如"港报有《佛教史籍概论》介绍文，剪出奉览"。同时，陈垣先生也向汪宗衍打听港台及其他地区的学术信息。如陈垣先生曾问汪："《东方学报》（马来西亚）与日本《东方学报》同名，是何组织？香港除旧有香港大学外，尚有何大学?"三十多年的通信，证明两位先生对于学术的执着与热爱，更反映了两家多年交往的深厚情谊。

（六）郭沫若

郭沫若与陈垣先生的交往，有记录的主要有两次。一是陈垣先生请郭沫若为其著作《中国佛教史籍概论》题写书签，二是他们曾讨论过《兰亭序》的真伪问题。

1955年五四青年节前夕，陈垣先生代表北师大，邀请郭沫若出席晚会，请他谈谈对青年学生的要求和希望。随后，郭沫若复函表示，因故不能如期出席晚会。但是，他已为陈垣先生的著作《中国佛教史籍概论》题写了书签。同年，陈垣先生在致科学出版社编辑部的一封信中，将郭沫若的题签交付出版社，并且详细嘱咐了封面设计的颜色选择及书名的位置。此外，郭沫若复函中，还特别请陈垣先生代为物色家庭教师，"教小儿女钢琴及绘画"。

1965年夏，中国文史界曾就晋代书法家王羲之所书的《兰亭序》的真伪问题进行了一场激烈辩论。时任中国科学院院长的郭沫若在《文物》杂志上发表《从王谢墓志出土论〈兰亭序〉的真伪》一文，随后即被《光明日报》转载。该文认为，《兰亭序》是赝品，并非王羲之所作。文章发表后，引起很大反响。江苏省文史馆馆员、书法家高二适，撰写文章《〈兰亭序〉的真伪驳议》，与郭沫若争论。鉴于当时郭沫若在学术界的地位，时任中央文史馆馆长章士钊将高二适的文章推荐给毛泽东主席，希望可以公开发表。在毛主席支持下，《光明日报》和《文物》杂志均先后刊发高二适《〈兰亭序〉的真伪驳议》一文和影印手稿。郭沫若也针对高二适的文章再次发表了《〈驳议〉的商讨》和《〈兰亭序〉与老庄思想》。高亦再次撰写了《〈兰亭序〉真伪之再驳议》一文，回敬郭沫若。学术界也纷纷就这个问题进行激烈讨论。值此期间，郭沫若曾访陈垣先生，讨论《兰亭序》真伪问题。当时，他们二人就文字的变化、南北风格字体异同、兰亭序临摹版本、王羲之字迹的真伪，以及碑版拓片等进行了探讨。郭沫若询问他对当时讨论的《兰亭序》有什么看法，陈垣先生说没有什么新鲜看法，有些看法也不成熟。郭沫若便请他写文章，他说暂时还不想写。最终，陈垣先生没有加入郭沫若与高二适的论辩之中。

（七）蔡美彪

蔡美彪，历史学家，长期从事宋辽金元史的研究，曾任中国社会科学院近代史研究所室主任、研究员，中国元史研究会会长，是陈垣先生的晚辈。

蔡美彪求学时，曾旁听过陈垣先生讲授的中国史学名著，并且留下了深刻的印象。1948 年，他在天津南开大学就读时，曾向陈垣先生写信求教，陈垣先生不仅将他在信中提及的《元秘史译音用字考》一书，托人赠予他，还将自己未曾刊布的"顾千里元秘史跋文校异"抄稿一并赠其阅读。50 年代初，蔡美彪在编纂《元代白话碑集录》时，也曾向陈垣先生求教。陈垣先生再次慨然将他珍藏的赵州柏林寺碑等拓本五通惠借与蔡美彪收录，以补其书的不足。陈垣先生对后学的嘉惠，一直令蔡美彪感激不已。

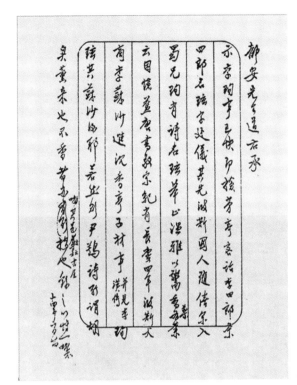

1925 年 2 月致王国维
信稿。

1933 年 春，
杨钟羲等宴
请伯希和时
合影。后排
右起第 1 人
为陈垣，第 3
人为陈寅恪。

1946 年 5 月与傅斯年（在陈垣右）等合影。

1958 年 9 月在文津街北京图书馆内与范文澜合影。

1965 年 9 月与来访的郭沫若在励耘书屋合影。

第三篇　陈垣先生与教育

陈垣先生既是一位大史学家，也是一位可为百世师表的大教育家。

陈垣有漫长而丰富多彩的教育经历。陈垣先生从 1898 年十八岁起教私塾，开始长达七十四年的教学生涯。1905 年起，他先后在广州义育、振德等中学讲授文史课程。1906 年，为暂避清政府的迫害，他回到家乡新会在篁庄小学教国文、算学、体操、唱歌等当时还是很新鲜的科目。1910 年，他从广东光华医学专科学校毕业，留校讲授解剖学、细菌学等。中华民国成立，1913 年他当选为国会议员，从此在北京定居。1920 年华北大旱，大批灾民涌入北京，他在 1921 年先后创办孤儿工读园和平民中学，任园长和校长。1922 年，他任北京大学研究所国学门的导师，此后先后在辅仁大学、燕京大学、北平师范大学等大学任教。1926 年起，任辅仁大学副校长、校长，至 1952 年高等学校院系调整，改任北京师范大学校长直至逝世，担任大学校长前后共四十六年。1921 年年底至次年 5 月，他还担任中华民国教育次长并署理部务。这样的经历在教育史上是罕见的。

陈垣先生有全面而深刻的教育思路。他虽然没有专门的教育学著作，但是他在教学实践中注意不断总结经验教训，并把它们提升到理论的高度，再贯彻到自己的教学中，并通过各种途径传授给自己的学生和子弟。这是一笔非常珍贵的精神遗产。

他的教学取得了丰硕的成果。粗略统计，陈垣先生从小学到中学到大学，讲授过的课程数十门，课时近万，直接教过的学生上万。这些学生毕业后大部分从事教育工作，将他的教育思路和方法代代相传。尽管有些学生当时觉得他要求过严，但事后无不认为得益匪浅，终身受用。他的学生也有一些后来成为著名学者，20世纪五十年代和六十年代初，国内许多著名大学的历史系主任都是他的学生。他有子女十一人，在他的影响下，除早年去世的两位外，大都从事教育工作，有大学教授、中学校长、中学教员，还有大学图书馆馆员。1962年庆祝北师大成立六十周年时，他以《今日》为题赋诗，"芬芳桃李人间盛，慰我平生种树心"，道出了一位终身"树人"者的心情。

一、教育理念与实践

（一）热爱、负责、创新的教育理念

1959年，陈垣先生已是七十九岁高龄，从事教育工作已六十一年，他在《教师工作使我永远年青》一文中深情地写道："假如我现在还是青年，正在选择学习志愿的时候，我将会毫不犹豫地告诉我的老师，我仍要选择教师工作作为我的终身事业。"他对教师这个神圣称号的深刻体会，对教育工作的热爱，是他能成为大教育家的根本原因。

对学生的负责，不仅体现要对每一堂课的质量负责，还要不断激励学生的学习主动性，帮他们树立信心，这是他教学的出发点。他不仅身体力行，还不断告诫身为人师的子女。他在家书中说："要充分预备，宁可备而不用，不可不备。"教书要"认真，即尽心之谓"。"教书以诚恳为主。无论宽严，总要用心，使学生得益。见学生有作弊（指考试偷看等）或不及格等，总要用'哀矜而勿喜'态度。不可过于苛刻，又不必乱打八九十分讨学生欢喜，总不外诚恳二字为要。""对学生宜和蔼亲切，多奖励，令其有兴趣。""认真多奖励，即尽心之谓。要学生有精神，生趣味为要。""凡与学生改文，应加圈，将其佳句圈以旁圈，俾其高兴。改不必多，圈不妨多，平常句亦需用单圈圈之。"1948 年 8 月，他给在广州教中学的四女陈善女士写信说："教师对学生要夸他，夸他就高兴。他有进步，固然要夸他；他无进步，亦要夸他，等他高兴，自然用心，自然进步。一个学生最怕你说他不行，你说他不行，他就自暴自弃了。总要鼓励他，奖掖他，此是教学最好方法，至紧至紧。""上课之前，自己要好好预备。上课时，总要学生明白，宁慢莫快，总要他听得懂，听得有味。他在堂上闹，不用心，不能尽怪学生，先要反省自己讲得清楚否，明白否。他听得有味，自然不闹了。"

陈垣先生批改学生作业、考卷是很认真的，体现了他对学生高度负责的态度。1937 年，教会于恭王府创办司铎书院。1938年秋司铎书院正式开学，由各教区选派优秀神父来院学习中国传统文化等课程，三年毕业后可直接转入辅仁大学三年级。陈垣先生也在司铎书院讲课，现在还保存着他从 1939 年到 1943 年讲授的"校雠略"等课程时的材料。

这些材料，有些是记录学生作业的情况。如 1939 年 12 月 23日"校雠略"作业，他在全班十八人的名下注明每人情况，如某人"太不用心，错漏全未校出，书名多未断句"。某人"用功，但旁注太多，不如另写笔记。眉批悉斜右，何也？"某人"较前进步，仍差。错字多在左，何也？"有次作业是《三国志》和《后汉书》关于臧洪书和《华佗传》记载的异同，全班十八人名下分别注有，某人"墨淡。分评（指书与传分开评论）各页半。研求字句，为己取法。任意批评，殊不自量"。某人"墨不匀。

评页六行。字大进步。为删十许字"。某人"字黑白不匀。范《华佗传》末一行特另行，甚是。"最后还有统计，墨淡者五人，墨不匀者六人。

有些是对学期成绩的总评。其中有一页是1940年5月"司铎书院文史组成绩批判"，注明"有三圈者可以教初中国文，有双圈者可以教小学国文"。名字上打三圈者，评语分别是："全班第一，最有盼望"，"全班最好，但精神稍弱"，"根柢本浅，但甚有进步"。打两圈的评语有："根柢本浅，但进步甚速"，"根柢本浅，但有盼望"等。

有一份材料则反映了他从备课到评分的全过程。第1页是他的备课记录，时间是1940年3月16日，题目是"以《明史》285、286文苑传王蒙、林鸿、王绂、沈度四传校《曝书亭集》六三"。下面是他事先作的重点校记，如《明史》王蒙传将"坐是被逮"误为"坐事被逮"，一字之差，意义大相径庭。又如高棅、王偁、王洪，《曝书亭集》分别立传，而在《明史》，则高棅、王偁附传于林鸿，而王洪又附见于王偁传中。第2页、第3页是对学生作业的评判与统计。如"林鸿传未校出《明史》补高棅、王偁、王洪传者"三人，有"五人校出而未补"。书名"有标识者"十人。各小传提行写者、空格写者、有钩勒者、空一行写者，各有何人。校记在下者、在传后者、在眉者、在旁者、眉旁并用者，各有何人。各传断句易错者在何处。还记载某人"字大进步，点句亦大进步"，某人"字草"，等等。

陈垣先生当年每学期要开三至四门课，他身任校长，要处理许多行政事务；在此期间他还创作了许多富有战斗性的学术著作。今天我们检视他的教材，不能不为他对学生高度负责的精神所感动。

1924年9月与北京大学研究所国学门全体同人合影。前排左起为董作宾、陈垣、朱希祖、蒋梦麟、黄文弼。

1931年北京大学史学系教师和毕业班同学合影。前排右3起为陈垣、马衡、张星烺，第7人为蒋梦麟。

与时俱进，不断创新，是陈垣先生教学的特点。他教私塾，开宗明义就宣布废止打板、废止体罚，受到学生和家长的欢迎。他教小学，带头穿上新式的黄色操衣（制服），讲新式课程，课余带学生远足，采集标本，师生感情非常融洽，学生自然认真学习。他教大学，更是在课程设置、教学方法等方面多有创新，影响至今。

（二）重视基础教育

陈垣先生担任辅仁大学校长后，在教学上的一个重大举措就是开设大学一年级国文课，并规定它为文理各系学生的必修课。他认为，即使理科学生，单纯依靠中学时代所学的语文知识，也还远远不够。每个中国大学生都应该很好掌握中国语文这一工具与人交流，充分、正确地表达自己的思想和科研成果。

"大一国文"课由他亲自主持。教材如《论孟一脔》等由集体编定。他选定学有根底的中年教师讲授，其中如柴德赓、余逊、周祖谟、启功、牟润孙等，后来都是成就很高的学者。"大一国文"的重点是培养学生的写作能力，每两周作文一次。优秀作文辟专栏张贴，供人观摩交流。启功回忆说："学年末全校的一年级'国文'课总是'会考'，由陈老师自己出题，统一评定分数。现在我才明白，这不但是学生的会考，也是教师们的会考。"

陈垣先生自己也主讲这门课程。这又分两种情况，一种是教师请假时他代课，另一种就是他直接担任一个班的"大一国文"。现在还留存五份他讲授该课时的教学日记：

一、1944 年 4 月至 6 月代理"社经一乙"国文；二、1944 年 4 月至 6 月代理"数物化德"国文；三、1946 年 10

月至 12 月主讲"经一女"国文；四、1947 年 4 月至 6 月代理"史一女"国文；五、1950 年 3 月至 6 月代理"史系"大一国文。

1944 年 4 月至 6 月，陈垣同时代理了两个班的"大一国文"。从社经一乙的国文课可知，该课每周一、周五下午四至六时上课，即每周 4 小时。讲授内容有洪亮吉《戒子书》、《与孙季述书》，《礼记·檀弓》，《荆轲传》，《论语》，《孟子》，《范式传》，《逸民传》等。作文题目是"书信陵君传后"，"陈仲子论"，"逢蒙庾公之斯合论"，学期考试的题目是"象喜亦喜论"。

1950 年陈垣先生七十岁，在当时来说已是高龄，但仍代理史学系大一每周四节的"大一国文"课。教学日记详细记录了每次讲课的内容，发放教材情况。作文题目有"评商君"，"述近日思想的改变"，"评陶朱公二子事"等，反映了中华人民共和国成立后的一些变化。

现在的高等学校把外语学习提到很高的位置，但开设大一中国语文基础课，并由校长亲自主持，恐怕还没有。陈垣先生创设"大一国文"课的经验，似应引起当今大学负责人的注意。

陈垣先生是著名的史学大家，他为什么这样重视文学基本功呢？

陈垣先生对文、史两途是分得很清楚的。他曾以僧传为例，说明两者的区别："类聚众文，裁剪而成传，其作用是物理的"，这是"史家之法"；"熔化众说，陶铸以成文，其作用为化学的"，这是"文家之法"。以"文家之法成书"，如果作者长于文词，"其书琅琅可诵"，有较高的可读性；但因写作目的不同，"二者优劣，诚未易言"。从他毕生的研究实践可以看出，他始终坚持史家

1933年12月与北平师范大学史学系学生合影。后排左起为柴德赓、周国亭、张鸿翔、何竹淇。

1945年10月抗战胜利后辅仁大学第一次返校节，与张怀、沈兼士等合影。

的立场，坚守史家之法，因为他认为"史以征信"，所作之史就应是信史，所以他总是把"征信"放在他的著作的首位。

但是这并不意味着他不重视"文"，恰恰相反，他非常重视"文章"，非常重视内容的表达形式。还在清朝末年他从事革命的宣传活动时，就曾借评论《水浒传》，总结出革命宣传的"四忌"，其中两忌就是"深文奥义，人多不解"和"凭空构造，人多不信"。他经常以孔子的话"言之无文，行之不远"告诫学生，把作文与写字比作在茫茫人海中航行的双桨。直到晚年，针对当时浮夸的文风，他旗帜鲜明地提出"写文章要清楚、明白、闲话少说"。

陈垣先生的文章有鲜明的个性，有特殊的魅力，这是学术界公认的。他的文风的特点是什么呢？有人认为它有一种内在的美；有人认为是简洁；有人认为他的论文既像古代"老吏断狱"的爰书，又像现代科学发明的报告；有人认为他的文章，论朴实，极类顾炎武，论简赅，直追王国维，论明白通晓，可敌胡适之。这些评论出自不同的角度，正所谓"仁者见仁，智者见智"，都有道理。如果从文史两途的角度出发，我们认为他文风的特点是，将所说的"史家之法"和"文家之法"的尽可能完美的结合。试看他的史学论著，引用的材料都是经过严格考核的第一手材料，经他精心编排，巧妙连缀，再加上画龙点睛之笔，天衣无缝，浑然一体。它既是"物理的"，又是"化学的"，既是高水平的史学论文，又往往是优美的散文。

（三）新的史学课程的开设

从20世纪20年代末起，陈垣先生先后在燕京大学、北平师范大学、辅仁大学、北京大学开设史学名著选读和史学名著评论两门相关的课程，他自己称它们是姊妹课。

史学名著选读有时作"国学名著选读"，有时作"中国史学文选"。大约在 1939 年，陈垣先生写了本课程的说明："取学者必须诵读之史学名著而部帙大小适合一年之用者，令其先期精读，然后为之解释疑难，指授体要，以为阅读一切史书之练习。"

1938 年 10 月至次年 6 月，陈垣先生在辅仁大学司铎书院讲授"国学名著选读"。针对司铎书院学生程度参差不齐的特点，他以张之洞《輶轩语》作为课本。从教学日记可知，作业题目有"试述数月来读书之经过及愿望"和"试将读书宜多读古书条所列各书，分卷数、撰人、辑佚、板本①四项制为简表"。现在还保留了当年学生的几本作业。

直至 1951 年，陈垣先生还在辅仁大学讲授这门课程，当时改名为"中国史学文选"，每周两次，每次两课时。从教学日记可见，教材选自《左传》、《公羊传》、《史记》、《汉书》等，作业包括点句。另外还有两页，详细记录每名学生点句错误次数及给予的分数，如有人错 25 处，得 75 分；有人错 6 处，得 85 分。全班 42 人，最高者 85 分，最低者 65 分。

对于陈垣先生来说，史学名著选读课主要是根据学生的程度和专业选择合适的教材，设计好作业，出好考试题；而史学名著评论课的准备工作则繁重得多。

关于史学名著评论这一课程的说明，现在留下来三份材料。第一份材料只是草稿，还未成文，但可以看出，他是想从才、学、识三方面给学生以教育。第二、第三份材料分别写于 20 世纪 20 年代末、30 年代初和 1946 年年初，只有细节的差别。1946 年写的说明是："取史学上有名之著作而加以批评。每书举作者之略历，史料之来源，编纂之体制，板本之异同，以及后人对此

———————————

① 板本，即版本。

书之批评等等，以为学者读史之先导。"

第二步就是按照设置本课程的目的编写教材。这份教材保存下来了。课程开始于 1929 年，当时在燕京大学选修这门课程的学生有冯家昇、朱士嘉、邓嗣禹、赵丰田等 13 人。

关于这门课程的试题，现在保存下来的有 22 份之多。从中可以知道，陈垣先生 1936 年在辅仁大学女院讲授本课时曾改其名为"史籍解题"。1938 年 1 月陈垣先生出的试题是："有《新唐书》何以《旧唐书》不能废？有《新旧唐书合钞》何以《新、旧唐书》仍不能废？试言其故。""现在《旧五代史》之来历，及有何书可以校之，其校之之程序当如何？《宋史》史料何以独丰富？既丰富何以后人又嫌其缺略？试详言之。"

陈垣先生创设的这两门课，经过他多次讲授，以后又经学生的传承，现已定名为"历史文选"和"历史要籍介绍"，被规定为大学历史系的必修课。陈垣先生 1930 年在北平师范大学时的得意弟子柴德赓先生在江苏师范学院也讲过这两门课（合而为一），他的讲义在他身后由学生整理出版，名为《史籍举要》，被国家教委评为优秀教材，多次获奖，影响很大。多次听过陈垣先生这门课程，也是柴的学生、老友的刘乃和先生说："《史籍举要》，这个课是陈老首创的，而且是讲了许多年的，柴先生作为陈老的学生，曾多次听过这个课，后来他在陈老讲课的基础上，根据新的需要稍有增减，基本上都是陈老的内容。"启功先生也说："这本《史籍举要》，原原本本是陈先生传授的。这书在柴先生身后出版，要是柴先生自己活着时出版，前面一定还有他原原本本的序，说老师如何耳提面命地教导他这门课程的经历。"饮水思源，如果陈垣先生天上有灵，得知他所首创的这两门课程产生这样良好的影响，应会十分欣慰。

20 世纪 30 年代，陈垣先生还开设了"史源学实习"（有时又名"清代史学考证法"）课。这门课既是教学方法上的创新，又是深刻的思想教育。陈垣先生在长期的研究与教学的实践中，深感应该培养史学系的学生熟练运用史料的能力。为了达到这个目的，他曾经开过"史源学研究"课。但是，经过教学实践，他发觉光讲原则、理论，效果并不好，于是把课程改为"史源学实习"，让学生自己动手实习。方法是，选定一种近代史学名著作教材，指定段落，让学生找出文中人物及事实的出处（即史源），进而检查原作在征引事实方面有无错误，写出考释。古人写文章，绝大多数都是不注明出处的，要把他们所引史实的来源找出来，有时要费很大工夫。但通过这样的练习，学生找到了追寻史源的门径，将来自己从事研究、写作论文时，就知道应该怎样去收集有关史料。特别是当学生发现，即使是名家大师，引用史实也有错误的时候，更会激起他们学习的兴趣，并且提醒自己，不能轻信，更不应迷信，将来从事研究时，应该对史料反复核实，使根据正确。由于采取实习的方法，调动了学生学习的主动性和积极性，这门课程收到了良好的效果。

据赵光贤回忆："先生在（辅仁大学）研究所开的一门课，名'清代史学考证法'，办法是教我们读《日知录》。同学五六人，每人买一本《日知录》，从卷八开始（卷八前为经学内容，援庵先生不搞经学，遂从卷八开始），要我们自己读，主要工作是要我们将书中每条引文都对应原书查对一遍，并写出笔记。有的很容易，比如在正史里的，有的则很难，比如只有一个人名，年代、籍贯、行事、著述全不知道，简直像大海捞针。我们每读一卷，即翻检群书一遍，然后写出笔记。记得一次查一条故事，我走了'捷径'，翻一下《辞源》，说见《说苑》，一查《说苑》，

1957 年 9 月，与 1906 年在新会篁庄小学教书时的学生欧阳锦棠合影。

1961 年 5 月，与北京师范大学历史系毕业生座谈，介绍读书和治学经验。

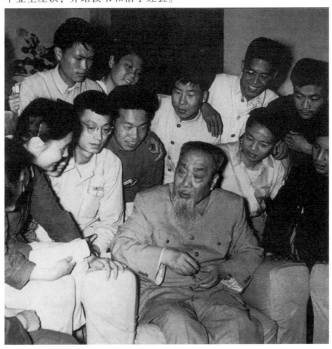

果有此条，即写见《说苑》某篇，自以为得计。先生看了说，不对。这条最早见于《吕氏春秋》，《吕氏春秋》在前，《说苑》在后，所以应写见于《吕氏春秋》某篇，不能用《说苑》。"这种加强学生实践的做法，非常利于学生通过翻阅史书，形成甄别、选择史料的能力。

为了选择这门课程的教材，陈垣先生费了许多心血。首先须是真正的名著，这样，学生通过实习，才能学到真本领，练好基本功。同时，他很重视教材的思想内容，使学生在学习中能够"得其精神"。抗战期间，除《日知录》外，他又把全祖望的《鲒埼亭集》作为教材。全祖望的这部文集，为明末清初东南地区许多抗清的英雄人物立传，寄托自己的故国之思。陈垣先生希望学生能从全祖望的著作中吸取精神力量，在敌伪统治下，坚持民族气节。他自己在讲解和为学生写的范文中，又加以发挥。例如，全祖望有一篇《与杭堇浦论金史第四帖子》，讨论的是济南究竟有没有刘豫墓的问题。他着重强调全祖望对刘豫这个汉奸的唾弃，以及对元好问为刘豫辩护的不满，同时还补充材料，说明刘豫的后人不愿提起自己与刘豫的关系。他的结语是："人至为子孙所羞称，则亦已矣。有墓无墓，何辩焉？"这显然是对当时那些认敌为父的汉奸的警告和鄙视。在敌伪严密统治下的北平，在讲堂上公开发表这样的言论，并写成文章，是需要很大的勇气并要冒很大风险的。

陈垣先生愿意将自己的治学经验与学生分享。这些经验，对初学历史的人都是非常宝贵的。比如先生强调，写笔记的方式是治学的一种好方式，读书有得，就记下来，集腋成裘，就是一篇文章。文章要写，但不要轻易发表，文章写出来，放在抽屉里，一二年，三五年，甚至十年二十年都可以，学术性文章没有时间性，多放些时间，过后拿出看看，可以检验你的学问有无进步。如果觉得不满意，需要修改，这说明你有进步。如果经过几年时间，没有发现有什么不妥，那说明你这篇文章可能站得住，然后再发表，或请师友们看看，提提意见，然后发表。文章不要怕改，甚至重写都可以，字句也要仔细推敲，一字不妥，不能放过。这些都是陈垣先生几十年史学研究的经验总结，便于学生们找到史学研究的门径。

二、教育方法

（一）严要求

陈垣先生对学生严格是出了名的。一开始，有些学生，特别是年纪小的学生，对他这种做法不理解，有埋怨、害怕的情绪。曾经在他创办的平民中学学习、后来长期在故宫博物院工作的那志良回忆道："我在二年级时，陈先生担任我们的国文老师。他不用课本，上课前一天，由教务处油印一篇他指定的古文，不加标点与小注，上课时分发给学生，他便指定一个学生，立起来念，遇有读错的时候，他还指点一下，叫第二个人再读时，再读错了，他便开始批评了。两三个人读过之后，他便指定一个人讲解了，讲不对时，也要挨骂。他这种教法，在当时，大家都觉得太过分了，背地里都叫他'老虎'。"但到学生进一步深造或参加工作后，都体会到陈老师的严格要求使他们得益一辈子。

陈垣先生坚持对学生的严格要求并取得成效，原因是多方面的。

首先，他坚信这种严格要求的必要性。1940年他在辅仁大学返校节的题词中说："规矩严，功课紧，教授认真，学生在校时每不甚愿也。及至毕业出世，所知所能者少，则又每咎学校规矩之不严，功课之不紧，教授之不认真，何也？语曰：书到用时方恨少；又曰：闲时不学临时悔。诸君皆过来人，能一告在校同学使毋贻后悔乎？"

第二，他不仅有批评，更有表扬和鼓励，并且以表扬为主。

第三，他对学生严格，对自己更是严格，所以为学生信服。他教学极为认真负责，不但认真备课，有严格的教学计划和明确的教学要求，仔细批改每个学生的作业，甚至连板书的位置也有恰当安排，使坐在课室不同位置的学生都能看清楚。这样的教师，在当时是不多见的。他上课上班，从不迟到早退。后来成为我国著名辽金史专家的陈述，在北平师范大学史学系学习期间曾听过他三门课。有一次，陈垣先生迟到了一刻钟。如果是别的老师出现这种情况，学生早就散堂了。但因为他从不迟到，所以学生仍在耐心等待。他气喘喘地走进教室，首先向学生道歉。说今天因为给柯劭忞（1849—1933）老先生送殡，参加完殡礼赶来学校时，又碰上和平门过火车（北师大当时在和平门外的厂甸）耽误了时间。学生们无不为老师的负责、谦虚精神所感动，多年后仍记住他这唯一的一次迟到。

严师出高徒，这句话在陈垣和他的学生身上得到了证明。

（二）重方法

对于教师应当如何教好学生，启功先生曾将陈垣先生亲自传授的方法总结为九条：

> （1）教一班中学生与在私塾屋里教几个小孩不同，一个人站在讲台上要有一个样子。人脸是对立的，但感情不可对立。
>
> （2）万不可有偏爱、偏恶，万不许讥诮学生。

（3）以鼓励夸奖为主。不好的学生，包括淘气的或成绩不好的，都要尽力找他们一小点好处，加以夸奖。

（4）不要发脾气。你发一次，即使有效，以后再有更坏的事件发生，又怎么发更大的脾气？万一发了脾气之后无效，又怎么下场？你还年轻，但在讲台上即是师表，要取得学生的佩服。

（5）教一课书要把这一课的各方面都预备到，设想学生会问什么。陈老师还多次说过，自己研究几个月的一项结果，有时并不够一堂时间讲的。

（6）批改作业，不要多改，多改了不如你替他作一篇。改多了他们也不看。要改重要的关键处。

（7）要有教课日记。自己和学生有某些优缺点，都记下来，包括作文中的问题，记下以备比较。

（8）发作文时，要举例讲解。缺点尽力在堂下个别谈，缺点改好了，有所进步的，尽力在堂上表扬。

（9）要疏通课堂空气，你总在台上坐着，学生总在台下听着，成了套子。学生打哈欠，或者在抄别人的作业，或看小说，你讲得多么用力也是白费。不但作文课要在学生座位行间走走。讲课时，写了板书之后，也可下台看看。既回头看看自己板书的效果如何，也看看学生会记不会记。有不会写的或写错了的字，在他们座位上给他们指点，对于被指点的人，会有较深的印象，旁边的人也会感兴趣，不怕来问了。

这是陈垣先生多年身体力行的经验，教师的教育方法对于学生的成才至关重要。

（三）讲技巧

陈垣先生讲课非常注重技巧，他的讲课常给学生留下深刻的印象，有些细节在多年后仍留在学生的记忆中，这就强化了他的教学效果。他能做到这一点，和善于运用比喻有关。

他常给同学们讲"谭白菜"的故事。谭白菜是北京一家广东餐馆的名字，老板姓谭，以做白菜出名。白菜本来是北京最常见、最平民化的蔬菜，过去老百姓冬季吃菜主要是白菜。这家馆子的独到之处，就在于他能把最普通、最常见的白菜做出与众不同的味道。他的方法说出来也并不复杂，就是把白菜的各个部分分开，根据它们的特点作不同的处理。菜帮是菜帮的做法，菜叶是菜叶的做法，即使是精华部分的菜心，也区别对待，有的烹炒，有的做汤，有的凉拌。他的要求极其严格，终于做白菜出了名。陈垣拿谭白菜的例子激励学生，做学问必须一丝不苟，精益求精，才能有成就。

他是广东人，经常拿他从广东带到北京的红木家具作例子。这些红木桌椅，他使用了几十年，不但经久耐用，而且看起来就是一件件精美的工艺品。为什么能有这样的效果呢？不但因为做工精细，而且打磨更费时日，木匠师傅把桌椅做成型以后，并不马上出手，而是一遍又一遍地打磨。陈垣以此为例，教导学生，写文章固然是为了发表，但又不能急于发表。要反复推敲，反复修改，甚至要把它搁置一些时候，让它冷却沉淀，再回过来修改。他的著作，除了极少数短篇是一气呵成的之外，绝大多数都经过两三次甚至七八次修改。

"竭泽而渔"本来是同"杀鸡取卵"意思相近的一句成语，比喻只顾目前而不计长远，是一句贬语。但陈垣却反用这句成语来教育学生。他对学生说：我们南方人在池塘中养鱼，蓄满水

朝南的两进四合院。抗日战争时期，辅仁大学文学院的这四位青年教师余、柴、启、周，经常去向陈垣先生请教，南院宽敞的南房就是师生们切磋学问的地方。还有人在陈垣的书中发现夹着他写的一张字条，上面写着四人的名字，于是"南书房行走"、"陈门四翰林"、"陈门四学士"的说法就传开了。

所谓"金童玉女"，"金童"指柴德赓，"玉女"指刘乃和。

（一）柴德赓

柴德赓，1929 年慕陈垣先生之名考入北平师范大学史学系，当时陈垣任史学系主任，并讲授《中国史学名著评论》等课程。柴的学识很快引起了陈垣先生的注意，现在保留下来的《中国史学名著评论》讲稿上，写了一条批语："十九年（1930 年）六月廿五日试卷，师大史系一年生柴德赓、王兰荫、雷震、李焕绂四卷极佳。"其中第一人就是柴德赓。从此以后，陈垣先生就对柴重点培养。柴的经济比较困难，柴还在北平师范大学学习期间，陈垣先生就把他介绍到辅仁附中教书，后来又聘他到辅仁大学任教。陈垣先生写好文章，就请他提意见，挑毛病，也是培养、锻炼他的一种方法。如柴保留了一封陈垣给他和辅仁另一位教师储皖峰的短函："附录一篇，已托皖兄转呈。考证文最患不明白，令人易于误会，又患有可省不省之字句。关于此二点，希两兄为我尽力挑剔，俾得改定，至以为感。"当时，陈垣先生早已是名满天下的史学大师，而柴还是刚出校门不久的青年教师，陈垣先生的态度是这样诚恳、谦虚，令柴十分感动。后来陈垣先生又把他为《中国史学名著评论》课程写的讲稿交给柴，让他继续讲授这门功课。柴逝世后，他的学生把柴的讲课笔记整理成《史籍举要》一书，屡获大奖，这其中凝聚了陈垣多年的心血。1943 年年底，陈垣计划同柴一起离开沦陷的北平到大后方。临行前，派驻辅仁的教会代表雷冕（德国神父）苦苦哀求陈垣留下。陈垣先生考虑到，他一走，辅仁大学很难维持下去，而数千名不愿在敌伪政权注册的学校教书、读书的师生将面临失业、失学，只好勉强留下，与柴泣别。柴一家辗转到了四川江津，柴在白沙女子师范学院任教。虽然抗战期间及胜利初期，双方通信困难，但是现在还能在陈垣先生与长子乐素的家书中，找到一些反映陈柴师生情谊的珍贵资料。

当时陈垣长子乐素在贵州遵义的浙江大学史地系任教授。家书中提到的（陈）潜是陈垣先生的次女，在重庆工作。陈垣先生从 1945 年 5 月至 1946 年 7 月，有 9 封家书都提到了柴。现摘录部分内容如下：

> 青峰兄常有信否，余极念之。六月卅日曾复伊二月九日来函，由潜夫妇转，未知渠收到否，余极愿他回辅仁也。……青峰走后，余竟无人可商榷也。（1945 年 10 月 7 日。"青峰兄"指柴，柴字青峰）
>
> 《表微》"本朝篇"一份寄汝，有意见可告我。……"出处篇"亦油印一份，已寄青峰，他能知我心也。（1945 年 12 月 3 日）
>
> 青峰情形殊可念。吾甚欲其北来，未知途中易走否也？（1946 年 3 月 25 日。当时白沙女子师范学院解散，所以说"殊可念"）

这些家书中所反映的陈垣先生对柴的感情与评价，没有任何的夸张与掩饰，是最真实的想法。"他能知我心也"，陈垣视柴为知己，这是老师对学生的最高评价。

1963 年 3 月，与柴德赓、刘乃和讨论整理、点校新旧五代史工作。

1965 年 6 月，与柴德赓（坐者）、赖家度、许大龄、刘乃和等合影。

1946 年秋，柴德赓回到辅仁大学，成为陈垣先生护校、改革的得力助手。1955 年，为支持地方高等学校，柴被调至江苏师范学院历史系任系主任，与陈垣先生通信不断。1956 年 3 月，柴致函陈垣先生，说："连日甚寒，请夜间勿去书斋胡同。"陈回信说："半夜提灯入书库是不得已的事情，又是快乐的事情，诚如来示所云，又是危险的事情，但是两相比较，遵守来示则会睡不着，不遵守来示则有危险。与其睡不着，吾宁危险。因睡不着是很难受的，危险是不一定的，谨慎些当心些就不致出危险。因此每提灯到院子时，就想起来示所诫，格外小心。如此，虽不遵守来示，实未尝不尊重来示。请放心请见谅为幸。"陈垣先生写信极少用白话文，这是难得的一篇。这封信的文字幽默温馨，反映了师生间的深厚感情。更重要的是它的丰富内涵。"书斋胡同"和"半夜提灯入书库"的"本事"，需要作些解释：陈垣先生的书库，在兴化寺街 5 号后院的三间西厢房。他藏书达四万余册，绝大部分是线装书。书都码在书箱上，一个书架上放两或三个书箱。书多房不大，所以两排书架之间的距离很窄，陈垣戏称之为"胡同"。他对自己藏书的位置十分熟悉，要查某一部书，常让助手到第几胡同第几架第几箱去取，百无一失。师生之间讨论学问，有时到深夜。一个问题，双方有不同意见时，经常争得面红耳赤，最后只好以书为证。于是两人提着马灯，拿起小凳，到书库去查书讨论。问题解决，乐在其中。柴远在苏州，担心老师在研究中想起一个问题，急于查书解决，半夜也要提灯入库，所以苦心相劝。老师的复信则是对学生的真切感谢。师生之间真可以说是情真意切。1964 年，陈垣先生主持新旧两部《五代史》的校点工作，特别把柴借调回北京协助工作。"文化大革命"开始后，柴被"造反派"勒令回苏州接受批判，1970 年因心脏病突发猝死。据说，心脏病最忌激动、过劳、过饱。这天，柴拉车劳动了一天，非常疲劳，又得到宣布"平反"的消息，兴奋得饱餐一顿，结果猝死，享年不过六十二岁，正是大有作为的时候，实在可惜！

（二）启功

启功，是我国当代著名的教育家、国学大师。但他自幼家境困难，中学都没有毕业。1933年傅增湘先生将启功介绍给陈垣先生，陈垣很赏识他的才学，认为启功写作俱佳。傅增湘先生曾对启功说："无论能否得到工作安排，你总要勤向陈先生请教。学到做学问的门径，这比得到一个职业还重要，一生受用不尽的。"启功记着傅先生的嘱咐，去见陈先生。可是初次见面，启功觉得陈垣先生眉棱眼角肃穆威严，有些害怕。但他开口说："我的叔父陈简墀和你祖父是同年翰林，我们还是世交呢！"才使得启功心里的一扇窗打开了。

1934年，陈垣先生先是把启功推荐到辅仁附中当一年级国文教师，对他详细交代了教学方法。上班后，启功按照陈垣先生的嘱咐，丝毫不敢怠慢，认真上好每一节课。但是，主管附中的辅仁大学教育学院的张院长说他连中学都没有毕业，怎能教中学。以学历不够为由将他解聘。陈垣先生又把他推荐到辅仁大学美术系去当助教。本来，以启功的绘画功底，完全可以胜任。但分管美术系的仍是那位张院长，一年多以后再以学历不够为由将他解聘。1938年，陈垣先生第三次推荐他到辅仁大学任教，让他和其他几人各教一个班的大一国文。陈垣先生除了自己带班教课，还要带这些青年教师。在开学前，陈垣先生曾教导启功说："这次教大学生又和中学生不同。大学生知识多了，他们会提出很多问题，教一堂课一定要把有关内容都预备到，要提前设想学生会提出什么问题，免得到时被动。要善于疏通课堂空气，不要老是站在讲台上讲，要适当地到学生座位中间走一走，一方面可以知道学生们在干什么，有没有偷懒、睡觉、看小说的？顺便看看自己板书的效果好不好，学生记下了没有，没有记下的就可顺便指点一下他们；更重要的是，这样可以创造一个深入他们中间的气氛，创造一个平等和谐的环境，让学生们觉得你平易近人、可亲可敬。到了大学更要重视学生实际能力的提高，要多让学生写作，所以上好作文课是非常重要的，批改作文一定要恰到好处，少了，他们不会有真正的收获；多了，就成了你给他重做，最好的办法是面批，直接告诉他们优缺点在哪里，他们要有疑问，可以当面讲解，这样效果最好。要把发现的问题随时记在教课笔记上，以便以后随时举例，解决一些普遍性的问题。"

陈垣先生除了亲授教学经验以外，还经常亲自到课堂上了解教学情况，并且鼓励开展多种形式的教学，以调动学生的学习热情。当时，启功在教授大一国文时，开设了书法课。陈垣先生建议将其中一些帖拍成幻灯片放给学生看。在课堂上，启功具体讲解书法作品的用笔、结字、行气、篇章等特点，陈垣先生手拿木尺指挥，每敲一下桌子，管放映的人就会放一张新幻灯片。整堂课下来，二人配合得格外默契，台下学生们听得也饶有趣味，收获很大。

启功最初不知从什么方面和角度入手写文章。陈垣先生问他："原来你都读过什么书？其中哪些读得最多、最熟、最有兴趣？这一定要从自己的实际情况出发。"他回答说："我原来随戴绥之（名姜福）先生读了很多经史一类的书，但我的兴趣还在艺术方面，我也接触、积累了很多这方面的知识。"陈垣先生说："那很好，艺术方面有很多专门的知识，没有一定实践经验和切实修养，还做不了这方面的研究，你很适合做这些题目。"在陈垣先生的鼓励下，启功的第一篇论文是有关《急就篇》的研究，名《急就篇传本考》。

曾经有一位辅仁大学教授，在抗战胜利后出任北平市的某局局长，从辅仁大学的教师中找他的帮手，想让启功去管一个科室，薪水要比普通教师高得多。启功向陈垣先生提及此事，陈先生问："你母亲愿意不愿意？"启功说："我母亲自己不懂得，叫我请示老师。"又问："你自己觉得怎样？"启功说："我'少无宦情'。"陈垣先生哈哈大笑说："既然你无宦情，我可以告诉你：学校送给你的是聘书，你是教师，是宾客；衙门发给你的是委任状，你是属员，是官吏。"启功立刻告辞，用花笺纸写了一封信，表示感谢那位教授的好意，并婉言辞谢了他的委派。

1963 年，启功有一篇发表过的旧论文，由于读者反映较好，修改补充后，将由出版单位作专书出版，去请陈垣先生题签。先生非常高兴，问启功："你曾有专书出版过吗？"答曰："这是第一本。"又对此书问了一些问题，忽然问启功："你今年多大岁数了？"答曰："五十一岁。"陈垣先生即历数戴东原只五十四，全谢山五十岁，然后说："你好好努力啊！"这充分体现了陈垣先生希望启功能够早日成为大学问家的期望。

1964、1965 年间，启功请陈垣先生为其新书题签。这时陈垣先生生病了，经不起劳累。但看见启功手里的这一叠稿子，非要看不可。启功知道陈垣先生如果看完那几万字，身体必然支持不住，只好托词说还要修改，改后再拿来，先只留下书名。于是想出"启功丛稿"四字，准备将来作为"大题"，分别用在各篇名下。启功说还有一本杂文，也求题签。陈垣先生此时已不太能多谈话，启功就到旁边房间等待。不多时间，秘书举着一叠墨笔写

1969 年 11 月，
与启功、刘乃和
合影。

1970 年 11 月，
与启功合影。

而禁令最严的是：绝对不许和任何人自由通信。我和陈先生的通信，很显然是犯了修道院极严重的戒条，但我如何能做到呢？因那年先兄正在杭州天主堂附设的启悟小学教书，往返信件，即由他代为偷送。"《陈垣来往书信集》收入方豪与陈垣的通信39通，从中可见这位修道院中的学生对陈垣先生学问的崇敬。由于不能自由、频繁通信，方豪给陈垣先生的信，有很多都是写得比较长的，其中多是讨教问题及汇报学习心得。1927年2月的信中，方豪将一篇谈到开封犹太教的外文文献翻译成中文寄给陈垣先生。陈垣在回信中写道："所译拉丁文论犹太教一段，具见用功，唯原文材料，悉译自弘治、正德及康熙二年碑，不如仍求之汉文原本为愈。"陈垣先生既肯定了方豪的用功，更指明了如何做好宗教史文献研究。《方豪六十自定稿》中提到："北平使我向往的原因之一，是北平辅仁大学。辅仁成立之年，我17岁，在此之前，我已和当时呼吁在华北创办天主教大学的马相伯、英敛之，以及后来担任校长的陈援庵先生，通信讨论教史和教会文献等。"在《方豪自定稿补》中说："我并未在国内大学读书，亦未曾留学国外，但我师事的当代史学大师却不少，与陈援庵先生（垣）通信讨论达20余年，启迪最多。"可见，方豪对远在北平、长期不能当面请教问题的老师陈垣先生的尊重与爱戴。

学术界对方豪是陈垣先生弟子的身份也是公认的。陈述在《回忆陈援庵老师的治学与教学》一文中说：方豪由研究教史、教籍而研究中西交通史，深受援庵的学术影响，还在浙江大学开设"中西交通史"课程，"以天主教神甫成为中西交通史专家，方豪完全是在先生直接鼓励、诱导下成才的"。牟润孙在《悼亡友方杰人——陈援庵先生与方豪》一文中说："杰人出身于杭州天主教的修道院，他之治史学是由于与老师陈援庵先生通信的关系。修道院的修士本不能与外人通信，他为了热心求学问难，偷着给援庵老师写信，才引导他走上治中国史学的路，极为难能可贵。杰人念念不忘援老。"

方豪始终牢记陈垣先生的教诲，按照陈垣先生教授的治学方法研究中西交通史、宗教史，取得了很大成就。但他不忘师恩，抗战胜利后，写有《爱国史家陈援庵先生》一文，称赞陈垣先生是爱国史家。陈垣先生逝世后，方豪在台湾撰《对日抗战时期之陈援庵先生》以纪念恩师，《与励耘老人往返书札残剩稿》公布他与陈垣先生来往书札，数度在海外讲述陈垣史学。虽然只是陈垣先生的私淑弟子，但方豪时刻牢记陈先生的引领之恩，并努力将援庵史学发扬光大。

（四）陈述

陈述，字玉书，生于 1911 年。20 世纪 20 年代末 30 年代初，新旧两种中学学制并行。他上的是旧制中学，四年毕业，可考大学预科。预科两年，相当于高中。1929 年，他初中毕业，可以报考大学预科。当时北平有名的大学史学系有四家。两家在城外：燕京大学和清华大学。两家在城内：北京大学和北平师范大学。陈述先后报考北大和北平师大，都被录取了。陈垣先生当时是辅仁大学校长，辅仁创办不久，规模还小。当时他还兼任师大史学系主任，陈述久慕陈垣先生之名，就上了师大预科。两年后，升入本科史学系。

陈述读本科时，陈垣先生已不兼任北平师大史学系主任，但还是教授。每周讲两小时的《史源学研究》，还有《史学名著评论》等。陈述在北平师大学习期间，写了《金史氏族表》一文，交给陈垣先生。

当时陈垣先生与胡适、陈寅恪先生及钢和泰大约每周聚会一次，讨论学术，然后聚餐，轮流做东。在一次聚会中，陈垣先生把《金史氏族表》交给寅恪先生看，问他："你看作者有多大年纪？"寅恪先生说："起码四十。"又问他："你看有什么问题？"寅恪先生说："没有什么问题。很好。"陈垣先生才告诉他："他是我的学生，今年才二十出头。"寅恪先生说："让他跟我见见面。"在陈寅恪先生见过陈述之后，对这位年轻人予以肯定。之后，傅斯年先生也表示了对陈述的赞赏，《金史氏族表》在《历史语言研究所集刊》上发表，陈述同时得到了进入历史语言研究所的机会。

史语所 1935 年年底从北平迁至南京。1935 年 12 月 22 日陈述致信陈垣先生，这封信传达了四点信息：第一，陈垣先生对陈述，不仅在课堂上讲授，还有课下指点。第二，陈垣先生曾告诫学生要防止"著论之轻心"。第三，陈垣还指示学生，做史学论文一定要在"材料、见识、组织"三方面下功夫。第四，陈垣反对那些脱离历史实际的无根之论。不久，陈垣先生就写了附有赠诗的回信。他知道陈述在研究道路上已经跨过"无知无畏"的境界，感到欣慰。但为了防止学生走上另一个极端"多所顾忌"，又鼓励陈述要胆大心细，要保存"少年人气象"，并作诗一首"师法相承各主张，谁非谁是费评量。岂因东塾讥东壁，遂信南强胜北强"。这首七绝的前两句是说不同师承（也可以说是不同学派）在学术上观点不同，是正常现象，不要轻易下谁是谁非的结论。后两句的东塾，是陈澧（1810—1882）的号；东壁，则是《考信录》的作者崔述（1740—1816）的号。"东塾讥东壁"，指陈澧对《考信录》的批语。陈澧是广东番禺（今广州市番禺区）人，崔述是河北魏县人，崔比陈年长 70 岁。两人都是清代有成就的学者，所以诗中称之为"南强"、"北强"。陈垣先生的意思是，不能因为陈澧对崔述有所批评，就认为陈一定胜过崔。更何况超越前辈，是后来者应尽之责。陈述是河北乐亭人，与崔述可说是大同乡，诗中也包含有鼓励之意。陈述不负老师的期望，卓然成家，是辽金史研究的奠基人之一。

自此以后，师生两人虽然在不同的学校、机构工作，但一直保持联系。陈述有新作，都工楷抄录一份送给老师审阅。陈垣先生1971年去世以后，陈述写过多篇怀念老师的文章。

陈垣先生写诗不多，生前发表的更少。他的诗多带史家的特点，别有情趣。20世纪60年代，进入耄耋之年的陈垣先生曾整理过自己的诗稿，前面提到的那首七绝也在其中。原诗无题，他先加的标题是《示陈述》，后改为《示门人》；还把诗中的"费评量"改为"费衡量"；再加上一条注文："余藏有陈东塾批《崔东壁遗书》"。此诗已收入《陈垣全集》。

（五）刘乃和

刘乃和，河北武清人（现划归天津市），1918年生于北京，比陈垣小三十八岁。她的外祖父名徐坊，在1910年京师图书馆（今国家图书馆前身）开办时，与缪荃孙分任正、副监督，相当于后来的正、副馆长。

1939年，刘乃和二十一岁时考入辅仁大学史学系。1943年毕业，又考上陈垣的研究生。1947年研究生毕业，留校任助教，并担任陈垣先生的助手，一直到1971年陈垣先生逝世，历时二十四年。这期间，她由助教升为副教授、兼校长办公室秘书。1952年辅仁大学与北师大合并，师大党委正式指定刘乃和为校长秘书，兼顾校长的生活。刘乃和不仅是陈垣先生的学生、忘年知己，也是他晚年得力的助手。

刘乃和在陈垣先生晚年的工作和生活中占有一定的位置。这首先是由他的学生兼助手的特殊身份决定的。

陈垣先生生前的学生成千上万，如前面介绍的柴德赓、启功等人。但他们都有自己的工作和家庭，不可能经常在他身边帮助、照顾他。陈垣先生原先也有过几位助手，例如，20世纪20年代的福建人樊守执，1920年曾协助陈垣清点文津阁《四库全书》，1924年又曾受陈垣先生委托，在福州为伯希和查找摩尼教的二宗三际经碑，并自称"受业"。但他们同陈垣的关系，有似主宾，不带有感情的色彩。

刘乃和与他们不同，她是由学生而成为助手，长期以来，主要工作就是为陈当助手，同时，又不断得到他的教导。持续当他的学生。

刘乃和作为助手，工作尽职尽责尽心，她对陈垣先生的帮助主要有以下三方面。

首先是学术方面。刘乃和虽然从1939年就入辅仁史学系，但她真正能从学术方面协助陈垣先生，是在读研究生后期，特别是工作以后。她回忆道："我做他的研究生时，一次我带着论文的问题到他家去请教。问题谈完，他忽然从书房拿出当时正在撰写的《通鉴胡注表微》的一章，让我带回家细细阅读，给他提意见。当时我真是受宠若惊。后来，我作为他的助手，这样的机会就更多了。他凡是撰写文章或修订旧著，总是希望我能替他提出问题，甚至在写作前就研究商讨。"文中所说让他对《通鉴胡注表微》的一章提意见，大约是1945年。《通鉴胡注表微》是陈垣先生最后的一部专著，完成于1946年，当时他已六十六岁。几次在家书中说："我近来老得厉害，预备印完《通鉴胡注表微》后即须暂停工作。""新战线尚未开辟，将军老矣。"综观陈垣先生的学术人生，《通鉴胡注表微》是他创作的高峰，此后由于年龄的关系，再没有长篇著述。所以，刘乃和对他在学术上的帮助，主要表现在：（1）协助陈垣先生撰写《通鉴胡注表微》以后发表的论文，如收集资料等，但为数不多。（2）修订旧著。中华人民共和国成立以前，陈垣先生的专著大部分是木刻本，收入《励耘书屋丛刻》。中华人民共和国成立后，先后有八种修订后排印出版。修订工作包括加标点符号，修改个别文字，核对出处，看校样等。在这方面刘乃和做了不少具体工作。（3）负责《旧五代史》的点校工作。

其次是行政事务方面。即使是学术工作，也有许多是事务性的内容。如找工人，选纸张，联系出版社等。陈垣先生作为辅仁大学、北师大校长，中华人民共和国成立后又先后任北京市政协副主席、全国人大常委等，要出席许多会议，发表讲话，批阅文件，等等，这些方面的具体工作，是由刘乃和协助完成的，使陈垣先生减轻了许多负担和繁杂事务的困扰。当然，大政方针、关键问题，都是陈垣先生自己拍板的。

第三，是生活方面的照顾。在生活方面，陈垣先生本来应有共同生活多年的妻子徐蕙龄照顾，做饭、洗衣等有保姆，应该是无须他人插手的。但是，就在刘乃和由研究生成为陈垣先生助手的前后，陈垣夫妻之间的感情裂痕越来越深，两人之间共同语言越来越少，最终导致两人分居。徐夫人搬出兴化寺街五号。她和陈垣先生所生的四位子女，三位到美国留学，大女儿远在台湾、广州。陈垣先生第二位夫人所生的儿子仲益虽在北京，也不在一起居住。陈垣先生胞弟的三个子女陈振基、陈雪娴、陈雪白曾经住在东厢房里几年。但他们都在大学念书，不可能太多照顾陈垣。刘乃和作为学生与助手，又是单身，于是越来越多地进入陈垣先生的生活领域。两人有共同语言，相处非常融洽。中华人民共和国成立后，辅仁大学与北师大合并，北师大党委决定刘乃和兼顾陈垣先生的生活，并让她住进兴化寺街五号，以便就近照顾。同时，还为陈垣先生配备了一名公务员、一名专职护士（男性）。可以说，陈垣先生的晚年生活，直至"文化大革命"爆发前，是比较安定、平和的，心情比较舒畅，其中有刘乃和的一份功劳。

当然，帮助是相互的，感情不是单行道，陈垣先生对刘乃和的帮助和回报更是巨大的。首先是在学术上对她手把手地教导。刘乃和发表的文章，几乎每篇都得到他的悉心指导，精心修改。刘乃和的第一本论文集，书名就叫《励耘承学录》，她在自序中说，"集中文章，在陈先生1971年逝世以前所写，都是经他亲自指导或修改。其中《三国演义史征缘起》和《顾亭林画与顾亭林之得名》二文，都是我初学写作时，在他具体帮助下写成，在此二文中可看出他对我学术成长的关心及所倾注的心血"。陈垣先生还给了她以往任何人都没有的待遇，这就是亲手为她在自己的著作中留下鲜明的印记。原来，陈垣先生的每种论著，凡是用到他人（不论是前辈，还是学生）提供的资料，或是提过意见的人，他必定在文中说明，表示感谢。但是，对于刘乃和，他的道谢采取了特别的方式，主要表现在《史讳举例》和《通鉴胡注表微》中。《史讳举例》是陈垣先生的重要著作之一，最初发表于1928年的《燕京学报》，1933年他又用木刻出版，作为《励耘书屋丛刻》的一种。1958年，修订后交由科学出版社排印出版。陈垣在1956年12月写了"重印后记"，其中提到："是书为1928年纪念钱竹汀先生诞生二百周年而作，当时急于成书，引书概未注卷数，引文又未加引号，读者以为憾。今本系刘君乃和校本。刘君于本书用力至深，曾将全部引文一一检对原书，正其谬误，其须加卷数及引号者并加注卷数引号。今特用其本重印，以便读者。"这部新排印本中，多次出现"乃和按"的小注，这是陈垣著作中，从未出现过的做法。其实，陈垣先生自己也多次校过这本书，"乃和按"等的小条，有许多是陈垣先生亲自起草让刘乃和誊改在书中的。《通鉴胡注表微》重排，陈垣先生在 1957 年 4 月写的《重印后记》中也特别声明："标点符号，勘对原书和征引书目等等，多靠刘乃和同志，特此附记。"

1990 年 11 月，是陈垣先生 110 周年诞辰，刘乃和伫足陈垣旧居，赋诗一首："伫足兴化寺，励耘旧书房。登堂思立雪，入室忆华章。从师三十载，往事最难忘。品德人争颂，诗书继世长。适逢百十寿，挥毫代举觞。以史鉴今日，陈学正宏扬。"

陈垣先生很少写诗，更少发表。现在选录同刘乃和有关的几首：

佛堂

佛堂数载乐无穷，论古谈今日不空。

史学共推钱竹老，法书独爱米南宫。

王爷佛堂为地名，刘乃和一家居住于此。她父亲喜书法，家中有大桌和现成笔墨。陈垣先生要写大字，就到她家去，并同刘的母亲（徐坊的女儿）话旧。此诗约作于抗日战争胜利之后。

西苑

三日不相见，如同几度春。

迢迢西苑路，难阻有心人。

中华人民共和国成立后不久，许多年轻知识分子都到华北革大学习，有的经过学习后分配工作，有的带职学习。刘当时是带职学习。陈垣先生不但替她代授一学期"大一国文"课（否则要扣工资），还曾同柴德赓、启功和刘乃和的弟弟乃崇一起到革大去探望过她。这首诗就是记述当时心情的。

重庆温泉

何事最难忘，南泉游泳场。

与君行乐处，一日九回肠。

1951 年 5 月，陈垣先生到四川巴县参加土地改革工作，并任西南土改工作团第二团团长。他已七十一岁，在当时已算是高龄。刘乃和与张乃社作为助手随行，这首诗记途经重庆休整时的情况。

为乃和文发表

病中久候无佳讯，佳讯如今不用求。

一纸文章传日下，姓名喜并外庐侯。

1962 年 9 月以后，陈垣先生曾多次入院治病，这是住院期间所写的诗，表达见刘文与侯外庐先生文同时发表的欣喜之情。

1963 年 10 月，陈垣先生在医院给刘乃和写过两封短信。一封是交代工作的，另一封说："来信说'下午在兴化，晚间不走，'我看错'晚间不是'，到六点半才看清楚是晚间不'走'，真系好笑。既然不是，何以又叫人带东西回去，总想不通。再细看，原来是'不走'，不是'不是'，为之一笑。不是'不是'，原来是

1970 年 1 月，与前来探望的卞孝萱、史树青、刘乃和合影。

'不走'，走与是，老眼看花了。十月十四下午六时半。'下午在兴化，晚间不是'，此语今日适用。十月十五日。""兴化"指陈垣住处兴化寺街五号。这封短信的语气，反映了两人的感情。

陈垣先生逝世于 1971 年，当年刘乃和五十三岁，还是未婚，一位多年的老同学，曾向她求婚，说我把铺盖搬来你家，我们一起过，就算成家了。被她拒绝了。不久，她与北师大教育系主任尹德馨结婚了，但这段婚姻只维持了一年多，便分手了。

1998 年，刘乃和以八十岁高龄病逝。她的去世，也带走了与陈垣先生的一段感情，有些事情，恐怕成为永远的秘密了，只有他们两人才能解开。但已经没有必要了。

陈垣先生逝世后，刘乃和对陈垣的学术道路、成就贡献及励耘精神，继续总结、宣传，作出了贡献。

四、家庭教育

陈垣先生非常重视家庭教育。在"陈垣先生的家乡、家世与家庭"一篇中，我们可以看到，他对子女和孙辈关爱有加，又不失严厉，并且常常在读书、治学、修身、做人等方面，给予亲切指导。他要求子女和晚辈要自力更生，"不啃老"，不依赖父母，不坐享其成。他常常说"母猪也只有十二个奶头"，家长不可能照顾到每个人，要求子女和晚辈要自食其力。

当时，三子陈约被陈垣先生留在南方，常年在广州生活，学少师友，故而陈垣先生在家书中对他的要求也更为细致严格。这也是为何陈垣先生与陈约的往来信函数量较多的原因。陈垣先生常在信中开导陈约，疏解他因独留广州、不在父亲身边的不满情绪。"远有远的好处，他们在平的，一年不能得我一字也。""彼（指四子容之）喜欢物理工程一路，不甚好文科也。我与你讲话时候，比与他讲话时候多得多。你每星期一函，他每星期不一定回家，回家未必细谈能如通信也。故汝受教训时比他多，所谓数见不鲜也。细察自觉。"罗永昌是陈垣先生长女桂辛的小儿子。少年丧父，青年丧兄，年少时辍学工作，养活寡母。抗战后期在贵阳，胜利后至台湾，后又回到香港。在与外祖父陈垣先生的通信中，有时外祖父回信的语气很尖锐，但其实内心非常疼爱他。在陈垣先生1948年11月9日回复陈约的信中，就曾提及："今日适接永昌来信，此子真可教，我见他进步得多，虽暂时失职，殊可爱。予常常去信责之，其实余心甚爱之。责之欲其警醒，且防其犯罪也。他不过暂时失职，不闻犯法，又不闻被人陷害，余心慰极矣！"

我1964年大学毕业以后，在北京市铁路二中担任历史教师。在我刚开始上班的时候，陈垣先生曾关切地询问我教课的情况，并且传授了不少为人师表、做人做事的道理。此后，在三十年的教学生涯里，这些教诲时常回荡在我的脑海中，提醒督促着我，令我受益终身。陈垣先生对我说，作为一名老师，最重要的是备课。讲课的前一天晚上，一定要对需要讲授的内容准备好，做好备课笔记，教材、笔、本等授课所需的东西也要一并备齐，避免出现丢三落四的情况。老师只有把课备好，走上讲台才能自如地将课堂内容传授给学生，如果备课不充分，讲课就不会生动，学生自然也不喜欢听。板书也一定要工整，要把字写好。否则，即便内容讲得再好，也不会赢得学生的尊重。此外，最令我印象深刻的是，他常常要求晚辈要"认认真真做事，清清白白做人"。在我看来，这就是陈垣先生对晚辈的要求，是陈氏家族的家训。

为了更全面地呈现陈垣先生在家庭教育、子女教导方面的理念与方法，我将他与长子陈乐素、三子陈约、次女陈善、外孙罗永昌的通信辑录摘编如下，附录于此，以飨读者。[1] 这些蕴藏于家书字里行间的教诲，是一部陈垣先生教育后辈如何习字、读书、为人、教书等多方面的函授教材。通过这些书信，我们可以切实领会到前辈学人立身行事的品格节操。

(一) 论书法研习

1930 年 8 月陈垣先生致陈约函

　　《圣教序》有怀仁集王羲之本，有褚本。王本最佳，行书从此入，不患误入歧途也。

　　汝既然喜欢学字，何不学篆？今付汝篆帖多种，先认识《说文》部首五百四十字，照《续卅五举》笔画先后，写得半年，便有模样，比行楷易进步也。试为之，有困难，再告汝。

　　至于字帖，从前讲石刻，自有影印出，得帖较容易，有正书局、中华、商务，皆有影本，比前人眼界广阔得多。若求进步，当更看前人墨迹。此事不容易了，徐徐为汝图之。余近以廿五元得一手卷，为乾隆第六子永瑢所书，极佳，或可寄汝。此事要看汝后日进步如何矣。

1930 年 9 月 26 日陈垣先生致陈约函

　　有意习篆否？能草不可不能篆，习篆似易于习草也。

　　此间佳帖极多，俟汝发问后乃续告汝。所谓不愤不启，不悱不发也。

---

　　① 下文所引陈垣先生与子女书信内容，均出自陈智超编注：《励耘家书——陈垣与子弟》，北京，生活·读书·新知三联书店，2014。

1930 年 10 月 21 日陈垣先生批复 10 日陈约来函

约来信，篆字觉得很有趣味，揣摩多时，虽觉头脑万端，但有《续卅五举》，自不至太离谱。《书镜》里的执笔法虽不甚了了，而用腕力和拳空指密曾下过一翻工夫，无论大小楷俱能如此，更常写下一尺以外大字，更知用腕之妙（陈垣先生批：写字分行布白要紧，汝此信八行中两边写得太不留白，而中间之白又太多。白多者即行太疏，而头尾二行挨边处绝不留余地，太不合章法。康〔有为〕执笔法不足法）。

1930 年 11 月 24 日陈垣先生批复 14 日陈约来函

学问要就自己环境，习书亦然，家多藏帖则博观，家无藏帖则先专临一二种，以求将来之博观。余谓汝今日最写《圣教序》数百遍，此是捷法。有机会自有东西寄汝。临《圣教序》，单写不得，必要多看，看后再写。

1931 年 1 月 29 日陈垣先生批复 1930 年 12 月 17 日陈约来函

此叶除末一行外，其余均写得甚有骨力，至为可喜。篆书近有继续练习否？稍有规模后，可并写隶书，以求变化。篆隶比行楷易写也。

你要记得"不愤不启，不悱不发"二语。

你若要学隶书，我有一《华山碑》可以寄汝。既好写字，则篆隶楷草，四体不可不兼。最怕走错门路，入了俗途。眼多见，自然不俗。宁可生硬，不可俗。汝现在的楷书可以算得生硬，已脱了俗之门，故可有进步也。篆书现在初学，草书已有根柢，能脱日本气便佳。非谓日本气不好，因你日前所写之草，系日本普通习字帖之草，非日人之佳者。予见日人写得极古拙，逼近晋唐者亦多有。

1931 年 11 月 18 日陈垣先生致陈约函

二日来书收到，我总觉草书不甚适用，究不如行书要紧。如果写信写《十七帖》、《书谱》、怀素等等，恐怕累事，对尊长尤不宜。老实说，不如怀仁《圣教序》最合适。观你来字，究嫌欠健，想因未临《圣教序》故，能临《圣教序》一百几十遍，必大有可观也。我近得汪容甫先生临《圣教序》手卷极佳，将来有机会给你看。

1932 年 11 月 28 日陈垣先生致陈约函

篆书及临《圣教序》今日收到，大致尚佳，可喜也（自后只寄一二篇入在信中即可，不必多寄）。篆书写好后，最好反底一看，则欹斜不正之处，自然显出，此秘诀也。若只从正面看，或看不出，从背面一看，则原形毕现矣。

执笔之法，不要听人说要执正，有时非用侧笔不可。写篆或颜柳，似非正不可，此外大约须侧笔方能取势。至于写隶，则更非将笔尖向身不可，岂能全用正笔？但用侧笔，易将手踭（肘）按梗不动，如是，则不能用腕力，且腕太不活动。若能防止此节，则自然可以用侧笔也。

行楷最难写，篆隶最易写。因行楷是进步的写法，篆隶是初民时代的写法。故写行楷，非要有多年工夫不可，篆隶只有一年半载即可写成似样，速者三两个月便能似样，行楷无此急效也。但凡事最怕不得其门而入，又怕误入迷途。所谓误入迷途者，即起坏头是也。入门不慎，走入歧途，回头不易。故恶劣之字帖，万不可学，一学便走入魔道，想出来不容易，故凡事须慎于始。

1933 年 1 月 25 日陈垣先生致陈约函

章草不必学，章草非正宗。凡字有特别形状令人易认易学者，即非正宗，如爨宝子、爨龙颜章草、张裕钊、康有为，等等，均有特别形状，后生学三二日即有几分似，此野狐禅也。如《乐毅论》、《兰亭序》、《圣教序》之属，学三二月未有分毫像，此正宗也。画罗汉画鬼容易，画人画马不易，以罗汉、鬼，人不易见也。近人之字，尤其粤人，以汪莘伯名兆铨、黄晦闻名节二先生之字为最佳。莘伯已过去，即希文先生之堂伯父。余在平收其书信不少，写得绝美。又黄先生新近写有《镇海楼记碑》，在五层楼，未知你见过否？最近博求他写一份，美极了，已寄上海，真瑰宝也。

你说二体《千文》无跋，原有跋，翻印者不印跋耳。此完全是隋唐人笔，不知你何以谓宋元人笔。此帖亦至不易学，非百回看，百回空拟，百回摹不可。何谓空拟？即用指来空写，不用笔，不用墨。空写百余遍，并多看其各个与全体之神气，然后执笔试写之，则仿佛有相似也。

陈垣先生批复 1933 年 12 月 16 日陈约来函

    写罗汉易，写鬼更易，以罗汉、鬼皆人所未见，奇形怪状均无不可。写人难，写犬马亦难，以人为人所习见，一望即知其是非也。行楷人所习见，自然觉得难写。但行书最大用，楷书次之，故愿汝习行楷也。

1936 年 7 月 29 日陈垣先生致陈约函

    你有佳砚，常用否？不可常用水洗。有墨积，当先用水一二滴发透，然后横断旧信皮约五分阔铲去之。既不伤砚，又不费墨，此法最善。想起就告汝。

    我欲汝学篆书，学画。篆书可自习，数月即有可观。用方格，照黄子高《续卅五举》，先学下笔次第，比写行草容易，不可不学。习画则需有人指点，且缓图，先学篆可也。

1937 年 1 月 24 日陈垣先生致陈约函

    凡为人篆文，（1）须先看文多少字，纸若干大，配好行数款式，先用楷书缩写样本。（2）然后将文中之字一一检《说文》有无。《说文》有者无问题，《说文》所无者，应考求古人如何通借，不能任意瞎拼，贻人笑柄。（3）一一查考后，乃将同样大小之纸打格，先篆一遍，以为程式。（4）然后照式篆之。故打格亦要学也。

1937 年 4 月 25 日陈垣先生批复 20 日陈约来函

行书最要，最有用，最美。楷次要。草、隶又次之。篆又次之。此指用处。行、草只宜施之笔札，若擘窠大字，非楷、隶不能镇纸。故学隶亦好。

草书不可不学，不必因前函而顿止。既有学书天分，正如百尺竿头，一气学好。如此则篆、隶、楷、草无不能，亦大足乐也。我见汝有可能，故以此勉之。若无底子，我亦绝不叫人学做写家也。

1938 年 7 月 19 日陈垣先生致陈乐素函

小子学字，最好用手指多写，然后用笔。所谓昼作势，夜画被，均指手而言，不必一定用笔墨也。

（二）论读书治学

1930 年 11 月 24 日陈垣先生批复 14 日陈约来函"学问要就自己环境"至"等有多书来学也"，学问要就自己环境。如果家藏书籍丰富的，则宜于博览；如果家中书籍少的，则宜于专精。余藏书不算甚少，但你则可算甚少。无力多购，又无图书馆可利用，则唯一方法是先专精一二种，以备将来之博览。此所谓就环境，古人所谓素其位而行。不能因未有书遂停止不学，等有多书乃学也。

1931 年 10 月 23 日陈垣先生致陈约函

学怕无恒。凡学一事，必要到家。或作或辍，永无成功之可言也。

胸襟要广阔。眼光要高，踏脚要稳。

陈垣先生 1932 年 6 月 17 日批复陈约来函

今年一年，暂未有职业，亦不要紧。既学法律，则须得法律之用。有正用，有旁用。做律师，做法官，正用也。能利用法学知识以为其它之用，所谓旁用也。

余治史学，正常恨缺乏法律知识。假使我懂法律，我又多一翅翼也。

试想想有何可以利用法律知识之处。既学了三年，用过苦功，断无无用之理。你既好音乐，又好运动，又好书画，再加一法律，岂不甚善乎？我谓汝尚欠一文一诗。文、字、诗、画、音乐、运动、法律，七件头。

1932 年 9 月 20 日陈垣先生致陈约函

我前见汝字有进步，故极夸许。此次来信，颓放万分，可知根柢系浅，一放纵，即软弱不成字，不能不时时刻刻兢心而行也。字好丑系第二，第一须要有骨。汝写字一不留神，即无骨了，此次来信是也。充实本领要紧，谋事不谋事其次。如果人说汝，汝即少见人，闭门读书可也。心驰于外，岂能成学。

1932 年 11 月 28 日陈垣先生致陈约函

读文不识字，常须检《康熙字典》，习惯自不致有大错。《论》、《孟》、《庄》、司马之文皆可背诵，《骚》、陶则纯文学而已，归有光等则浏览足矣。《韩非》、《商君书》不可不读（论严谨，韩胜于庄）。其文深刻谨严，于汝学文有益。余生平喜阅雍乾上谕，其文皆深刻入里，法家、考证家均不可不阅也。

1933 年 6 月 25 日陈垣先生批复 6 月 3 日陈约来函

读书要挨得饥，抵得冷，并受得世人讥笑，方能成学。今又想读书，又想谋利，有是理乎？

1933 年 9 月 18 日陈垣先生批复 9 月 7 日陈约来函

《字学举隅》常看，《康熙字典》常检，至紧至紧。

《孟子》、《论语》宜熟读，文气自畅；曾读过之古文，亦宜常温。此古文也。至于今文，吾极欲汝看一家好论说之报纸。天津有《大公报》，其社论极有法度。

1939 年 1 月 9 日陈垣先生致陈乐素函

谋馆事诚不易，然要有恒心及坚忍心。譬如新郎，我本不想他读书，但后来他自己非读书不可，数年来甚有成绩，不过时有怨怼不服之语，我亦置之。前闻他要随丈人经商，实大失所望。经商何尝不好，但不能忽商忽士，忽士忽商，如此则两无所成。人亦不能名知为商，亦不能名之为士。欲再谋馆，则难矣。所谓非有坚忍之心不可也。二十年来余立意每年至少为文一篇（专题），若能著比较有分量之书，则一书作两年或三年成绩，二十年未尝间断也。一生身体未尝大病，亦未尝经甚么难处之境，以视吾先人及其他亲友，自问可谓幸运之极矣。于此而不稍用一点功，何以对天之生我也！汝年来曾作甚么文，甚愿知到。记得从前似曾对汝说过，每年必要有一二稍有分量之文发表，积之数年，必有可观。专役志于衣食，殊可惜也。有所触不觉絮絮。

1940 年 1 月 7 日陈垣先生致陈乐素函

论文之难，在最好因人所已知，告其所未知。若人人皆知，则无须再说，若人人不知，则又太偏僻太专门，人看之无味也。前者之失在显，后者之失在隐，必须隐而显或显而隐乃成佳作。又凡论文必须有新发见，或新解释，方于人有用。第一收集材料，第二考证及整理材料，第三则连缀成文。第一步工夫，须有长时间，第二步亦须有十分三时间，第三步则十分二时间可矣。草草成文，无佳文之可言也。文成必须有不客气之诤友指摘之，惜胡、陈、伦诸先生均离平，吾文遂无可请教之人矣。非无人也，无不客气之人也。

1940 年 11 月 26 日陈垣先生致陈乐素函

凡研究唐宋以后史者，除正史外，必须熟读各朝一二大家诗文集，能有本事注者更佳，可以观其引用何书，即知正史之外，诗文笔记如何有助于考史也。

1941年5月7日陈垣先生致陈乐素函

欲作文言，只有熟读《论》、《孟》，亦一捷径。能多读熟读，则出笔成文言。最忌先做成白话，乃改易为文言，则难得佳作矣。

1945年1月31日陈垣先生致陈乐素函

《胡注表微》至今始写定《本朝》及《出处》二篇。成书殊不易，材料虽已找出一千一百余条，未必条条皆有按语。如果按语太少，又等于编辑史料而已，不能动众。如果每篇皆有十余廿条按语，则甚不易。说空话无意思，如果找事实，则必须与身之相近时事实，即宋末及元初事实，是为上等；南宋事实次之；北宋事实又次之，非宋时事实，则无意味矣。因"表微"云者，即身之有感于当时事实，援古证今也。故非熟于宋末元初情形，不能知身之心事，亦不知身之所指者为何也。……《表微》目录，为本朝、书法、校雠、解释、旧文、避讳、考证、察隐、纠谬、评论、感慨、劝诫，为前篇，论史法；君道、治术、相业、臣节、伦纪、出处、兵事、边情、民心、夷夏、生死、货利，为后篇，论史事。每篇三十至七十条，《通鉴》顶格，胡注低一格，表微低二格。《通鉴》提其要，胡注全录，表微即按语，或有或无。

1962 年 6 月 27 日陈垣先生致陈约函

你最近有作文章否？读书而不作文章，犹如蚕不吐丝、蜂不酿蜜。不论长短，数百字或数千字，均比不作好，当有以复我。①

（三）论为人处世之道
1932 年 10 月陈垣先生致陈约函

吾少年不长进，每为族邮所鄙夷，又因不善谋生，故益不容于俗。但不善谋生是一事，对付人情又一事。吾甚望汝能得族邮称誉，不为人诟病，不似汝父所为，则大幸矣。汝父不足法，好自为之。

一个人最要紧系能够善用自己环境，所谓素富贵行乎富贵，素贫贱行乎贫贱。不管在甚么境遇中，要尽行利用自己境遇，如遇陆则走马，遇水则行舟，不必对于目前时时不满也。

1932 年 11 月 28 日陈垣先生致陈约函

律师不一定不可做，但律师品流杂，心术未必皆正，此可虑也。汝既学为此，第一品格不可因此堕落，如嫖赌、饮吹、酬应种种。第二心术不可因此败坏，如只知谋利、不顾良心等。第三尤须慎防自己犯罪，所谓君子怀刑，至紧

---

① 陈智超编注：《励耘家书——陈垣与子弟》，290 页，北京，生活·读书·新知三联书店，2014。

至紧。

1939 年 10 月 15 日陈垣先生致陈乐素函

但对同事要注意，太生疏不好，太密亦不好，总要斟酌
及谦让，不可使人妒忌，使人轻侮。交友原本要紧，无友不
可以成学，但同事则又另一样，与为学问而交之友不尽同，
因有权利关系也。

1946 年 2 月 4 日陈垣先生批复 1 月 20 日罗永昌来函

孔夫子说："君子不怨天，不尤人。"尤，怪责也。一个人
不必怪责人，人待得我好，固然于我有益，人待我不好，亦未
必于我无益，故此不必怪责人。此孔夫子之训也，记紧记紧。①

1946 年 4 月 27 日陈垣先生致陈乐素函

即接廿日函，言辞职事，颇有斟酌。所言教部审查事，
我常为此担心，此我之责也。我不能监督你们，所以至此。
今日最难者，虚写不好，实写无用，如教中学等，不能成一
资格。廿年前我最怕填履历至出身一项，但捱到现在，则老
起面皮，竟直对此项不写，表示非学校出身也。然老人可以
如此，年轻人在今日说不过去。第二项填履历，我从前亦畏
难，近日则老实不客气，填任北平辅仁大学校长二十年。此

① 陈智超编注：《励耘家书——陈垣与子弟》，405 页，北京，生活·读书·新知三联书店，2014。

皆捱到现在，然后免此踌躇也。故以为此困难，应如何渡过，要斟酌。所难者目前。至于资格云云，浙大算一好资格，但要注意，资格是不能一时得的，须要积，最好能积至五年，则算一段落矣。现行款则，每有任大学教授五年以上等条文，少有云三年以上者。故予意，以为必不可留，则不容说，如果可留，以能容忍至五年以上为妙。再一层，复员后即去，在你以为功成而退，在他人看之，或以为非常时期你可以混，平时即干不下去，此节亦须注意到，因不能逢人解释，不知者或有此误会也。故昨晚我想了一夜，放心不下，所以即复汝，应细斟酌。廿四日函言主任"好做否"？我意是不宜做也。资望浅，令人妒，而且起眼。对于聘人，聘者固然得好感，不聘者则生恶感矣，故暂不好做也。过几年资历稍深，则又当别论。今日之函言教授"好辞否"？我意是不可辞也。稍积数年，著作日多，实力充足，则无施不可，此时可自由矣。最要者是要基础稳固，能任教授五年以上，非常时及平时皆曾任过，此所谓打好基础也。若一到平时，则须舍去，是未打好基础也。细斟酌为要，看看如何渡过此难关就是（指审查）。

1946 年 7 月 14 日陈垣先生批复 1946 年 7 月 4 日罗永昌来函

来信甚有进步，为之欣慰。你如果要去台湾，我有几句话送汝。存心要忠厚，做事要勤慎，待人要谦和。不可贪不义之财，不可为犯法之事。要想长远，不可徒顾目前。要顾名誉，不可徒想富贵。孔子曰：君子怀刑，小人怀利。恕不多写，多写怕你不记得。

1947 年 7 月 22 日陈垣先生致罗永昌函

年轻人最紧要"老实"，不荒唐，不大炮，不贪不义之财，不欺负人，至紧至紧。我见荒唐人，讲得满口好听的话，不久即为人告发，或自己犯罪，而入牢狱者多矣。尤其在胜利以后，此等事更常见也。

1948 年 11 月 2 日陈垣先生致罗永昌函

一个人不能一往顺利，中间必有挫折。善处世者利用此挫折，来修养自己。样样反省，"不怨天，不尤人。"尤是怪之意，不尤人，不怪人也。说话要老实，面色要和蔼。暂时失意，不要紧，切切。

1949 年 1 月 10 日陈垣先生致陈约函

现在时期，各处都一样难。谨慎守己，不过求舒展就是。昌孙人甚精乖，吾甚喜欢他。虽常常回信不客气戒之，实爱之也。这次失业，无要紧。人不能一帆风顺，总有些挫折，正所以练历之。吾在他来信中见其进步多矣，可爱也。当其得意时，吾常防他为人所妒忌陷害，梦寐挂之，故常告以"君子怀刑，小人怀利"。老实说，即怕其贪心及犯他罪也。今竟幸免，只暂时失职，又何憾焉，在吾则已极满意矣。

1965 年陈垣先生致陈善函

　　你说我"不会不理你"，是的，我常常挂念住你们。与街坊邻里要相处得好，要谦恭，不要骄傲，不要作坏事。人有时对你不好，你要自己反省，不可专怪人。

(四)论语文教学

1933 年 9 月 14 日陈垣先生致陈约函

　　国文所要者，系教授法，如何得学生明白有兴趣，能执笔达心所欲言，用虚字不误，不论白话文言。白话必要干净流利，闲字少，的字呢吗等字越少越好。文言至要句法，讲文时必要注意造句及用字，改文必要顺作者意思，为之改正其错用之虚字，及不达之意，与乎所写错之字。非万不得已时，不可改其意思。又学生作文须用簿本，预计一学期作几回文，用若干纸，即可订成一本（不可厚）。每课文必另纸起，不可连前文写，必点句，但不必一篇相连，每文可分几段，另行起写。如此则教习可检查其旧作及旧错而告诫之，若散篇则不可检查也。又教习须自有日记，记某生佳，某生劣，某生有何毛病，某字错若干回，有可检查，方能得益。至于讲文，最要紧注意学生听懂否。如有一二人不在心，是学生之过。若见全班都不在心，则必定教者讲得不明白或无兴趣，即须反省，改良教法，务使全班学生翕然为妙。至于批文章，尤要小心。说话宜少，万不可苟且。学生家长自有通人，教习批改不通，易贻人笑柄，必须慎之又慎，不可轻心相掉也。今寄回《字学举隅》一册，中有辨似、辨异等字，

岂不可笑。"执笔"云云，与"口中"何异？举隅三反，思过半矣。

1939 年 8 月 21 日陈垣先生致陈乐素陈约函

教书可以教学相长，教国文尤其可以借此练习国文（于己有益，必有进步）。教经书字音要紧，最低限度，要照《康熙字典》为主，不可忽略。吾见教书因读错字闹笑话而失馆者多矣，尤其在今之世，幸注意也。《左传》人名最难记，每一人数名，前后不画一，应有法记之。

1939 年 9 月 9 日陈垣先生致陈乐素函

《左传》、四书教法，应注重文章，不能照经书讲，总要说出使人明白而有趣为主。我近亦在《论》、《孟》选出数十章（目另纸），令学生读之烂熟，涵泳玩索（每一二句），习惯自然，则出口成文，可免翻译之苦。作文是作文，翻译是翻译。今初学作文，辄先作成白话，然后易为文言，此翻译法也。本国人学本国文不须此。学本国文贵能使言文一致，今以《论》、《孟》为言文一致之标准，选出数十章，熟读如流，不啻若自其口出，则出笔自易。

1939 年 10 月 15 日陈垣先生致陈乐素函

前夕复一函后，想起教书之法。前已说过要充分预备，宁可备而不用，不可不备也。又对学生多夸奖，生其兴趣，都已明白矣。

1940 年 2 月 19 日陈垣先生致陈乐素函

初教书，先要站得稳，无问题，乃安心。认真（即尽心之谓）多奖励，要学生有精神，生趣味为要。凡说学生懒学生闹者，必教者不得法之过也。

1940 年 6 月 27 日陈垣先生致陈乐素函

学校暑假，关于大学教员之续聘与否有商量。有一教员因为学生反对，至不能聘。又有因分数过宽，近于不负责任，亦不续聘。甚矣谋生之不易也！又中学教员有批评学生不用心，或讲话，或睡觉（音教）者，分明系教者之不能引起兴趣，或不得法。又大学教员有上堂只批评人，说人人都不成，以自显其能，学生反问他，则又不能满答。凡此种种，皆不适宜。大约教书以诚恳为主，无论宽严，总要用心，使学生得益。见学生有作弊（指考试偷看等）或不及格等等，总要用哀矜而勿喜态度，不可过于苛刻，又不必乱打八九十分讨学生欢喜，总不外诚恳二字为要。对同事尤须注意，得人一句好话，与得一句坏话，甚有关系。

1948 年 8 月 29 日陈垣先生致陈善函

教书对学生要夸他，夸他就高兴。他有进步，固然要夸他，他无进步，亦要夸他。等他高兴，自然用心，自然进步。一个学生最怕你说他不行。你说他不行，他就自暴自弃了。总要鼓励他，奖掖他，此是教学最好方法，至紧至紧。上课之前，自己要好好预备。上课时，总要学生明白，宁慢莫快，总要他听得懂，听得有味。他在堂上闹，不用心，不能尽怪学生，先要反省自己讲得清楚否？明白否？他听得有味，自然不闹了。

(五)论书信写作

陈垣先生批复1930年7月10日陈约来函

写信与尊卑或卑辈，均要注意一件事，写出来盼望人家认得。草字虽然好，虽然是一种美术，但是人不尽识的字，不宜太草，免人误会而厌恶也，注意注意。

1931年6月22日陈垣先生批复5月27日陈约来函

去信与三叔、九公等尊辈要注意，行书胜于大草，《圣教序》最合宜，大草不易识，易生误会，慎之慎之。近日来书大进步，可喜。

1931年8月29日陈垣先生致陈约函

我从前对汝说过，草书对家中尊辈或凡不认得草书之人，不可写草书信，防有不识，误事。汝记得否？此语要答我。

1931 年 12 月 6 日陈垣先生致陈约函

　　我命汝写信尊辈，不可用草书，最好用行书。此语不知说过几多回，汝一概不理会，而且近一二次来信及信皮，有颓放之意。少年人不应如此。

1932 年 11 月 28 日陈垣先生致陈约函

　　来信文理不大通，须留意。重复字宜检点，闲字要铲除。

1933 年 5 月 4 日陈垣先生批复 4 月 19 日陈约来函

　　（约信）临书不胜忧惧，望以祖母故即为避地，实所至愿。（智超按：时值抗日战争期间，北平沦陷。陈约来函，劝说陈垣先生借由看望祖母，转而南下，离开北平。）
　　陈垣先生批复：故者旧也，所以也，死也。此字家信要小心用，断不能用在人名之下。好在老人不忌，若拆开信时忽然见此字，令人心打一惊。你亦太不仔细了。"故"字凡家信及电报均不可用，用容易吓着人。此是大毛病，不可不注意，你此次又受了大教训也。

1936 年 7 月陈垣先生致陈约函

　　写信要讲究行款，折信亦要讲究格式，对上对下不同，不可不知也。横折便当，对下或对平辈，尚勉强可用，对尊辈则颇嫌不敬。应先直折，然后按信封之长短，稍屈其脚，较为合宜。今用此函表其式，当注意。此亦常识之一，教科书所不载者也。

1936年12月17日陈垣先生批复12月10日陈约来函

凡写信末页至少有二行，三行较佳，一行不能成页也。此为大戒，切切。

（智超按：此信有四纸，末纸只有"金安　儿约谨禀十二月十日"一行）

1948年2月12日陈垣先生批复2月8日罗永昌来函

写信要明白，闲话要少，要切实。重复字句，尤要检点，我不敢多写给你，防说话多，你不记得，随随便便看过，失了我深意。

第四篇　陈垣先生的晚年

一代史学大师陈垣先生，1971 年 6 月 21 日以九十一岁高龄在北京逝世。他一生中的最后五年是在"文化大革命"中度过的。毛泽东主席称陈垣先生是："我们国家的国宝。"这位国宝在十年浩劫中的情况究竟如何？至今鲜为人知，有点记述也不多，而且有些属于误传。作为他的孙媳，谨以一个亲历者的所见所闻，作一叙述。

从 1966 年至 1971 年，这五六年是陈垣先生人生旅程的最后阶段。这几年他的遭遇、情感、生活及思想等各个方面，外界人士知道得实在很少。为什么没有人讲述这几年的情况，我以为主要原因是难写，有些事情，有关他的想法、他的情感，只可意会，不可言说；另外是先生与外界接触不多之故。1966 年，陈垣先生已经是八十六岁的老人了。他深居简出，与同人断绝了联系。过去的学校领导、朋友，不是"靠边站"，就是被批斗、被打倒，甚至有人自杀，大家都自身难保，谁还顾得上他呢？但也有例外，就是他的几个得意门生：启功、史树青、刘乃和、许大龄等几年当中来看望过他好几次；其实，他们的日子也很不好过，还时常惦念着老师，危难之中见真情。

在此之前，1962 年年底，他因胆结石急性发作引起贲门梗阻，以八十二岁高龄做了胃肠吻合手术。1963 年 4 月、9 月至 10 月，1964 年 4 月至 5 月，1965 年 2 月至 4 月，他又先后因胆囊炎急性发作及阵发性心房纤颤五次住院。但即使是在耄耋之年，身

1950 年 10 月 12 日中央人民政府接办辅仁大学后合影。左为教育部长马叙伦，右为副部长韦悫。

1951 年 8 月，到四川巴县参加土地改革工作，在田间收稻。

1951 年 11 月 1 日在全国政协一届三次会议后的国宴上，毛泽东主席称陈垣为"国宝"。

1955 年 6 月 1 日在中国科学院学部成立大会上代表哲学社会科学部发言。

1956 年 3 月植树节。

1958 年 10 月访问故宫图书馆时，与老馆员交谈。

他不抽烟，不喝酒，甚至不喝茶。一日三餐，早餐是小米粥、羊奶加一两片馒头或面包。午、晚两顿正餐是两三种荤素搭配的小菜，再加一点腐乳。当然，他也有和亲朋或家人欢聚会餐的时候。广东馆子恩成居，山东馆子同和居（老板是他学生牟润孙的父亲）都是他喜欢去的饭馆。著名的谭家菜的主人谭祖任（篆青）是他的同乡和好友，他曾多次在谭宅与友人和学者聚餐。但这些都不是经常的事。

他的锻炼也是结合自己的条件，主要就是饭后在院子里千步走，怎样计算千步呢？当时没有计步器，他就边走边念《千字文》，从"天地玄黄，宇宙洪荒"，一字一步，念到"谓语助者，焉哉乎也"，《千字文》念完，一千步也走完了。

这些看似简单的措施，因长年坚持，所以收到了很好的效果。可是，不管陈垣先生怎样生活有规律，身体健康，也不能承受"文化大革命"这突如其来的打击。他的健康状况随着压抑的心情每况愈下。

二、"文化大革命"中的遭遇

"文化大革命"爆发后，造反派喊出："天不怕，地不怕，就怕红色江山变颜色。"他们以破"四旧"为口号，高级知识分子无一不被列入"牛鬼蛇神"之行列。举国上下"大字报"铺天盖地，红卫兵"造反有理"的口号声响遍全中国。在这种形势下，陈垣先生提心吊胆、闷闷不乐，他对形势的发展担忧、感到陌生又不理解，他保持着沉默。他很孤独，备感寂寞。记得在"文化大革命"前，我们全家（公公陈乐素、婆婆洪美英、我和智超）经常在周六或周日带着孩子去看望他，这成了习惯。我们住所在景山东街，坐汽车只有四个站，骑车只要十分钟。每次去，他都特别高兴，有说有笑，问这问那，特别喜欢问我一些生活琐事，如你是云南人，生活在北京习惯不习惯？每天到学校是骑车还是坐车？等等。有一天，他听说我在练毛笔字，很高兴，让秘书找了一本兰亭帖送给我，要我好好练字。总之，每次大家见面，都谈得十分开心。

可是，"文化大革命"一开始，他就有一种在劫难逃的感觉，觉察到形势大变，终日一筹莫展，心神不安。开始他彷徨不解，我们全家去看望他时，他好像变成了另一个人，面对儿孙们的来到，他一言不发，满脸愁容，局势使他高兴不起来，每顿饭进食少了，觉也睡不安稳。看到他忐忑不安的状况，智超向尹达反映了陈垣先生担惊受怕的情况。因为尹达是历史研究所主持工作的副所长（所长为郭沫若兼）当时还是中央文革小组的成员。尹达为了宽慰他，1966年3月18日到家看望了他。这次谈话效果不错。陈垣先生还留尹达在家用晚餐，这是极少有的。在此之前，1966年1月6日，郭沫若也赠送了他新写的关于武威竹简的文章，题"请陈垣老指正"。

"文化大革命"期间的几年，陈垣先生极少外出，各方面的消息主要来自他几十年如一日听的新闻广播，再就是来自家人的告知。当时他的原配夫人邓照圆在广州，另一夫人徐蕙龄则在天津，分别与她们的儿子生活在一起。他的子女当时在世者还有八人：长子乐素在人民教育出版社任历史室主任、历史研究所兼职研究员。次子仲益体弱有病，没有工作，与陈垣先生住在一起。三子约之，在广州文化局工作。四子容之是天津大学无线电系主任。长女桂辛在香港。次女善在广州中学任教。另外两女慈、冬，则早已定居海外。乐素有两子在北京，我的丈夫智超是第三代中唯一从事史学研究的人，北大历史系毕业后，在历史研究所工作；智纯在北京矿业学院任教。每逢假日，我们全家老小，必

1960 年 9 月摄。

1960 年 9 月摄，自题"山游小憩"。

摄于 1964 年 10 月。

1961 年 1 月 23 日，历史研究所学术委员会扩大会议后在历史博物馆门前合影。

摄于 1962 年 11 月。

1964 年 9 月摄于北京景山公园。

定到祖父处团聚，仲益叔有一子一女在天津、北京。子陈朴在天津工作，他妻子孔繁忻也在北京。女陈韶在北京师院任教，其夫郭汾在北师大任教。

北师大早先为陈垣先生配备了工作人员：专职秘书刘乃和，从 1947 年研究生毕业后成为陈垣先生的助手。另有专职护士老郭、公务员小郭。还有自费请来的两位抄书先生，另有一名专为陈垣先生做饭的保姆袁姐，也是他自己出资雇请的。

随着"文化大革命"运动的愈演愈烈，那些想安慰、保护陈垣先生的人也是泥菩萨过河，自身难保。郭沫若在 1966 年 4 月 14 日的人大常委会会议上发言："拿今天的标准来讲，我以前所写的东西，严格地说，应该全部把它烧掉。"7 月，陈伯达在科学院万人大会上公开点名批判尹达，不久就把他从"中央文革"小组成员的位置上拉下来，发交历史所造反派批斗。

可以说，陈垣先生与许多知识分子在"文化大革命"中的命运、遭遇、处境虽不尽相同，但内心的痛苦、所受到的精神折磨是相似的。

三、老人照顾老老人

陈垣先生的住所远离北师大校本部，造反派贴他的"大字报"他看不见，师大的大字报有"打倒资产阶级反动学术权威陈垣"、"把陈垣揪出来批倒批臭"、"打倒走资派陈垣"，等等。造反派叫嚣，他的著作都是违反毛泽东思想的，1949 年后不应重印"励耘书屋丛刻"，他提倡学生多读书就是宣扬"白专道路"，他私人有大量藏书及领取稿费是不合理的，等等。高音喇叭中的叫喊声，他也听不到，但他仍然感受到了运动的压力。有一次，婆婆、爱人和我三人到陈垣先生住处去看望他。我们照常按门铃，可是很久没有人开门，大约等了足足半小时，我们在门外，都很焦急，最后还是仲益叔来开门。一开门他就说："爷爷在洗手间，离不开人，所以没法及时给你们开门。"我们进屋里，只见祖父一人静静地坐在藤椅上，我们知道他内心很苦闷，尽量讲些宽慰的话。他发现大儿子乐素没来，就问智超："你爸爸为什么没来?"智超说："他今天有点事，不能来，要我们代他来看望您。"其实，我的公公已经被单位造反派抓走，说是隔离审查。原来是他之前在浙江大学的一位老同事，被逼供，屈打成招，把1949年前浙大教授会的成员都说成是特务。爸爸之前每周都要去探视他的，这时已失去人身自由，自然不能去，但我们又不敢如实告诉他。

陈垣先生四合院里的变化很大，他身边的工作人员，在"文化大革命"发生后不久被师大造反派勒令回校参加运动，说四合院里是"池小王八多"，要秘书刘乃和、护士老郭、公务员小郭，全部撤走，要他们回校参加运动，说每个人都有自己的一本账，必须回去交代自己的问题，接受群众审查，触及自己的灵魂，谁也逃不过这场伟大的革命运动。陈垣先生自请的两位抄书先生，因为无书可抄，也回家了。这样，一座两进的四合院里只剩下三个六十岁以上的老人。仲益叔已是六十多岁，专门做饭的保姆袁姐也已是六十岁左右的人。当时的家属，各自都有自己的工作，都要参加运动，照顾祖父起居的责任自然落在仲益叔身上，其他家属都只能是各自抽出时间去看望他，有时送水果，有时轮流值班。"文化大革命"中，我因刚出大学校门，参加工作不久，当时社会上有句时髦的话形容这类人为："生在旧社会，长在红旗下，是共产党培养出来的新型大学生。"身世单纯，因此没有被红卫兵当成批斗对象，而是被作为革命的动力来团结。因此，运动中，我的行动比较自由，可自由支配的时间比较多一些。在公公受审，智超也被打成保皇派，被剃阴阳头、挂牌子，在大院里打扫卫生的情况下，只有我和婆婆（当时已退休）可随时代他们往陈垣先生处看望他。"文化大革命"中祖父最不能忍受的是工作被迫停止了，这对他的打击很大，作为一个历史学家，有什么比不能看书、不能从事研究更令其痛苦、遗憾的呢？他的研究工作此前从未间断过，几十年如一日。"文化大革命"前，他每天在助手的帮助下，拿着放大镜，整理、研究《五代史》。而现在一切都无法正常进行，他把这种痛苦深深埋在心里。一次，我们讲到书籍出版问题，他很不高兴地说："现在什么事情也不能做了，让我等死吗？"我们也不敢吭气，婆婆安慰他说："去年师大党委书记不是说，要您保护好身体，只要您健康活着，就是最大的贡献吗？"他苦笑了一下，说："有什么用？"又无可奈何地说："现在是老人照顾老老人。"陈垣先生多么寂寞、无助，过去的朋友连电话都没有一个，他悲伤，他叹气，他沉默，度日如年，听力、视力逐渐衰退，面部失去了往日的光采，没有笑容，除了沉默，还是沉默。依我看，这几年他只是不公开表示愤慨和不满，而是无言地回避。开始我们老是对他说，乐素很忙，不能来，时间长了，他也心知肚明，再也不问了，只是谁也不把这层窗户纸捅破。

四、被迫自我检讨

有一次，中华书局来了几个造反派，把陈垣先生整理两部《五代史》的全部资料抄走了，说是要拿去检查，这批资料至今下落不明，他多年的心血付诸东流。

又有一次，北师大来了几名红卫兵，想要抄出所谓"反革命"材料，在几间书房转来转去，找不到他们需要的"反革命"材料，又提出要抄祖父与刘少奇、王光美的合影照片，说祖父与"党内最大的走资派"刘少奇、"美国特务"王光美有一张合影。师大红卫兵头目谭厚兰在一次大会上，讲到刘少奇、王光美与陈垣有合影，说这是他们互相勾结的罪证。事实是，1952年"五一"劳动节晚上在北海举行的游园会上，刘少奇副主席带着夫人王光美坐在离陈垣先生很近的桌子旁边。王是辅仁大学研究生，一眼看见了老校长，就与刘少奇一道走向陈垣先生，并向刘少奇介绍说："这是我们的老校长陈垣先生。"于是刘少奇与陈垣先生握手并合影留念。这样一件很平常的事，红卫兵也不放过。他们找了半天也没找到，如果找到，就可以给陈垣先生"定罪"了。

就是在这样的背景下，陈垣先生被形势所迫写了"自我检查"及"我要自我革命"，请人抄成大字报，贴在校园内。

"自我检查"写于1966年7月，其中说道：

> 这次运动，革命师生给我贴出了一些大字报，我既惭愧，又极欢迎。通过这些大字报的揭发与批判，使我认识到：我一生所写所讲的东西，无论是解放前的成部著作，解放后的文章和讲话，都是不符合毛泽东思想的，甚至有危害性的……解放了这十几年……思想仍然落后。否则我何至于未经组织批准将解放前旧著"励耘书屋丛刻"在新社会复印起来……还有，我过去经常对史学系同学提倡多读书，这不等于引导他们走"白专道路"吗？这不是和毛主席强调的"突出政治"背道而驰是什么？

"我要自我革命"写于1966年8月，他说：

> 经过这次运动，我要自我革命，自我造反，愿将历年得

1970 年 6 月摄于家中。

来的书籍三百余箱，字画数百件和稿费等四万余元交给党和政府处理，坚决打破过去私人大量收藏书物、庞大稿费和高薪金的不合理制度。

由于他心情郁闷，担惊受怕，衰老得很快，视力、听力急剧下降，即使用最大号的放大镜，也只能看报纸的大标题。要得到外界消息，主要是听广播，要把收音机音量调到最大，才能听清。我们讲些消息给他听，也尽量靠近他的耳边，放大嗓门。红卫兵几次抄家，没让红卫兵进他卧室，事后他才知道，八十六岁的老人，哪里经得起恐吓。1966年5月他的夫人徐蕙龄在天津去世，他让仲益和刘乃和到天津，带去三百元，为她立块石碑。不到一星期，他的结发妻子邓照圆在广州去世，我们不敢告诉他，以免雪上加霜。

有一次，我们向他讲述了北京的两派斗争，祖父问我们，你们是哪一派的。我们说，我们是反对王（力）关（锋）戚（本禹）这一派的。他想了一下，指指自己，又指我们，说："我跟你们是一派的。"说完开心地笑起来，逗得我们也大笑起来。"文化大革命"中很难听到他这样的笑声。

在"文化大革命"时期，逢"国庆"、"五一"等节日，能否在公众中"亮相"是判断一个人没有被打倒、没有"问题"的有力证明。陈垣先生这些年，基本与外界隔绝，为了让亲朋好友宽心，他还是尽可能出席这种集会。尽管每次外出，换衣换裤，非常麻烦，他小便经常失禁，还要事先采取些特别措施。他的行动已极不方便，到时总是由两三人合力连座椅带人费力抬至门口上车。记得有一次参加国宴，智超护送他到人民大会堂门口，由里面的工作人员用轮椅推至宴会厅。因为不知道他何时出来，智超一直在停车处紧紧盯住门口，看他一出来，赶快跑过去接他上车。回到家，他已浑身是汗，衣服全湿了。1970年的国庆，祖父上天安门观礼台是由孙女陈韶陪同前往，陈韶一直在城楼下等候他乘电梯下来，再送回家。这是他最后一次参加国庆观礼。

1969年6月，他收到了汪宗衍从澳门给他的信，陈垣先生与汪是世交，通信达三十多年。他在复信中说："弟聋聩日甚，坐食无聊；'少壮真当努力'，年一过往，何可攀援？古人思秉独夜游，良有以也！"他当时的心情，可见一斑。

五、向周恩来求助

1969年年底，在"文化大革命"时期陪伴了陈垣先生三年多的仲益叔，身体坚持不住，终于住进了医院，这几年，他与祖父相依为命。仲益叔一住院，只剩下一个做饭的老保姆，虽然也有重孙女陈政经常照顾他，可她只是个初中生，要照顾体重近八十公斤的近九十岁老人，许多时候也力不从心。而且她学校常有活动必须回学校。祖父经常处在无人照管的悲惨状况下。有一天，我们去看他，一进门，老保姆就很恐慌地向我们讲述："昨天你们怎么不来？你爷爷昨天上午摔到地上了，他要坐上藤椅，结果没坐上，一下子坐到地上，一坐就是半天，大小便都拉在裤子里了。他喊我，隔着一个院子我又听不到。中午送饭过来，才发现他坐在地上，我去隔壁叫了一个人来帮忙，才把他拉扶上藤椅，还好没摔坏。"我们听后，赶快走进北屋，问他有什么疼痛，他说："地上太凉，肚子不舒服，拉了两次稀……"过了几天，才缓过来。因他体胖，腰腿无力，自己爬不起来，整整在地上坐了两个多小时，我们听了真害怕，感到没有专人在家守候是不行的，随时都有可能发生难以预料的事，怎么办呢？父亲指示我们一定要想办法。这时智超和我商量，如果再不采取措施，老人很难支持。想来想去，最后决定用老人的名义向上写信，究竟向谁求助呢？一封信给周总理。我们知道总理太忙，总理一天只能睡两三个小时，但他了解陈垣先生，也肯定会保护陈垣先生。"文化大革命"前，祖父因病住在北京医院，总理探望过他。1959年陈垣先生入党，总理还曾郑重向他表示祝贺。陈垣先生在"文化大革命"前期没有受到直接的冲击，也同总理的保护有关。一直到1970年年底，陈垣先生住院，周总理多次指示要想尽办法，一定要用最好的药把病治好。到最后的时候，周总理每天都要看关于陈垣先生的医疗简报，最后的丧事都是由周总理签字安排的。可以说，从中华人民共和国成立之初到陈垣先生去世，周总理都非常关心他的情况。另一封给康生，康生在"文化大革命"前及"文化大革命"中的劣行，作为普通老百姓的我们，当时是不可能知道的。我们当时只知道，康生在"文化大革命"前养病之时，曾经向祖父请教过一些有关历史、文物的问题，两人算是有点交往。两封信中均提到祖父身边无专人照顾的困难，希望能有专人负责照顾老人，等等。

信写好了，怎样才能直接送到中南海领导人手里呢？智超此时头上有好几顶帽子："资产阶级反动学术权威的孝子贤孙"、"资产阶级保皇派"、"反对北京市革委会（谢富治）的急先锋"，等等。我是刚参加工作不久的青年教师，送信的任务自然落在我的肩上。我直奔府右街的中南海西门，听说那里有个中央信访接待站。在"文化大革命"的岁月里，闯中南海是冒一定险的，弄不好，会被扣押起来，反映到你工作单位，就是一个政治问题，不挨批斗才怪呢。但为了解决爷爷无人照顾的问题，我壮着胆，抱着试试看的心情，到了中南海西大门口，胸前特意挂了一枚大的毛泽东像章，门警看见我朝大门口走去，警觉地迎我到离中南海西大门五十米以外的地方，不让我再靠近大门，然后很生硬地问："你干什么来了？"我说："我有两封信要请你们转交给周总理和康生同志。"那个门卫拿过信看看说，你等一下，转身进去，不久，从里面出来一个解放军，叫我跟他走，带我到对面一个平房里，里面有桌子、凳子、简单办公用品。他把信的内容看了一遍（信没封口），然后开始盘问我，是什么单位的、姓名、年纪、住址，等等，让我作了登记，然后说："信放在这里，你可以回去了。"我向他道谢，赶快离开了，心想这信能到总理手里的可能性很小。

没想到，这两封信很快起了作用。1月6日，周总理派了一位军代表到北师大，将刘乃和调回陈垣先生身边照顾他，不久，护士老郭、公务员小郭也调回来了。师大调他们三人回到祖父身边是很有道理的，因为他们比较了解祖父的情况。

康生也在1月30日复信陈垣先生，信中说："陈垣同志：读来函，知您身体健康，不胜欣慰。九旬高龄的同志，还能关心文化大革命运动，努力学习毛主席著作，研究党章，改造思想，在毛主席思想光辉照耀下，人虽老而志愈坚，年虽迈而学愈勤，令人钦佩之至。您对历史研究有素，著作等身。今意欲将多年收存的书籍文献，交与党和政府收存，中央同志闻之甚为称赞。但现各图书馆正在斗私批修，工作尚未就绪，我意不如暂存你处为宜。如需要人帮助整理，亦可拜去。至于稿费交党，此意甚好，但因你年迈体弱，应多加保养，希望你自己存留，以改善生活。我们过去对你的生活照顾不够，请原谅，以后如有问题，请即来信为盼。祝你健康！康生 一九七零年一月三十日。"

多年后我们才知道，康生于1970年1月25日将祖父来信转报毛泽东时写道："陈垣原来的秘书和服务员在文化大革命中回校参加运动，陈的生活无人照顾，经与学校商量，已将陈的秘书和服务员派回陈处，故陈来信感谢党中央对他的关怀。陈要将他的书籍及四万元稿费献给党。我们在政治局会议上交换了意见。觉得可写一信对他的这种精神加以鼓励，但向他解释，目前北京图书馆正在进行斗批改，他的书籍文献，暂由他自己保管为好。关于他的稿费，拟说服他自己保留，以照顾他的生活。"毛泽东主席批示道："同意。要争取这样的知识分子。"

1970 年至 1971 年这段岁月，祖父过得比较安稳，但此时，他在京的大儿子乐素去了安徽凤阳干校，另一个儿子容之在天津，只能不时带妻子刘慧如及孩子来京探望。智超也去了河南五七干校，能经常去看望他的几乎都是女士，儿媳洪美英，经常备些老人喜欢吃的食物送去。孙媳孔繁忻，孙女陈韶，经常带着第四代孙儿孙女去看望老人家，我通常在周日带着我的儿子过去，让刘乃和休息。我照顾祖父生活起居，陪他聊天，他特别喜欢我给他捶背。1970 年夏，在武汉工作的孙子陈致易、俞文琴夫妇带着几个月大的女儿来北京看望祖父。请祖父为他们的女儿起个名字。陈垣先生很高兴，想了一阵子，就脱口而出，叫"旺旺"吧，国家兴旺的旺，就在此时此刻，他老人家还是多么希望国家兴旺，并对此充满信心。

六、遗嘱及部分遗物下落不明

1970 年 7 月至 9 月，陈垣先生因脑血栓后遗症又住了一次医院。出院不久，又于 12 月 14 日发低烧住进北京医院，离开了他居住三十一年的兴化寺街五号的家，从此再也没有回家。入院的头两个月，他头脑还清醒，能简单对话，也认得出是谁来看他。

可是，渐渐地说话已不清楚了，叫他时反应很小，后来大小便失禁，不能进食，只能鼻饲，为避免他长褥疮，每两小时需帮他翻身、擦身，一刻也离不开人。广州的儿女们也来帮着照顾，医院想尽一切办法治疗，全体家属与刘乃和、老郭、小郭轮流一天二十四小时守护，祖父于6月21日走完了他九十一年漫长的人生道路。在他逝世前不久的一天晚上，北师大军宣队、工宣队两位负责人突然到我家，家里只有我和孩子。他们说，特意来借祖父的遗嘱，准备给他写评价用，用完还给我们。遗嘱是智超下放五七干校时交给我保管的，当时，我拿不定主意，给还是不给，但在那样的年代，没有公理可讲。不敢得罪宣传队领导，但又不愿拿出来，就说智超放在哪里我不知道，他们一定要让我找，结果翻箱倒柜，终于在箱子里翻出来了，就这样，他们把祖父留给家属的遗嘱拿走了。虽经多次交涉，至今也没有归还我们。

祖父病重期间，周总理曾指示，要求医院尽力抢救，还派工作人员到医院探望。祖父丧事的安排，也是周总理亲自审批的。郭沫若和人大常委会、政协办公厅的有关同志也到医院看望。

1971年6月24日下午，在八宝山革命公墓举行遗体告别仪式，国务院副总理李先念主持追悼会，郭沫若致悼词。

祖父的学生启功撰挽联曰：

依函丈卅九年，信有师生同父子。
刊习作二三册，痛馀文字答陶甄。

6月25日，《人民日报》、《光明日报》等登载了祖父逝世的消息，对祖父给予肯定的评价。《人民日报》说："他人虽老而志愈坚，年虽迈而学愈勤，为社会主义教育事业作出了贡献。"

他的骨灰盒存放在八宝山革命公墓第一室，与朱德、董必武、陈毅等国家领导人的骨灰盒相伴为邻，家属每年去瞻仰，献上鲜花，以寄托我们的思念之情，我们的遗憾是未能按照他生前的愿望，将他的骨灰安放在福田公墓。

陈垣先生逝世后，家属遵照他的遗愿，将他的五万册藏书，几千件名贵字画、章石，四万元稿费全部交给北师大。由于历史原因，没办捐献手续，只有一份清单。据了解，不少文物字画下落不明。"文化大革命"后，我们要求补办捐献手续，落实党的政策，直到 2004 年，国家图书馆和首都博物馆才分别补发了一纸荣誉证书和捐赠证书。

共同生活了十几年，对他们的了解与敬爱与日俱增。

二、父亲的熏陶教育

陈垣先生二十二岁得子，为他取名博，乐素之名是后来改的。当时陈垣先生在广州与友人潘达微、高剑父等合办《时事画报》，负责报中文字工作，用"谦益"等笔名发表了许多反对清朝专制统治、反对列强侵略的文章。为躲避清政府的迫害，他经常更换住处，因此将儿子留在家乡由妻子扶养，直到乐素先生五岁时才被接到广州。

乐素先生虽然只在家乡生活了五年，但对家乡始终怀着眷恋之情。20世纪80年代他曾经回乡，指着故居右上角的一间厢房，动情地对同行的亲友说："我就出生在这间房子里。"他还把从新会带回的茅笔（陈白沙曾用茅草札笔写字）送给我和智超。

我曾经不止一次地听见他用浓重的乡音吟诵陈白沙的诗句："记得细时好，跟娘去饮茶。门前磨蚬壳，巷口挖泥沙。而今年长大，心事乱如麻。"他闭着双目，拖着长长的音调，儿歌式的诗句，把他带回到五六十年前的童年。他说，这是四五岁时在家乡学会的，儿时诵读的诗歌，至今没有忘记。

1907年乐素先生五岁，陈垣先生把他接到广州，住在"陈信义"药材行中，和店员同桌吃饭，学习到了一些有关药材的知识。他先在"陈宁远堂"的家塾中学习过一段时间，然后进了教会办的圣心书院和岭南小学。他曾几次谈到在广州这段时间给他印象最深刻的两件事。他七岁的时候，陈垣先生给了他一套《三国演义》，并让他把每一回中首次出现的人名和地名写在书眉上，把它们记熟。这样阅读《三国演义》，既锻炼了记忆力，又接受了中国文史的启蒙教育。另一件事发生在辛亥革命前不久。有一天，他和比他小两岁的弟弟仲益，趁父亲不在打开他的抽屉，竟发现藏有一把手枪。他们当时只觉得好玩，抢着来玩。不料手枪走火，子弹擦着他的耳边飞过，砰然作响，好险啊！此事如果走漏出去，还可能有杀身之祸。后来由一位族叔买了一张船票，在开船前将手枪从厕所中扔进珠江，全家人才算松了一口气。两兄弟也模糊地感觉到了父亲的革命党人身份。

陈垣先生在中华民国二年（1913年）当选为众议员，从此到北京定居。乐素先生十四岁（1916年）小学毕业，陈垣先生把他接到北京上汇文中学；1918年，又把他和仲益送到日本留学，当时他十六岁。

乐素先生在日本就读的是东京的明治大学，专业是经济学。陈垣先生不断通过书信了解他的学习情况，又让他利用留学的机会，多去聆听学者的学术报告，并到图书馆帮忙收集历史方面的资料。现在还保留有一册乐素先生当年为陈垣先生抄写的宗教史资料。封面是陈垣先生题的书名"两眼考"，还有他的批语："一九一八年六月　博儿钞于东京帝国图书馆"。乐素先生在陈垣先生的熏陶、教育下，逐渐对历史与文学产生浓厚的兴趣，也在记忆力和读书方法上得到锻炼，再加上自己的刻苦努力，终于成为众多弟妹中唯一从事历史研究与教学的人。

三、从投笔从戎到以笔作枪

在日本留学四年后，乐素先生回国，先后在广州的南武、培英等中学讲授历史和语文，这是他从事教育事业的开始。另外，在课余时间他系统阅读了《二十四史》和《资治通鉴》等史籍，为日后从事史学研究打下了坚实的基础。

乐素先生从小就敬仰孙中山先生。1926年北伐前夕，广州成为当时的革命中心。时为青年的乐素先生受当时高涨的革命形势的影响，毅然放弃教职，参加了国民革命军，在第五军任政治宣传员，宣传孙中山先生的三民主义和革命理论。1927年蒋介石发动四一二反革命政变，不但大批共产党人遭到屠杀，国民党左派人士也遭到迫害。乐素先生在彷徨苦闷中到达上海，在民众烟草公司暂时栖身。不久正式开始了历史研究工作。

他最初的研究领域是日本古代史和中日关系史，他要透过自己的研究，恢复日本古代史和中日关系史的真面目。他16岁到日本留学，陈垣先生要他做两件事：一件是要注意收集中国古籍流传到日本的情况，另一件是多参加日本文史方面的讲座，了解日本学者的动向。他发现日本学者中，有些确实忠于历史、对中国持友好态度。他对日本学术界重视中国文化，深入细致研究中国历史、地理的治学行为和刻苦钻研的精神，深为佩服。但也确有一些日本学者，打着调查、研究的幌子，自觉不自觉地给日本军国主义侵略中国做调查、造舆论，为日本侵略中国以至亚洲制造舆论。在史学领域，这种情况尤为明显，引起了他的警惕。回国以后的1929年，也就是27岁时，他就和友人在上海成立了日本研究社，出版《日本研究》杂志，并任主编，同时研究中日关系史和日本史。当时，整个日本研究社的工作人员只有乐素先生、美英夫人等五六个人，他们想方设法扩大发行量。《日本研究》当时的发行量达5万份。同时，他还负责组稿、写稿。他们邮寄了2700多封信给中国的留日学生，希望他们将在日本的亲见亲闻写下来，投稿给杂志。还用大量篇幅开设"日本帝国主义侵略中国图解说明"、"日本研究吾国的各种定期刊物"等专栏，在"各地通信选录"专栏中，登载了韩族同盟会、韩国独立党等告中国同胞书，如说"中韩自古，谊同一家，中华安宁之日，即韩国独立之日也"。同时，乐素先生在《日本研究》上发表了《魏志倭人传研究》和《后汉刘宋间之倭史》等文章，阐明公元 1 世纪东汉光武帝至 5 世纪南北朝时期中日之间文化交流的历史，引起了日本学术界的注意。在国内，马相伯(马良)先生为《日本研究》创刊号封面题签。马相伯、蔡元培、黄炎培先生还为乐素先生所写的《光绪八年朝鲜李(大院君)案与朝日订约史稿》撰写序言，并给予高度评价。马序说："乐素不独其才有足多，亦青年中于国家史事有知觉者。"蔡序说："陈君乐素好治史，近年尤注意于中日相关之史料，屡有所作，载诸《日本研究》杂志，凡留心日本问题者皆传诵焉。观张督(张树声)致总署(总理各国事务衙门)函，藉知日本人之阴谋，及我国海军之程度，在当局固已知甚熟稔；而迁延十二年，不自振作，致酿甲午之变，益见清廷之无能为，而革命之不容已也。"

1931 年"九一八事变"对他影响很大，当时他在北平，买了一份报纸，看后潸然泪下。由于当局采取不抵抗主义，东北三省很快沦于日本侵略者之手。他们还进一步把魔爪伸向华北。作为一名爱国的历史学者，面对祖国危急的残酷现实，乐素先生深感有责任从历史上寻找救亡图存的出路，并决心从历史中提炼教训来警醒国人。他的研究转至宋史领域。过去他通读中国历史时就已注意到，宋代是一个"外患"频繁的朝代，现实有许多情况与当时的情况相似。于是他发愤钻研，写出了他的第一篇宋史论文《宋徽宗谋复燕云之失败》。宋徽宗是中国历史上著名的昏君，宋朝是外族入侵最严重的一个朝代。中国历史上的民族斗争，虽然不是外战，但也有是非之分、正义与非正义之分，可以从中汲取经验教训。五代后晋石敬瑭为了当"儿皇帝"，不惜把燕云十六州出卖给以骑兵为主要作战力量的辽朝，从此天险尽失，辽兵可以长驱南下中原地区，对宋朝形成很大威胁。宋徽宗在位时，在辽朝北面的女真族建立的金朝起来造反，辽的统治岌岌可危。宋徽宗认为这是收复燕云十六州的好机会，采取行动，结果大败。乐素先生对此做了全面客观的分析与评价。他认为，宋徽宗谋复燕云之举，在于恢复原有之疆土，"此种思想绝不能谓为谬误"。至于谋复燕云之失败，则在于没有在政治上整顿，军事上准备就贸然行动，即"当时之君臣实暗弱庸陋"、"事先无缜密之计划与充分之准备"，非战之罪。文章还批判了当时的反对派以为在辽金之战中采取中立态度即可保无事的观点，反问道："然则金既灭辽，宋能否遏止其南侵之野心？"文中还说"非战派之高宗与秦桧乃向内以全力应付一切反对势力与思想，以遂行其所主张之苟安的妥协主义"。联系作此文时的现实，文章的针对性是很明显的，目的就是要启发国人，当局采取不抵抗主义，连昏君都不如。

在此以后，他又先后在北京大学《国学季刊》和《历史语言研究所集刊》上发表了《徐梦莘考》和《三朝北盟会编考》两篇长文，并从此转向宋史研究。这些论著奠定了他作为现代宋史研究开拓者之一的地位。

四、艰难岁月

1937年卢沟桥事变爆发后一个月，又发生八一三事变，日寇进攻上海。乐素先生带领全家六口，应西南联大邀请，匆匆离开上海到香港，原计划从香港到越南海防，再从越南乘小火车到云南的西南联大。这是十四年抗战中的第一次大逃难，当时二儿子智仁刚刚满月，再加上带的书籍太多，滞留于香港。在香港期间，经许地山先生介绍，乐素先生在英华女子中学得到了一个教职，讲授历史和国文。为了维持一家七口（1939年智纯出世）的生活，每周授课时间达二十几个小时，有时甚至更多。即使在这样繁忙的教学生活中，他仍保持充沛的精力、乐观的态度。他爱好运动，特别是游泳，能从九龙游到香港，又从香港游回九龙。他还抓紧教学之余的时间，开始了《宋史艺文志考证》一书的写作。智超曾回忆，在香港的这段时间，父亲还让莲波、智超姐弟查阅《四库全书总目提要》，每人分几卷，将其中提到"宋志"或"宋史艺文志"的地方用红笔标出。标完之后，交换复查，凡有查出遗漏的，发一件小礼品。有时父亲还带着他到图书馆帮着抄资料。当时他年龄小，不能理解资料的内容，所以就只当作写作练习。

1941 年 12 月 7 日，日军偷袭珍珠港，并在东南亚全线出击。原驻守在九龙的英军全部撤到香港岛，从广州南下的日军一时还没有到达，九龙出现了几天政治、军事上的真空时期。地痞流氓把这当作千载难逢的发财机会。他们大呼"胜利啦！胜利啦！"划分地盘，挨户抢劫，九龙陷入恐怖之中。

乐素先生全家住在九龙通菜街二三八号三楼，这时他的两位姑姑及弟弟一家三口都来避难。劫匪把住楼门口，从一楼抢起。乐素先生听到劫匪从二楼上来，主动把门打开。后来谈起这件事，他说这叫"开门揖盗"。因为你不打开门，他们会把门砸开，财物照抢；主动开门，还可以把门保住。劫匪进门，看见满屋都是书，不禁皱起眉头，大声喊道："你们把钱藏在书里，叫我们怎么找呀！"书与"输"同音，他们认为不吉利。乐素先生事先已有准备，主要的钱财确实夹在书中，但也在抽屉等明处放了些财物。他听到劫匪们的谈话，突然说了一句："乡里，我们以后还有见面的日子呢。"小头目问道："你是哪里人？"答道："新会石头。"小头目不出声了，匆匆搜索了一下就转到对门一家葡萄牙人家中继续抢劫了。全家人正稍稍定下心来，忽然又听到拍门声，不知又会出什么事。开门一看，劫匪下楼了，留下一小袋米。"米来了"，广东话谐音"不来了"。劫匪以后真的没有再来过，而附近有的人家被反复抢劫多次，甚至连牙刷也不放过。乐素先生的从容镇定，使全家免遭更大的损失，也令亲友钦佩不已。

日军占领香港后，学校停课，生活来源断绝。为了维持一家的生活，乐素先生只好到半山私人别墅里教授日语。日军经常突然实施戒严，滥杀无辜，他每次去讲课，都要冒风险。即使是在这样艰险的环境下，他也尽力帮助别人。那次劫匪走得匆忙，一大袋放在楼梯脚下的白米居然免遭劫掠，这在当时真是全家的救命粮啊！但当袁同礼先生来访，[①] 久久没有去意，询问之下，才知道他家中缺粮，出来找米，又难以启齿，乐素先生慨然以米相赠。当他知道陈寅恪先生家中断炊，又带了一袋米送去。关于这段经历，陈寅恪先生的女儿也曾撰文回忆："（1942 年）一天，陈乐素先生带领一个孩子，背着一个布袋来到我家，原来布袋中装的是米。他扮成携子回乡的难民，冒着生命危险，绕路把米送到我们家。……诸如此情，对朋友们的深情厚谊，父母始终感激非常，铭记在心。"[②]为了顺利通过日军的关卡，乐素先生把当时年仅七岁的智超带在身边以作掩护。陈寅恪十分念及这段旧情，在乐素先生临离香港前把自己在英国演讲时所穿的一套西装赠送给他，留作纪念。

那时候，生活非常艰苦。智超说，大家为了填饱肚子，不挨饿，有人竟然在街道上日军军马的马粪中，挑拣出没有消化的大

---

① 袁同礼（1895—1965），著名华裔图书馆学家、目录学家，时任北平图书馆馆长。

② 陈流求、陈小彭、陈美延：《也同欢乐也同愁——忆父亲陈寅恪母亲唐筼》，163 页，北京，生活·读书·新知三联书店，2010。

麦粒带回去。有一次，一个妇女出来给孩子找食物，正准备返回只隔一条马路的家中，日本兵突然宣布戒严。她担心孩子太小，不能独自在家里待太久，冲过马路，被日本兵当场射杀。当日军完全占领香港以后，为了巩固自己的统治，对居民实行了一定的配给制。他们把英国统治时期的粮库打开，从最底层掏出一些"配给粮"分发给民众。这些积压在仓库多年的粮食，存放了几十年，夹杂着许多尘土和老鼠屎，并且大部分已经变得很细碎，不能直接食用。美英女士发动家里的孩子们，从里面挑出很少量的比较完整的米，做饭给要外出上课的乐素先生吃。剩下大部分细碎的米熬成粥，就着萝卜皮腌制的咸菜一起吃，这就是智超一家日常的一顿饭。这是他们当时艰苦生活的真实写照。

1942 年年底，乐素先生应浙江大学竺可桢校长之聘，到当时内迁至贵州遵义的浙大史地系任教。他带领全家七口，离开日寇占领下的香港，开始了第二次大逃难。他们经葡萄牙占领的澳门、法国殖民地的广州湾，也就是现在的广东省湛江市，跨过寸金桥，进入大后方，然后辗转到达遵义。他在浙大史地系开设了唐宋史、日本史、中国目录学史等课程。尽管当时物质匮乏，资料又缺，但他精心讲授，循循善诱，深得学生的爱戴。

1945 年上半年，是内地公教人员最艰难的时候。大学教授的工资只能买米七斗。乐素先生五个子女，四个辍学，孩子们每天帮助美英女士在街边摆摊出卖家中仅存的旧衣物。尽管生活如此艰难，家中生活偶有改善的时候，他也必定把那些家在沦陷区、生活来源断绝的学生找来共享。多年以后，这些学生已成为白发苍苍的老人，还怀念老师、师母当年请他们吃的"营养菜"。其实这不过是卷心菜、西红柿、胡萝卜再加少量五花肉而已，但在当时已是难得的佳肴，饱含了他对学生的一片真情。

五、"文化大革命"中的厄运

1945年,抗战胜利。1946年年初乐素先生随浙江大学复员回到杭州。1949年5月杭州解放,他亲眼看到和国民党军队形成鲜明对比的解放军,他们有严明的纪律,全新的军民关系、官兵关系。他如饥似渴地阅读解放区出版的书,觉得找到了一条使国家富强的道路,因此积极参加了浙江大学的接管工作,担任政治教育委员会主任。1952年全国高等学校院系调整,浙大的理科和一部分文科并到了复旦大学。浙大的部分文科和之江大学合并组成浙江师范学院。新校条件当然不如老浙大,乐素先生毅然服从分配,留在杭州担任历史系主任兼图书馆馆长,尽心尽责。他当时培养的学生,有不少后来成了教学研究的骨干。1983年,智仁出任浙江师范学院改名的杭州大学图书馆馆长。乐素先生知道后十分高兴,专门写了封信给他,鼓励他要"忠于职守,严于职守"。

1954年,北京师范大学准备调他到北师大,一方面从事教学,另一方面也可以就近照顾陈垣先生。浙江师范学院不肯放人,此事只好作罢。但不久以后,他却被调到北京担任人民教育出版社历史编辑室主任。原来,毛泽东主席当时问有关部门,现在全国中小学教材的编辑有多少人,回答是只有开明书局留下的二三十人。毛主席说,像我们这样一个几亿人的大国,应该有几百名优秀专家来做这项工作。正是遵照这项指示,1954年,乐素先生被调到人民教育出版社,来到北京,同时兼任新成立的中国科学院历史研究二所兼任研究员和学术委员。人教社苏寿桐编审后来回忆说:"调入人教社时,先生已年逾五旬。作为一位在历史研究方面声名卓著的老教授、老专家,要他中道改弦更张,做

乐素、仲益、约、容四兄弟在兴化寺街 5 号院，时为 1950 年。

1954 年调至人民教育出版社，与夫人及女莲波、子智仁、智纯合照于北京。

1957 年 5 月摄于北京香山香炉峰。　　1952 年回广州，与弟合照。

1959 年摄于兴化
寺街 5 号院内。
陈垣先生抱者为
曾孙超英。

他未曾做过的中小学教科书编审工作，实非一般人所能接受的。但先生到了人教社，经过短时间的观察体验，就深深了解了这项工作的重要意义，毅然暂停过去几十年从事的学术研究工作，专心致志探索教科书的编辑规律。经先生和巩绍英、邱汉生、汪篯、王永兴等专家学者呕心沥血、集体讨论、共同编写的高中中国历史课本，于1956年出版发行，深得史学界、教育界和全国历史教师的好评。"1956年2月，他还作为教育部派出的三个代表之一受到毛泽东主席接见。

正当他准备和同事们进一步修改、完善全国统一的中小学历史教科书，并撰写历史研究所重点项目"中国史稿"的宋代部分时，"文化大革命"爆发了。"文化大革命"是一场灾难，乐素先生在"文化大革命"中经受过多次冲击。

"文化大革命"一开始，横扫一切"牛鬼蛇神"，乐素先生被定为"资产阶级反动学术权威"，而且还是"反动权威"陈垣的"孝子贤孙"。当时造反派还追问一件事，这样的"反动权威"怎么会钻到"林副主席"身边？原来，1962年左右，历史所按中央军委的要求，选了几位研究人员为林彪的妻子叶群讲历史课，乐素先生也去讲了几次。这件事当时严格保密，智超和我都不知道。到林彪折戟沉沙之后，它又变成了"投靠"林彪的"罪行"。

1968年"清理阶级队伍"，乐素先生有一天突然失踪了，美英女士焦急万分。后来才知道是被出版社的造反派"隔离审查"了，就关在大院的洗澡房内。紧接着就是两次抄家和封存办公室，许多珍贵书籍至今下落不明。这一关就是四个月，罪名是"国民党特务"。原来乐素先生在浙大的一位老同事，在杭州大学"清理阶级队伍"时被屈打成招，把浙大教授会的成员都供作特务。

因为查无实据，造反派只好把他放出来，但马上又被打发到安徽凤阳教育部"五七干校"去接受劳动改造。当时他虽已年近古稀，白天要挑几十担水供全连（干校按军事编制）使用，还要送报送信、夜里则经常要到稻田值班看水。有一次挖开田埂放水，因为天黑，铁锹伤脚，血流如注，伤口见骨，他忍痛坚持到天亮接班的人到来。

1971年"九一三事件"后，乐素先生被勒令退休。他想回北京，但当时领导干校的军宣队宣布，只能安置到县以下的地方。最后考虑到他年纪已大，才"开恩"让他回到曾经工作、生活过多年的杭州。

虽历经种种磨难，他身体不垮，精神不倒，因为他自信一生无愧，把这些磨难当作对身体和意志的锻炼。回杭州后，几乎天天步行十几里到浙江图书馆看书，继续进行《宋史艺文志考证》的写作。

六、老当益壮

1976年"文化大革命"结束，"四人帮"垮台，知识分子得以在比较宽松的环境中工作。1978年，浙江省为一批老知识分子重新安排工作，乐素先生是名单中的第一位，担任杭州大学宋史研究室主任，并被选为浙江省历史学会会长。次年又照顾他叶落归根的愿望，把他调到新复校的暨南大学，以后又请他负责筹办古籍研究所。1980年他被选为中国宋史研究会副会长，1982年担任国务院古籍整理规划小组顾问。1984年他到香港参加宋史国际研讨会，与阔别多年的学生宋晞重逢，还见到了海外一些久慕其名的中青年宋史研究同行。

"文化大革命"之后，乐素先生进入了他的第二个创作高峰时期，发表了《宋代客户与士大夫》、《流放岭南的元祐党人》、《袁

1976 年自杭州来北京看
书，摄于智超家中。

1976 年与智超合照。

1976 年与智
超、庆瑛合
照。

1987 年与智
超合照于毛
主席纪念堂
前。

1987 年与智
超、庆瑛合
照。

本与衢本〈郡斋读书志〉》等十几篇论文，结集出版了《求是集》一、二集两本论文集，并对《宋史艺文志考证》作最后定稿工作。

1979 年他调到暨南大学时已是七十七岁高龄，他不止一次满怀信心地对人说："今人八十不算老，我至少还要再干十五年。"我原来对此也是很有信心的，因为我亲眼看到，乐素先生与同年龄时期的陈垣先生相比，健康状况要好得多，而陈垣先生即使经历"文化大革命"的磨难，也享年九十一岁。但万万没有想到，乐素先生竟在 1990 年 7 月 20 日还差一个月八十八足岁时，因肺部感染而病逝了。

乐素先生一生喜好运动，年轻时还练过健美运动，很少生病。直到晚年，还坚持每天至少步行万步。登山爬楼，许多中青年都赶不上。有的人是"不知老之将至"，他则是"不知老之已至"。逝世后检查他的遗物，没有发现任何遗言，他根本没有考虑身后事。这反映了他的洒脱，也反映了他对自己身体状况的高度自信。

七、我的遗憾

无论是在我和智超结婚之前，还是成为他的儿媳之后，乐素先生都把我当作他的子女。我考入中央民族学院，他和美英女士亲自送我到民族学院报到，而他们自己的两个儿子入学，都是自己扛着行李去学校报到的。我大学毕业走上工作岗位，他又把自己珍藏多年的一套线装《资治通鉴》送给我，勉励我好好读书、工作。

回顾我和公公相识、相处的三十多年，有三件令我终身遗憾的事。

第一件事发生在我到北京后不久，乐素先生和美英女士真诚、亲切，很快就消除了我当初的惧怕和拘谨。但当时我年纪还比较小，在一个与我过去经历完全不同的环境住下来之后，又感到难以适应。我是云南人，喜欢吃辣，口味也比较重；他们是广东人，口味清淡。吃饭时，二老自然是用他们习惯的广东话交谈，刚开始时我简直像听天书（后来我正是透过这种餐桌谈话听懂了广东话）。诸如此类的事使我想家乡，想同学，心情不好。以致有一天我把自己关在小屋子里，蒙头大睡，不吃不喝。美英女士急性子，见我不出来吃饭，给我送饭，我不理。第二天，她急得不行，把乐素先生搬来，我还是不理。他说："小瑛，不吃饭可不行。我把饭放在窗台上，你自己拿去吃。"我还是不理，饭在窗台上搁了两天。邻居孙士诒先生也是位老编辑，他看不过去了，跑来敲我的门说："你知道你在跟谁发脾气吗？乐素先生是我们全社都尊重的老专家，谁都不敢、也不会去顶撞他。你这黄毛丫头，他给你送饭都不吃！你再不出来，我就把门砸开！"听了他的话，我明白自己太任性了，于是开门吃饭。乐素先生见我走出来，一句责备的话都没有，只是说："你还年轻，要好好爱护自己。"使我感到无比温暖，也深深自责。

第二件事是我与他发生的唯一一次冲突。那是在"文化大革命"爆发以后，原来安详宁静的人民教育出版社大院，一时变得杀气腾腾。造反派在揪斗"走资派"、"牛鬼蛇神"，大、中、小学都停课闹"革命"，红卫兵四处"串联"，小孩子则跟在大人后面瞎闹，甚至被某些别有用心的人当作整人的工具。"牛鬼蛇神"的孩子说了一句当时的"错话"，造反派就借此对他们的家长大肆迫害。

我的孩子还小，在家待不住，总喜欢跑到大院去玩，时常被大孩子打骂。乐素先生心疼孙子，也怕他"闯祸"，要我每天把他带去上班。我们学校也在闹"革命"，不让带孩子上班，我只好把他放在学校附近的月坛公园，让他在那里看小人书，下班时再把他带回家。头三天还算平安无事。第四天下班后我到公园去接他，四处不见人。一个士兵看见我焦急的样子，问我是不是找孩子，我说是。他带我到一个拐角处，指着缩成一团的儿子说："是他吧！你怎么不好好管教他？他钻进电视转播塔里，这是机密重地，要不是看他年纪小，早就把他抓走了！"他要我把单位、姓名、地址等登记下来，才让我把儿子带走。回家路上，我看孩子满面泪痕，问他是不是挨打了，他点点头。我心里非常难过，又无可奈何，只好把他留在家里。第二天我去上班，乐素先生见我没有把孩子带走的意思，提醒我把他带走。我说以后就让他留在家里。他说："不行！你没有看见大院乱成什么样子！"我再也忍不住了，边哭边诉说昨天的事，并说："有家不让待，还算什么家？要把他放在大街上，你去放好了！"他没有再说话，我一甩门就走了。不久他就被造反派抓走，孙子的事想管也管不了。事后回想，我虽然无可奈何，但对他当时的处境和苦衷也理解不够，总有负疚之感。乐素先生历经风浪，每次在危急关头总是镇定从容。但"文化大革命"在许多方面都超出了常规，使他无所适从。他已经处境险恶，还要尽力保护老父、爱妻、子孙，使他们免遭新的打击及迫害，于是处处小心、处处提防。但在当时的大背景下，这些努力是徒劳的。

第三件事是我未能见他最后一面。智超是 1990 年 7 月 18 日得到他病重的消息的，连夜从北京赶飞广州，到家已是 19 日凌晨。19 日白天，智超都在病床边，乐素先生谈话虽然吃力，但精神还不错，没有想到 20 日上午便离开人世了，当时我在巴黎进修，智超在电话中告诉我这悲痛的消息，我半晌无言，只能在万里之外默默地祝他走好。

2000 年 11 月，我和智超到江门市参加纪念祖父陈垣先生诞生一百二十周年的学术讨论会，以及陈垣故居被批准为新会市重点文物保护单位的揭幕式。我们约定，回程中一定要在广州停留一天，以了却我十年来的一桩心愿。我们去了银河公墓，在公公灵前献上了一束迟来的鲜花，以表达我的思念之情。

这么多年过去了，这篇短文，就是我献给他的一炷心香。

琐事见精神[①]

——纪念著名宋史专家陈乐素先生 110 周年诞辰

曾庆瑛

从我来到陈家，到乐素先生和夫人洪美英女士去杭州，中间十几年，大部分时间我都是和他们在一起生活的。在十多年的接触中，乐素先生的精神和学问都对我产生了重大的影响，可以说他就如我亲生父亲一般。今年是乐素先生一百一十周年诞辰，我仅就自己记忆所及的一些点滴，谈谈他给我的印象及对我的言传身教，以表达对他的怀念。

他的学问与工作

刚到他们家时很惊讶，这么多书，怎么能看得完呢？但是我很快就通过一件小事找到了答案。我到北京以后，按规定要到派出所去报临时户口，其中很重要的一项是登记出生年月。过去，父亲告诉我的是旧历生日。但是，派出所要的是公历，我回答不出来，只好回去问乐素先生。只见他拿出一本写满数字像天书一

①　本文系 2012 年 12 月 9—11 日，在暨南大学主办的"纪念陈乐素先生 110 周年诞辰学术研讨会"上的发言稿，此文在原文基础上做了修订。

样的书来，不到一分钟就说出了我的公历生日。后来我知道了，这部"天书"就是乐素先生的父亲陈垣先生的名著《二十史朔闰表》。

他受到父亲陈垣先生为学为人的教导和熏陶，是一位爱国学者。他所有的学术研究都是围绕报国而开展的。

他的为人处世

抗战时，乐素先生一家在遵义，一份微薄的工资只能买七斗米。家里七口人，粮食不够吃，副食更谈不上。乐素先生在陕西的妹妹，因为没有子女，负担较轻，就给乐素先生寄了点钱，想接济一下他们的生活。可是乐素先生考虑到妹妹自己也很困难，说困难可以自己解决，又把钱寄回去了。

从为人上来讲，乐素先生与世无争，为人老实低调，从来不张扬，即使有再大的成就也不和人说起。这给我留下了很深刻的印象。他调到人民教育出版社不到三年，就被吸收为共产党员，并作为教育部派遣的三名代表之一，列席全国政协会议，受到毛泽东主席的接见。

1969 年，乐素先生被下放到安徽的"五七干校"接受劳动改造。后来"五七干校"撤销，因为要搞战备，能退休的就退休，不能退休的就分到外地，很多人都不愿意将自己的北京户口交出来，但是乐素先生却让我拿户口本出来给他去办理迁户手续。我就说了一句，转出去容易，要转回来就难了。他什么也没说，只是一笑。当时我就觉得他太老实了，让他走他就走。结果没有过多久，之前没有转户口的人都回北京了，他却留在杭州回不来了。这件事情又让我觉得他实在太老实了。

乐素先生事事处处都为别人着想，特别乐于助人。他几次出门，人家问路，他都热情回答。有一次，一个人问路，他不仅非常详细告诉那人路线，知道他有困难，还给他路费。坐公交车的时候，他总是第一个给老、弱、病、残让座。别的乘客都奇怪，说老同志，是我们应该给您让座啊。我每一次和他一起坐公交车，看见老、弱、病、残，我还没站起来让座，他就腾地站起来了。别人有困难他总是第一个站出来伸出援手。按今天的话来说，他就是他那个时代的雷锋，特别有同情心。

我刚来北京的时候，人教社大院里，有一对满族老夫妇，生活很困难，乐素先生看他们可怜，嘘寒问暖，让他们周末来家里擦擦扫扫，每个月给他们5块钱。那时候，一个保姆一个月也就一二十块钱，后来我看见了，就说，不用他们来了，这些事情我顺手就做了。可是他说，不行，你没看人家生活那么苦吗？

我当时深感乐素先生在出版社很受尊重，年轻人都叫他陈伯伯。他德高望重，和大家相处得很好，又肯帮助人。

仲益叔是陈垣先生的二儿子，跟乐素先生同父异母，那时他没有工作，没有收入，经常来乐素先生家里，我看到好几次乐素先生拿钱给他。仲益叔的女儿读大学生活比较困难，乐素先生也不时接济她。所以她说："如果没有大伯父的帮助，我不可能完成大学学业。"

在日常生活中，他特别简朴，生活特别有规律，何时吃饭，何时看书，都有时间表的。他也注意锻炼身体，平时就练气功，调息，静坐，散步，打拳，身体不错。他意志特别坚定，二三十岁时，既抽烟又喝酒，可是后来医生说，你最好把烟戒了。他说戒就戒了。

他也不是苦行僧，平常在食堂吃饭，有时周末全家就去饭馆改善一下生活。最喜欢去的是大同酒家、一家广东餐馆，现在是华侨饭店。

1971 年 6 月，陈垣先生住院 6 个月后，已经到了人生的最后阶段。我赶紧打电报通知还在干校的乐素先生，可是等到他请准假回到北京，已经没能赶上同老父亲见最后一面。他是长子，陈垣先生的丧事，家属方面自然由他来负责，他以身作则，带领全体家属，严格遵守陈垣先生的遗嘱，没有留下哪怕一幅珍贵名画，没有留下一分存款，把老人一生珍藏的四万多册图书，近 2000 件珍贵文物，以及重要手稿、四万元存款（在当时是一个很大的数字）全部捐出，光是书籍和文物，就拉了四大卡车。这是真正的裸捐。

处理完陈垣先生的后事，他就离开北京回干校了，美英女士留了下来，跟我们一起住。后来干校撤销了，他就和美英女士一起回了杭州。这样一位老知识分子，无论怎样折腾，对党和国家始终都是忠诚的。

他处事也特别沉着冷静，临危不乱。1976 年唐山大地震的时候，他正好在北京，和我们住在一起。我们家在五楼，他第一个发觉，叫醒我们，我们有些慌乱，而他显得很镇定，一点不慌张。以后余震不断，家家都在马路上搭简易帐篷，可他一点不害怕，多次跑回五楼家中去洗冷水澡。

他的婚姻生活

早年，乐素先生有过一次婚姻。那时陈垣先生的妹妹在广州当医生，她有一个常来的女病人，人不错。姑婆好心，就把她介绍给乐素先生。不久，两人就结婚了。后来她怀孕了，因为有心脏病，生完孩子不久就去世了。这个孩子就是我的大姐姐文静，她是乐素先生的第一个女儿，现在都近九十岁了。

1929 年，乐素先生和洪美英女士结婚。那时候，乐素先生在上海，美英女士刚从法国回来，她也曾结过一次婚。她的前夫在巴黎追赶公交车时不幸猝死街头。美英女士是医科大学毕业，人很漂亮又很贤惠。他们有四个孩子，老大莲波，老二智超，老三智仁，老四智纯。美英女士后来放弃了自己的事业，相夫教子，帮助乐素先生抄写文件，整理书籍，操持家务。我第一次到乐素先生家里时，看到家里很多的书，每一本书都夹了书签，上面是娟秀的字迹，那都是美英女士注明的书名和册数。

乐素先生特别喜欢女孩。他五个子女中，最喜欢的是女儿莲波。他几个儿子生的都是孙子，我和智超有两个儿子，杭州的智仁也有两个儿子，小儿子智纯也有一个儿子，一共五个孙子。而大女儿文静生了两个女儿，莲波生了二儿一女，这些女儿都不姓陈，他一直希望有个小孙女。

乐素先生夫妇的感情非常好，我到北京后，经常看到他们手牵手到景山公园散步，有说有笑的。我觉得好奇怪，怎么年纪这样大了，还手牵手。其实一个原因是夫人深度近视，另一个原因是感情很深。遗憾的是，美英女士因乳腺癌转移，于1973年去世了。

美英女士去世后，乐素先生比较孤独。他几乎每年都会因为工作和参加会议来一两次北京，在我们家里住一段时间，可是我看他心情一直都不太好，一时也不知道应该怎么办。有一天，他跟我们说，有件事要跟我们商量。说他要跟常绍温结婚。当时我们大吃一惊，问常绍温是谁，她多大年纪。然后他就给我们简单介绍一下。常和她前夫原来都在历史研究所工作，后来夫妇俩一起下放到山西。她的前夫在"文化大革命"中去世了，有一个儿子、两个女儿。大女儿出嫁了，另外一子一女都在念书。这时，乐素先生已独自过了五六年了，经历史所熊德基副所长撮合就接受了。听到这个消息，我们感到很突然。当时我们的态度是：

第一，我们觉得，有人照顾他，当然是件好事。我们没有理由，也不应该反对。第二，智超提出，因为认识时间太短了，两人年龄差距也比较大，这个决定是不是仓促了一些，是不是可以更深入了解一些。我没发言，也不知道说什么好。过了没两天，熊先生请他们两人吃饭，还约了智超，大约是想做些智超的工作。熊、常两人都抽烟，父亲早已戒烟，但那天他兴致特高，也点了支烟抽起来。智超到时，他正被呛得连声咳嗽，场面有点尴尬。很快，乐素先生就叫我们到莫斯科餐厅吃饭，跟常见面。我和儿子雪松先去。常还给雪松买了一些糖果。乐素先生指着我们三个人（乐素先生，常和我），说一个比一个大二十岁。这句话给我印象特别深。后来，乐素先生就和常登记结婚了，这是在 1979 年。

他的恩情与教诲

我特别感激乐素先生的是，如果不是他同意，我不可能到北京来。那时候，我和智超只是一般的朋友。我的小叔叔和智超是好朋友、好同事。我想到北京学习，小叔叔就说，我替你写信问问智超，你到北京，可不可以先住在他家，等毕业后再搬出去。当时智超接到信后，和父母商量，就说好朋友的侄女要过来，能不能住在家里。他们马上就同意了。当时智超刚上北大，住在学校，也没有经济收入。我来到北京之后，就住在原来智超和智纯回来住的一间小房子。周末他们兄弟回来，我就住在书房。如果乐素先生当时说，自己家里房子小，容不下，那我就不能到北京来了。

老两口特别急人所难，非常善良。我刚来北京的时候，北京风沙大，美英女士就给我在王府井买了一条自己都没有的毛线围脖，我感到很幸福。

1958 年，我还没有考大学，有一个工厂要招工，我想去，后来考上了，我又不去了。我发了点小脾气，说我不做事了，就在家待着。乐素先生就教育我说，你不能这样想啊，你还这么年轻，要有所作为，要体现自己的价值，不去工作可以，但是要继续学习。一言惊醒梦中人，我觉得很有道理。虽然我只是初中毕业，但是有乐素先生的支持和智超在学习上的指导，我信心十足，经过两年认真的补习，果然考上了中央民族学院的历史系，比正常上高中的学生还提前了一年。

我考上大学，乐素先生夫妇特别开心，亲自送我到学校报到，而他们的孩子上大学都是自己去的。他还送了我一套《资治通鉴》。我学习历史，也是受乐素先生的影响。因为有时乐素先生让我帮他抄资料，从《资治通鉴》这些史书中查找资料，后来我就慢慢地觉得历史也挺有意思的，家里的书也很多，看书也方便。

和他相处的十几年，乐素先生从来没有跟我发过脾气，有什么问题总是很和气地跟我说。有一次打扫卫生，我把桌子上的玻璃板踩碎了，我想，糟了，他每天都要在上面写字的。可是他进来也只是一笑，没有责备我。我当时就觉得特别温暖，心里一块石头落地了。

还有一件事，是20世纪60年代，当时人民教育出版社有七八个孩子在白塔寺的教育部幼儿园入托。当时一周只休息一天，周六晚上把这些孩子接回家，周一早上再送到幼儿园。为了节省家长的接送时间，每家人轮流接送，叫出租车接回出版社。那是一个冬天，轮到我们家去接孩子，我带了这些孩子从幼儿园出来，因为当时出租车很少，一直叫不着，就走到白塔寺的无轨电车站。周末下班了，无轨电车也挤不上。正在着急的时候，来了一辆教练车，司机见我带着这么多孩子挤不上车，就主动把我们带上，顺路送我们到沙滩公交站。我正庆幸有这么好的运气，赶忙把孩子都带上车。车开了之后，我一数人头，才发现少了一个孩子，真是心急如焚，孩子出事了怎么办。走了一站，赶忙让司机停车，又带着这帮孩子坐一站回头车，回到白塔寺车站，到处找也没找到那个孩子。怎么办呢？这个时候又黑又冷，我就带了这些孩子到人民医院的传达室，跟看门的大爷说明情况，他就让孩子们在屋里暖和。把孩子们安顿好，我赶紧打电话回人民教育出版社，才知道这个女孩已经回到出版社了。原来她当时在原地哭，有人问她，因为她是这些孩子里面最大的一个，已经五六岁，就说出了人教社的地址，有好心人就要了一辆三轮车，把她送回出版社了。其他孩子都还没有回到家，家长们就找到乐素先生跟他商量怎么办，因为他在出版社很有影响，所以社里面就派了一辆小汽车来接我们。等我们回到出版社，孩子的家长们都站在出版社门口翘首等待，乐素先生老两口也在门口等了很久，我带孩子回到社里，心想这次闯了祸，让家长着急，让乐素先生夫妇担待，我怎么交代啊？但老两口看到我们回来，就说了一句话："回来就好，回来就好。"我听了之后，忐忑的心终于安定下来。我深感内疚，一晚上都没有睡着，就想：伍子胥过昭关，一夜急白了头，我大概能体会他的心情了。这个差点走失的女孩后来成了北京晚报常务副总编辑。

我还要讲几件令我感动的事。

有一次，我和邻居一个阿姨去东四看电影，乐素先生夫妇在新街口看电影。我看到一半，突然肚子疼，邻居阿姨也不看电影了，就送我去公安医院。然后她打电话到乐素先生在的电影院。他们也不看电影了，急坏了，马上赶到医院看我，从治疗到出院都悉心照顾。我当时特别感动，觉得自己的父母也不过如此吧。

1959年国庆十周年大庆，我们民族学院也参加大游行。北大智超他们属于首都民兵师，扛着重机枪游行，我们则穿着民族服装。乐素先生他们是机关干部方队，也参加游行。当时，北大派车直接把学生送到长安街附近的集合地点，所以智超没有回家。我们因为住在沙滩，离集合地点比较近，所以节前一天我回家住，到时步行去集合。平时很少说话的乐素先生说："小瑛啊，你会做蛋炒饭吗？"我说不会，他说，那就我来做。他就拿鸡蛋炒了蛋炒饭给我们俩一人一碗，还说，好好吃吧，吃好了就精神饱满地去游行。他把这当作一个重要的政治任务。他平时从不下厨做饭，都是吃食堂，这是我第一次也是唯一一次吃他亲手做的蛋炒饭。我吃得很香，觉得很温馨！

我听他跟美英女士说：唐肃宗曾说过：不痴不聋，不做阿家翁。他坚持这个原则，子女婚姻中的问题，他们都尽量不去干预，由我们自己去处理。所以，我和智超的事情他们也没有干预，由我们自己去解决，这在当时也是很多人做不到的。他也经常说，儿孙自有儿孙福，不给儿孙当牛马。子女长大了应该自立，第三代更应由他们的父母教养。他话虽然这样说，对于第三代，他其实是非常关心的。1971年，我的小儿子雪松出生的时候，他专门去银行存了20块钱给小孙子，存折用的名字是陈永革，希望孙子能永远革命。雪松1974年3岁时上幼儿园，老是不习惯，在幼儿园经常发烧，回家就好。这时他已回杭州，一次我在信中偶然提到这件事，想不到过了不久，他就请一位亲戚顺便把雪松带到杭州，在杭州住了几个月，人也长胖了，还给他买了一张飞机票，托乘务员把他带回北京。1976年唐山大地震，北京人都在马路上用塑料布搭些简陋的帐篷栖身。我们楼的地下室是半地下的，很多人都在里面暂住，可以不挨雨淋，但雪松怎样哄也不进去住，说怕再地震房子塌下来，把人都活埋在里面了。乐素先生看他可怜，虽然只买到一张硬卧上铺票，还是把他带回杭州住了几个月。他是多么慈祥的一位长辈啊！

他的最后时光

1979年，乐素先生调到暨南大学。叶落归根，这是他的心愿。此后，他与常教授在暨南大学生活工作都比较安定，仍然每天忙工作，指导学生，上课，研究学术等。他不止一次满怀信心地对人说："今人八十不算老，我至少还要再干十五年。"我们也认为他的身体状况很好，应该可以实现这个愿望。

1988年，我和智超从法国回国，特意绕道香港到广州去看他。我就发现，几年没见，他瘦了，可是精神状态仍然很好。但没想到这是我最后一次见他的面。1989年，乐素先生和常教授从外地出差回广州，当时火车票很难买，只买到两张硬卧票，而且是一上一下。乐素先生把下铺让给了常教授，结果爬上铺时摔了下来。不久，他嗓子哑了，讲不出话来。

1990年6月，他感冒发烧，入住暨大后面的华侨医院，他当时88岁。得到他住院的消息，上海的莲波、北京的智超、杭州的智仁和徐州的智纯都赶到了广州。智超中午到，下午就到医院去看他，还跟他谈史学界的新变化。他当时不能发声，就在纸条上笔谈。智超觉得这家医院条件不太好，就想把他转到市里的大医院，去找约之叔，商量着有什么办法换医院，好彻底检查、彻底治疗。商量好了，准备问他的意思，还没到医院，就碰到莲波，说爸爸已经去世了。智超感到很突然，后来才了解到，广州天气热，他发着烧，正在输液就把针头拔了，去冲凉水澡，再着了凉，因肺部感染，没有抢救过来。当听到这个不幸的消息时，我人在巴黎，无法赶回来见他最后一面，难过了很久。从这件事情可以看出，他对自己身体太自信，不知老之已至。

结　语

　　纵观乐素先生的一生，科研成果在数量上看并不是很多。两本《求是集》是他一生发表过的论文的合集。生前未完成的《宋史艺文志考证》是他唯一一本专著，他前后断断续续做了50年，还是没有定稿，后来经过智超的整理补充，才完成出版。我想这有两方面的原因。第一，他做学问非常严谨，决不轻易出手。第二，他是忠于职守的人，在大学，他首先是老师，要教书育人。在他培养下，几代学生中都涌现出了不少优秀人才。在人民教育出版社，他的首要责任就是主编全国通用的中小学历史教科书，而这套书要得到多数人的认可，他是费了很多心血的。

　　乐素先生的书法非常秀美，独具风格，毛笔字和硬笔字都非常好。很可惜，现在没有留下多少书法作品。我本来想等我从法国回来向他求一幅字，可惜没有了机会，这是我的一个遗憾。谨以这篇短文作为我献给他的一炷心香。

本报讯 著名历史学家陈乐素教授追悼会昨天在广州举行。

暨南大学教授 著名历史学家

陈乐素追悼会在穗举行

陈乐素是新会人,为我国当代宋史研究权威学者之一。早年赴日本留学归来,曾参加北伐战争,"九一八"事变后,以自己的历史研究和教学,积极投身反对日寇侵略的斗争,成就显著。解放战争时,他同情和支持学生爱国民主运动。解放之初,被派往浙江大学参加接管工作,他曾在浙大、杭大、暨大等校先后任教67年,桃李遍海内外。他兼任中科院中国历史研究所研究员期间,先后参加郭沫若主编的《中国史稿》和吴晗主编的《历史小丛书》的编写工作。1956年光荣参加中国共产党。曾作为教育部系统三位教育工作者代表之一受到毛泽东主席亲切接见。近年来还多次被评为广东省高校优秀党员。他治学严谨笃实,教学循循善诱,作风艰苦朴素,受到青年学子的爱戴。

国务院古籍整理出版小组、中国宋史研究会、广东省人民政府、省委组织部、宣传部、高校工委、省高教局、省社科联、暨大、杭大、浙大校友总会等数十单位,李一氓、周林、郑伯克、梁灵光、邓广铭、李侃、白寿彝、廖钦、王起、漆侠、杨尚奎、张舜徽、蔡尚思、李弘祺等200多人送了花圈或发来唁电、唁函。陈乐素生前好友李辰、王越等,暨大师生代表和陈乐素亲属等300多人出席了追悼会。暨大负责同志何军和张德昌分别主持追悼会和致悼词。

(刘兰 潘生)

1990年《羊城晚报》报道追悼会消息。

第六篇 第一个上蓝天的中国妇女：洪美英

一、女界航空第一人

1908 年，美国莱特兄弟驾驶他们自己制造的飞机飞上蓝天，谱写了人类航空史的第一章，飞机也改写了人类的时空概念。他们是公认的飞机发明者。在他们以后不久，美国华侨冯如、谭根也相继驾机上天。

谭根是广东开平人，出生在美国旧金山一个贫苦的华人家庭。他自幼刻苦学习，喜欢钻研航空技术。在旅美华侨的支持下，1910 年研制成功了一架水上飞机。当年 7 月，他携这架自制的飞机参加在芝加哥举行的世界航空大赛。他凭借优异的飞机性能和精湛的驾驶技术，荣获这次比赛的冠军。当时他年仅二十一岁。

1915 年，正在进行反袁斗争的孙中山先生计划在南洋开办飞行学校，培养革命的航空技术人才。孙中山先生把这一艰巨的任务交给了谭根。他写信给南洋的华侨说："有同志谭根为飞行大家，声誉著于世界。"希望他们在谭根到达南洋时，为他演出筹款、开办飞行学校给予大力支持。

1915 年 7 月，谭根携带他的水上飞机乘船离美到达香港。途经古巴、菲律宾时曾作飞行表演。此时正值广东发生大水灾，他决定将飞行表演参观券收入的四成作救灾之用。在香港表演的日期是 8 月 7、8 两日，地点在沙田的维多利亚湾。我的婆母洪美英女士就是在 8 月 7 日下午搭乘谭根的飞机飞上了蓝天的。

有关这次飞行表演，当时香港许多华文报纸都作了详细报道。8 月 9 日的《华字日报》载：

礼拜六（8 月 7 日）下午为中国飞行家第一人谭君德根（即谭根）演放水上飞机之期。是日到场参观者甚众，前后到者约有三千余人之多。至三点一字钟（三时五分），谭君先在水面上试演，在水如履平地，其行如飞，欲前则前，欲退则退。第二次则由水面飞起附近山坡旋转一周，约有一千五百余尺，既而复返原位。再为第三次之飞演，有英国某军官年方八岁之幼子附搭。至第四次则有西医士何乐琴君附搭而上，但飞不及一百尺而已落返原位。据谭君代彼向众宣布，谓何乐琴（体）重多两磅，故不能高飞。第五次搭飞者则为洪君孝充之千金洪美英女士。鼓掌之声达于里外。计此次高飞约四千尺，历时六分钟。观者每当高飞及过江时，无不为之欢呼。及落之时，且皆脱帽相贺。中西各写真家则争相摄影。谭君此次之高飞洵中国空前之特色，而洪女士此次搭飞如是之高，亦为我国女界航空第一人也。时有简君照南（南洋烟草公司总经理）深嘉其勇，当场赠以航空纪念金牌、金链一副。谭君又与洪女士、简君及尚志各女学生当场拍照以留纪念。

这就是第一位中国妇女上天的真实记录，至今还没有发现比它更早的纪录。

在谭根这次飞行表演三年前，即 1912 年的 8 月 25 日，另一著名飞行家冯如在广州作飞行表演时，飞机因故障而毁，冯如也

1915 年 8 月 7 日下午升空前在水上飞机上，地点为香港维多利亚湾。

上海举行婚礼。

婚后的美英女士一心相夫教子，为此放弃了她挚爱的医生事业。她是文静娴淑、贤惠敦厚的中国妇女的典型，是一位平凡而又有着崇高品德、很好教养而善于自处的贤妻良母，她又是一位乐于为公益事业忙碌、闲不住的热心人。

1935年，陈乐素先生受命去日本调查，了解中国古籍流散日本的情况，美英女士携女莲波、子智超同行。她要协助丈夫工作，两个牙牙学语的孩子交给日本保姆照顾，所以姐弟俩最初学的是日本话。

乐素先生从日本回上海不久，八一三事变爆发了。乐素先生应西南联大之聘，携家离开战火纷飞的上海，原计划经香港、海防、河内去昆明。但到达香港之后，因书籍太多，一时未能成行。结果在香港一停就是五年之久。乐素先生在英华女子学校任教，一面教书，一面从事宋史研究。美英女士这时已有子女四人，再加上乐素先生前妻所生的女儿，她一面负起抚养五个子女的重任，一面协助丈夫的教学及研究。乐素先生历时半个世纪精心著述的《宋史艺文志考证》从一开始就得到美英女士的帮助，为此她倾注了多年的心血。

当时的香港是英国的殖民地，美英女士虽然出生在香港，长期生活在香港，但她始终自认为是中国人。1939年，她的幼子智纯在香港出生，港英政府照例发与"出生纸"。她看后随即将它撕掉，因为她不愿意让自己的儿子当英国殖民地的"良民"。

还有个故事也充分表明了她的自爱自强。长子智超四岁时，一天放学过马路，一辆汽车疾驰而来，这时再躲已来不及了，他急中生智，顺着车行的方向扑通一下扑倒在地。姐姐回来向妈妈报信后，美英女士急忙跑下楼，只见智超迎面跑来，车主是英国

1936 年与女莲波、子智超合影。

1938 年与子智仁
摄于香港。

人，随后也赶来。他和美英女士一同带智超到医院检查，结果没有发现受伤。车主掏出钱来表示慰问，美英女士把钱放在桌上坚决不收。事后有位好心人说，你应该收下，这是安抚孩子的慰问金。她坚定地说："我们不要英国人的施舍，我要让他知道中国人的尊严！"

太平洋战争爆发后，日本军占领香港，肆意屠杀中国人民，香港处在恐怖与饥荒之中。日本占领当局将仓库底部积压多年的霉变粮食配给香港居民。当时学校停课停薪。陈家大小七口人，再加上好几位避难的亲戚，十几口人的生活，全靠乐素先生一人在外面教授日语的微薄收入来维持。美英女士发动全家人从配给粮中挑出整粒的煮干饭给丈夫吃，其他人用碎米熬稀粥度日。当时生活的艰辛，现在很难体会。

1942年年底，乐素先生带领全家人离开香港，经澳门、湛江（当时称广州湾）辗转来到了大后方的贵州遵义，在浙江大学史地系任教。虽然是堂堂的大学教授，月薪不过七斗米。最困难的时候，四个亲生子女全部辍学在家，只让异母长女一人去上学。有段时间，美英女士每天把门板拆下来，抬到街边摆摊，变卖家中仅存的一些旧衣物以补贴家用，子女们都帮着看摊。

在这样的条件下，孩子们的营养自然不足，浙大校刊就登载过"陈乐素教授的孩子们面有菜色"的消息。但即使生活如此艰难，美英女士仍以慈母般的胸怀关爱学生。当时许多浙大的学生家在沦陷区，只身一人到大后方上大学，仅靠少得可怜的助学金维持生活。每逢家中偶尔改善生活，她总不忘请几位经济最困难的学生来家里吃饭。几十年过去了，当年的穷学生有些已成了白发苍苍的知名学者。每当想起在遵义的往事，他们总会提起陈师母。例如，吕东明教授（《大百科全书》编审，已故）就曾满怀感激之情地回忆道："陈师母真是大好人，我始终忘不了她请我们吃'营养菜'的情景。"爱生如子，是他们对师母的一致评价。

在遵义的四年，家中自然不能像在香港那样请保姆帮忙。一家七口人，好繁重的家务啊！但白天忙了一天，孩子们进入梦乡，夜深之时，她又坐在桌旁为丈夫抄写文稿、资料。当时遵义没有电灯，用的是桐油灯。她高度近视，在微弱的灯光下，脸颊几乎贴到纸上。一两个小时下来，鼻孔都被油烟熏黑。但她那娟秀的墨迹已留在丈夫的文稿中，也留在在后来影印出版的《皇明四朝成仁录》中。

抗日战争胜利后，乐素先生一家也随浙江大学迁回杭州。也有一些浙大教授转到北平任教。他们去拜访陈垣老先生时，总是对美英女士的贤惠及才干赞不绝口。所以陈垣先生在给儿子乐素的家书中多次提到，浙大来人都说"儿媳勤劳，子女听话种种，为之欣慰"，"儿媳之贤能，南来者众口一词"。

到了 1949 年，孩子们都已长大了，大女儿还参加了工作，家务不像过去那样繁重，她又走出家庭，服务社会。她先在住所所在的岳王路担任妇联主任。由于待人真诚，热心公益，又有很高的文化水平，很快就被调到杭州市妇联，成为一名半脱产干部。之后又由于出色的表现而被选为杭州市人民代表、市妇联执委。有一段时间曾与贺子珍共事。

1953 年，美英女士被调到浙江师范学院（由原浙江大学的文学院、理学院组成）卫生院任主任，重操自己热爱的医务工作。但仅仅过了一年多，乐素先生被调到北京，在人民教育出版社任历史编辑室主任、编审，她也同时被调到人教社任编辑。这时四个子女分别都在杭州、上海、云南等地工作学习，只有最小的儿子同来北京。1955 年，她做了乳腺癌切除手术。虽然因为自己学

20 世纪 50 年代初摄于杭州。

医，癌症发现较早，手术也很成功，但手术后身体总不如前。

1958 年，政府提出精简机构，人民教育出版社随即精减人员，动员大家退休退职。她首先响应号召，申请退职，将工作编制留给他人。自此，她再也没有工资，只能一次性领到金额很少的退职金。退职在家后，她为了让智超和我安心工作，主动帮我们照看大儿子，解除我们的后顾之忧。北京的深冬，气温常常低至零下十几摄氏度，她为了照顾我们这个大家庭，一双手上布满了裂口。即便如此，她也只是在伤口上简单贴些胶布，处理一下，随后又将双手浸入刺骨的冷水中，做饭洗衣，操持着屋内外的大小杂事。在"三年困难时期"，乐素先生作为高级知识分子，能够享受到特殊照顾，每个月可以分到两斤黄豆，在当时那种经常吃不饱饭的情况下，黄豆是难得的补品。我们晚辈只要一回家，她就会把这些黄豆拿出来，和我们分享。乐素先生虽然每月有 200 多元的工资，在当时算是高薪，但是由于她还要给外地的子女寄钱，一大家子人的生活都要从这里面支出，生活非常艰辛。

她虽然退职在家，但却是一个闲不住的人，又是一个深受众人信任的人，不久就被推选为人教社大院的居民委员会主任。这种工作完全是义务的，没有任何报酬。但她任劳任怨，比在职时还要忙。因为在职还有上下班的规定时间，而居委会主任是没有上下班可言的。当时人民教育出版社大院内住着上百户人家。上班族忙于工作，他们的家属，老老少少共几百口。那时物资匮乏，牛奶限量供应。她身体不好，但是自己从来不喝牛奶。为了让老人、孩子能喝到这紧俏的营养品，她不知做了多少动员工作。由于她大公无私，所以那些没能订到牛奶的人也心服口服，邻里和睦。居委会组织家属学习，打扫卫生，冬天储存大白菜和烧煤，事务非常繁琐，但她不因细琐而不为。所以大家都喜欢找她，甚至夫妻吵架、小孩打架，都推门而入，请她排难解困，有时她忙得连饭都顾不得吃。我那时太年轻，对她的做法不理解，有时发几句牢骚："你这么忙，还不如不退职。"她总是耐心教导我："各家的小事解决不好，会直接影响职工的工作。保证每个家庭的和睦、安定，也是对社会的贡献。"家家户户都感到了她火一般的热心，因此她也获得了大家的尊敬。在大院里，孩子们亲切地叫她洪奶奶，中年人称她洪阿姨，老年人把她当作知心朋友。他们常说，美英把我们的冷暖都装在心里，把爱心送到每一个家庭。

四、我的婆母胜似母亲

每当我独自坐在桌前，面对婆母洪美英女士的遗像时，总要痴痴地看一阵，心里呼喊着：我的好妈妈，我多么怀念您啊！一直到现在，近半个世纪，经常与她在梦中相见，可见我对她的思念。

1957年年底，我抱着朦胧的憧憬，心想要由自己来决定自己的命运，只身一人出来闯世界了。我怕父亲不同意我走，临上火车才给他发出一封告别信。这样，我离开了四季如春、生我养我的故乡昆明。那个时代南北交通不像现在这样方便。从昆明到北京的行程需要不断换汽车、火车，一路颠簸。一个十七岁的少女，第一次出远门就是孤单一人，担心、害怕、无助，一路伴随着我。

在我踏进陈家大门的那一刻。洪伯母（这是我当时的称呼）就给我留下了刻骨铭心的印象，慈祥的笑容，朴素的装束，一副深度的近视眼镜，带着浓重广东口音的普通话，虽然当时她说的很

1954 年 8 月摄于北京北海五龙亭。

20 世纪 50 年代中期
摄于北京。

多话我听不懂，但我感到她对我的关爱，我的紧张感一扫而空。我的到来使二老很高兴，可能是他们身边没有女儿吧！

在以后的朝夕相处中，我发现她的最大特点是：正直、善良、热情、宽容，让我真正感到家庭的温暖。她把我这远方的来客当作亲生女儿，要我好好学习，家务事能做什么就做什么。冬天为我买头巾、棉衣，夏天为我买裙子。

在北京，我看见洪伯母经常给在上海、杭州的子女寄钱、寄物，起先我很不理解，问她："你的子女都成家立业了，他们都有收入，而你自己总是省吃俭用，经常上王府井烤鸭店买五分钱一个的鸭头来改善生活。你为什么不留些钱自己用呢？"她对我说："你现在还体会不到，做母亲的总是觉得对儿女付出太少，总想让他们生活宽松些。这样我才安心。"这时，她注意到我在她面前从来没有提到过母亲，问了一句："你妈妈呢？怎么从来没有听你提过她？"我苦笑了一下，便道出了我的身世。洪伯母听完我的故事，眼睛都红了。她突然跑过来拥抱我，亲吻我的脸颊。我很感动，仿佛听到她在说："可怜的孩子，别难过，我就是你的亲妈妈。"从此她更关心我。每次同她上街，她知道我喜欢吃奶油炸糕，总要买给我吃，而她自己却舍不得吃。点点滴滴的小事，像春雨那样滋润了我的心，使我感受到了真正的母爱。如果没有她的培养和呵护，我不可能只补习了两年高中课程就提前一年考上大学，直至后来成为一位大学教授，一句话，没有她的关爱，就没有今天的我。

后来我和智超结婚，她由伯母变成了婆母。但她在我心目中，是真正的母亲。她常年高度近视，平日看书、抄字时，眼睛都要贴着书本才能看清。即使这样，她还是尽力照顾我们的生活，替我们分忧。记得有一次，我周末回家，她告诉我说，桌上有做好的肉丸子，专门留给我和智超晚上回来吃，希望给我们补充点营养。当时，猪肉是紧俏商品，定量供应，每人每月只有半斤。虽然我吃的时候发现肉丸子上有小黑点，但是肉丸子实在太好吃，也就顾不得那么多了。等到智超下班回家，他咬了一口肉丸子，发现上面的小黑点竟然是老鼠屎！原来，老人家做肉丸子时把淀粉拌的肉馅放在窗台上，不小心和进去了老鼠屎，但是因为高度近视，眼睛看不清楚，就一直没发现。事后，我们悄悄倒掉了这些肉丸子，却没有告诉她实情。现在看来，这是一桩趣事，但是却饱含着深深的母爱。她在自己身体不好的情况下，还坚持照顾我们的生活，替我们分忧，我们非常感动。

五、"文化大革命"中的磨难

人民教育出版社大院，原来是那么宁静、祥和，1966 年"文化大革命"开始后，顿时乌云满天，到处是带火药味的大字报。这年，婆母六十六岁，从此她度过了胆战心惊的七年。

"文化大革命"一开始，我的公公乐素先生的办公室就被贴上封条，里面有他珍藏多年的书籍，许多至今不知去向。"打倒国民党特务、高薪资产阶级知识分子、反动权威（指他的父亲陈垣）的孝子贤孙"等标语贴满家门口的大树上。社领导一个个被揪出来批斗，戴高帽、游街、扫院子。我看到一位老知识分子，脖子上挂着一块"地主分子×××"的黑牌，天天扫大院。红卫兵、造反派经过他身边，或往他身上吐口水，或打他几耳光。他不堪受侮，一天趁人不注意，跑到大街上，突然朝开过来的无轨电车猛扑过去，车从他身上辗过，惨不忍睹。但她的家人事后都不敢哭。过去的好朋友、好同事，因为分属两派，见面如同仇敌。

我的婆母是个文静、胆子比较小的人。一生奉公守法，兢兢

1955 年与智超、智纯摄于北京。当时智超自云南来北京开会。

1959 年摄于北京大同酒家前。

1962 年摄于北京。

1962 年与陈
垣先生四妹
珞卿（中）、
约之摄于广
州。

1964 年摄于北京。

1970 年 6 月，与智超、庆瑛夫妇探视陈垣先生。

1971 年摄于北京智超家中，怀抱者为孙子雪松。

1972 年在杭州。

晚年照片。

业业，从不做一点对不起他人的事。但在"文化大革命"中所受的痛苦、磨难不比别人少。首先她要尽力照顾她的公公陈垣先生。陈垣先生当时已八十六岁，"文化大革命"一开始，原来派去的秘书、护士、服务员全部被调走。她每周必去看望两三次，只要买到好吃的就送去，还要安慰老人家。

她为丈夫担心。我的公公在"文化大革命"开始不久就被造反派当成国民党特务（其实是浙大教授会的成员）抓走隔离审查。起先不知道关在哪里，后来才知道是关在大院的澡堂里，隔几天才在深夜放一次风。在造反派到各家抄家、"破四旧"的时候，她不得不把保存几十年的照片烧了，把陈垣先生给儿子的家书也烧了，夫妻结婚戒指也扔进厕所，放水冲走了。公公每月二百五十多元的工资也不发了，只发八十元的生活费。她不明白，自己怎么成了黑家属。她能不出门就不出门，但院子里大大小小的批斗会，高音喇叭放个不停，造成一种极其恐怖、压抑的气氛。有一次我下班回家，看见她独坐墙角，一言不发，神情木讷。我以为她病了，准备陪她去医院，她说刚才有支游行队伍围着我家喊口号，还用石头砸门窗，把她吓坏了。我安慰她，爸爸是好人，事情会搞清楚的。造反派问不出个所以然，只好把我公公放回家。但很快又将他下放到安徽凤阳"五七干校"，近七十岁的人了，天天还要光着脚挑水。

她也担心自己的子女。小儿子智纯在中国矿业学院，后来整个学校搬到了四川合川，不少人因喝井水，得了克山病。大儿子智超在历史研究所，去了河南息县的干校。1975年河南大水灾，幸亏他们已从干校回京，才没有葬身鱼腹。

可以说，"文化大革命"爆发以后，她没有过上一天安心的日子。巨大的精神压力使她健康状况日趋恶化，癌细胞转移到了淋巴，终于不治，于 1973 年 6 月病逝杭州。

当她逝世的噩耗传到她生活了十几年的人民教育出版社大院，许多人流下了眼泪，为她祈祷——洪阿姨走好！

岁月如梭，转眼之间我的婆母离开我们已四十多年了。我在写这篇怀念她的文章时，想起了南宋大诗人陆游那首著名的《示儿》诗："死去元知万事空，但悲不见九州同。王师北定中原日，家祭无忘告乃翁。"可以告慰婆母在天之灵的是：在您逝世后的二十四年，香港终于回归祖国。您的子女们没有辜负您的期望，他们都在努力服务于社会。

我以有您这样一位爱国爱家的婆母而自豪，我永远缅怀您！

第七篇　新会陈氏第三代史学家：陈智超

　　2002年年底在广东珠海召开的"纪念陈乐素教授百年诞辰"国际学术研讨会上，浙江大学著名的宋史专家徐规教授说："祖孙三代从事历史研究的人不多，但像陈垣、陈乐素、陈智超祖孙三代都作出了卓越贡献，成就这么突出的，可以说在历史上没有过。"暨南大学古籍所张其凡教授（陈乐素教授的研究生）也说："新会陈氏，虽以医药起家，经先师而至智超先生，一门三世治史，俱有佳绩，殊为不易，诚属佳话。陈垣先生乃一世界级学者，史界泰斗；先师为20世纪中国宋史学的开拓者与奠基者之一；智超先生不仅在宋明史研究方面卓有成就，且为整理父祖遗著尽力尤多。20世纪90年代以来，三代史学名家的'新会陈氏'，已经引起了学术界人士的注目，且已有人在进行研究了。家学渊源，三代相承，诚为20世纪学术史上的一段佳话。"邓广铭教授曾经对史学界同人讲："史学界的陈援庵祖孙三代就像京剧界的谭鑫培祖孙三代。"日本著名学者斯波义信看了智超的专著《解开宋会要之谜》后写道："此书基于洽博收集之资料和致密校量之考证，一方面解析徐松辑本之来历与付随屡次纂集之际之舛杂，一方面提出通过严正整理的本文十七类之最可靠依之复原，真是对于宋史研究空前绝后之贡献伟业。"他曾研究宋代市籴，因资料之重复与杂乱，深感有不少困难，看智超此书后"种种问题都冰释了"。

　　为了让中外学者能对智超多一些认识、了解，我曾经想早点写篇文章，比较系统、全面地介绍他的研究工作、他的兴趣、他的甘苦，等等。我与他朝夕相处几十年，风雨同舟，又是同行，对他的了解、认识肯定比别人更多一些。虽然我提笔写他，不免会有王婆卖瓜之嫌，但所谓"内举不避亲"，我只是想忠实地呈现他的成功与失败，让读者从他的人生历程中吸取经验、教训，获得一些启迪。智超虽早已退休，但研究工作从来没有停止，2003年7月刚从美国讲学回来，就继续投入《旧五代史》的复原整理工作，并为《陈垣全集》的出版工作做准备。我说他像台机器，天天运转，问他什么时候才能真正退休，他总笑着说："没有始终如一的艰苦努力，要想取得一点成绩是不可能的。趁现在身体还能工作，抓紧多做点工作，否则怎么向后人交代……"现在八十多岁的他，年华老去，工作依旧，仍然"老骥伏枥，志在千里"。

一、大树底下难成长

智超1957年考入北京大学历史系，以历史学为终身志业，至今已经六十二年了。在这六十二年当中，他认真、执着、一丝不苟、孜孜不倦地不断攀登，在历史学的研究领域取得了卓越的成绩。出版专著、专辑十余部：如《解开宋会要之谜》、《美国哈佛大学哈佛燕京图书馆藏明代徽州方氏亲友手札七百通考释》、《陈垣〈元西域人华化考〉创作历程》、《隐元中土来往书信集》、《东皋心越诗文集》、《宋会要辑稿补编》。其中隐元书信集有同事参与，但主编是他。另与同人合作编著图书六部，论文百余篇，已出版的自选集选入四十六篇六十多万字。主要经他手整理出版的祖父、父亲遗著十部共四百五十万字，还有共二十三册近一千万字的《陈垣全集》。他曾到法国、日本、美国、加拿大、韩国讲学，在国内带研究生。听过他讲课的学生，特别是美国北卡罗来

2005 年 3 月在云南大学演讲。

纳州立大学、哈佛大学的学生，对他的教学评价很高。1997年他在美国北卡罗来纳州立大学(夏洛特)宗教系和历史系各开了一门课，学期结束时，最后一堂课，教师要回避一刻钟由学生给教师写评语和打分，评分结果要等教师改完卷子之后才给教师看。学生给智超的评语是："这是我听到的最好的课程之一，是我遇到的最好的老师之一。"他在哈佛大学教博士生，学生说从来没有遇见这么好的老师。他在哥伦比亚大学东亚研究所作了题为"论家谱在历史研究中的作用"的演讲，不久收到该所寄来的信，说听讲者不但为演讲的精彩内容所折服，而且对他回答听众从各个方面提出的问题都能给予满意的答复，表示衷心感谢，盼望他能再去演讲。

这些成绩的取得过程，真是艰苦备尝，是他几十年如一日努力钻研、全力以赴的结果。有些同行对他说："你如果不整理你祖父、父亲的遗著，你的成果会更多。"智超说："我整理他们的遗著，其实也是向他们学习的过程，学到祖父、父亲的许多好方法，增加不少知识。"也有同行以为他之所以取得这么大的成就，似乎有"家传秘方"。我常听他给朋友讲，也常对我说："学问是不会遗传的，我与祖父、父亲只有血缘关系，哪来的秘方。祖父、父亲的研究方法和精神，只要认真钻研他们的著作，都是可以摸得着、学得到的。倒是像我这样的出身，必须比别人更加努力，才能得到别人的理解和承认。可以说是大树底下好乘凉，大树底下难成长。"

他出身于书香门第，家学渊源深厚，从小接受家庭的熏陶，祖辈、父辈的言传身教，影响肯定不小。他与祖父陈垣先生虽然长期不在一起生活，一北一南，可是，祖父始终如一地关怀着他的成长，少年时代他就与祖父书信不断。他祖父直接培养了他的父亲，他父亲又直接培养了他。父亲从他小时候就告诉他如何看书、寻找材料、如何做阅读卡片，等等。由于他是长子，父亲经常带着他去访问一些著名学者。1946年10月，智超十二岁，祖父与胡适同机飞到南京参加中央研究院的评议会。祖父与父亲有十年没有见面了，父亲带着智超到南京机场迎接祖父与胡适，并在机场留影纪念（可惜相片没有留下来）。

父亲还带智超到南京的鸡鸣寺中研院拜访傅斯年。傅的远房侄子傅乐焕20世纪50年代与智超的堂姑陈雪白结婚，所以他是智超的姑父，但这是后话了。"文化大革命"初期，傅乐焕害怕因与吴晗关系密切而受牵连，跳进了北京陶然亭公园的湖水中，自杀前任中央民族学院历史系教授兼系副主任，他的夫人陈雪白还是我的老师，也在中央民族学院任教。智超当时年幼，对父亲与傅斯年的谈话内容已无记忆，只对傅斯年的体形比较胖、谈话时还不停地抽烟斗的形象印象比较深，看到傅斯年烟斗内烟丝已成灰，还要不断擦火点烟，他不能理解。

智超从事历史研究，既是必然，也是偶然。祖父、父亲从来不干涉他的选择与兴趣。只是在1947年夏天，祖父的过继母亲逝世，祖父自北平回新会老家奔丧，父亲从杭州带智超到上海与祖父会合，准备一同乘机到香港再回新会老家。这次祖父曾有意在返回北平时，把智超带到北平，同他一道生活，并已征得智超父母同意。但由于与母亲一道去送行的二弟智仁（当时十岁）也吵着要坐飞机，父亲只好补一张机票把他也带上。到香港后，智仁发高烧，父亲便把智超留下来陪他，这样智超也去不成老家了，也失去了同祖父北上的机会。

在智超还是青年的时候，朋友在介绍时总说："这位是史学大师陈垣先生的长孙，乐素先生的长子……"虽然理解朋友的好

1946 年 10 月，与祖父、父亲摄于南京明故宫机场。

意，但他并不想躺在前辈的功劳簿上，而是要通过自己的奋斗实现人生的价值。他也为前辈的成就感到骄傲，佩服他们学问的精湛。特别对祖父，他常说："祖父真的很了不起，没有上过正规大学，完全是靠自己的努力，自学成才，成为一位世界级的知名学者。"智超立志凭自己的勤奋、刻苦，获得学术界的承认。

二、天才少年

智超于 1934 年 4 月 3 日出生在十里洋场的上海，不满一岁时，父亲被派往日本，主要任务是考察中国古籍流传到日本的情况。父母带着他和比他大一岁的姐姐莲波，漂洋过海到达东京。因为父母白天都要外出工作，请了一个日本保姆带姐弟二人，所以智超一开始学会的语言是日语。他们在日本待了近两年。这件事，他在自传里写过，档案里有记录，"文化大革命"时期，成了他的一条罪状，造反派说他是"小汉奸"。

他祖父的好朋友马相伯（名良）老人当时也在上海，父亲与相伯老人常有来往，智超这个名字就是相伯老人为他取的，其来源是唐太宗写的"圣教序"。其中有句："智通无虑，神测未形，超六尘而迥出，只千古而无对。"顾名思义，智超乃智慧超群也。

1937 年祖父到南京开会，顺便到上海看望多年不见的儿孙们。智超母亲告诉祖父三岁的智超已认识了二百多字。祖父半信半疑，顺手拿起一张报纸，当场考孙子。智超马上念出"盐业银行"这四个笔画繁多的字。祖父开怀大笑："真不简单，这小子这么聪明呀！"

八一三事变后，日军攻打上海，父母带着全家开始了逃难生涯。原打算去昆明的西南联大应聘，但逃到香港后，因书籍太多，父亲想起了祖父的一句话"我如鱼，书如水，鱼儿离不开水，我离不开书"，书不能丢，便滞留香港，在英华女子中学任教，家住九龙通菜街二三八号的三楼。祖父在沦陷区的北平，他们在香港与祖父的联络主要通过书信。从这些书信中，可以体会到祖父对儿孙们的关爱和亲情，现择录如下："小孙拟改名智仁亦趣。余近日为'释氏疑年录'……日与古德往还。智仁二字甚似古德名也。"（1938 年 6 月 5 日函）

智仁 1937 年出生，次年智超四岁，有一天他在街上看到一家商店的招牌有"仁"字，就问父亲："仁是什么意思？"父亲说："仁就是爱人。"他说，那就给弟弟取名"智仁"吧。父亲觉得不错，就这么定下来了，并将此事写信告知祖父，故有上函。智超四岁开始学习写字，祖父来函曰："小子学字，最好用手指多写，然后用笔。所谓：'昼作势，夜画被'，均指手而言，不一定用笔墨也。"（1938 年 7 月 19 日函）

1941 年，智超将所读唐宋词抄写寄祖父，其中有张志和的《渔歌子》："青箬笠，绿蓑衣，斜风细雨不须归"之句。此时，临近太平洋战争，风云险恶，祖父回信说："斜风细雨不须归"，小子要爷爷不要南归吗？祖父很关心智超的身体，信中说："智超身体如何？停学一年不读书，纵其自习，亦一样有益。甲午（指1895 年、光绪二十年，时祖父十五岁）广州大疫，余停学一年，读书之基树于此也。"（1946 年函）"小子病宜少读书，停一二年不入学无要紧，身体第一，读书第二，幸注意。"（1947 年 2 月 17 日函）

在香港五年，是智超三岁至八岁期间，童年生活印象深刻。智超四岁入学，由于体弱多病，经常辍学。他母亲就送他到大姨妈洪舜英家，让他跟大姨父简琴石学习书法。大姨父是越南华侨，他母亲是越南人。他本人在篆刻、书法方面都很有造诣。大姨父家已有九个子女，他们很喜欢智超，把智超当成他们的第十个儿子看待。智超常跟八表哥而清、九表哥而和一道玩耍。大姨父教智超最多的是写"寿"字，智超一连写了几天，其中一张大"寿"字写得最好，长宽近一米，还被选登在上海办的"良友"画报上，落款为六龄童陈智超，曾引起当时很多人的惊叹！这张大"寿"字，他母亲保存了几十年，"文化大革命"时期丢失。最近，智超看到了许地山（笔名"落花生"）先生的女儿许燕吉的自传《我是落花生的女儿》，其中写道："爸爸的朋友陈乐素先生（陈垣公的儿子）的儿子，是史学家。中药是他家祖业，在乡下有房子，我们也去过。房子里摆满大箩筐，里面都是中药。他家孩子多，我们一起玩。比我小一岁的阿超，会写大大的毛笔字。他七岁时写的一个大'寿'字，裱起来展览过。"[1]智超看到这本书，想与她联系，可惜得到确切联系方式时，许燕吉已经去世了。

有三个小故事，反映了智超的机智、坚强和勇敢。他三岁多时，在楼梯上玩跳台阶，一不小心摔了下来，眉毛边划开了个大口子，血流不止。医院医生说要缝几针，但因为在眉骨上，不能打麻药。他母亲对他说："你不哭的话，奖你一个冰淇淋。"（当时条件所限，孩子能吃上一个冰淇淋是多么大的诱惑。）果然，在没有麻药的情况下，缝了四针，他不但没哭，连一声也没吭，医生都很惊讶，要请他吃冰淇淋。可是过了不久，他发烧又到医院打针，在回家路上，他一直喊"疼"。父亲很奇怪，这孩子从来不怕疼，今天为什么反常，到家脱下他裤子一看，原来在屁股上还留着没拔出来的针头。正好，智超姑婆医疗诊所开张，这支针头也就留在那儿入股了。

智超四岁多时，有一天父亲写好了一封信，问他："你能帮

---

[1] 许燕吉：《我是落花生的女儿》，21～28 页，长沙，湖南人民出版社，2013。

我把信投到邮筒吗?"他很自信地说:"我知道邮筒在哪里,给我去寄吧!"父亲把贴好邮票的信交给他。心想,只需要走五分钟就到邮筒,可是,还是有点放心不下,让大姐姐悄悄跟在他后面,但不要告诉他,以防走失。一个多小时过去了,姐弟俩还没回来,父母着急,赶快叫了辆出租车,沿途寻找,也不见人影。两个小时后,他高高兴兴地回来了,告知父亲,已把信放进邮筒了。原来,九龙有个宋王台,相传南宋末帝昺在此驻扎过,父母曾经带他到那里游玩过,在那附近有个邮局,他从此记住了那个邮局,于是就舍近求远,跑到宋王台去寄信了。

智超每天上下学都要经过弥敦道。四岁的某一天,修路工在赶修马路,封了半边,只有半边能通行。他们催放学的学生们快走,眼看一辆汽车急驰而来,他闪电般地躲过了,紧接着又冲过来一辆,躲不及了,不知哪来的灵气,他急中生智,顺着汽车的方向扑通一下趴到地上,汽车从他身上飞驰而过。万幸当时的汽车底盘高,竟毫发未伤,他爬起来就往家跑。与他同校的姐姐先跑回家大喊:"妈,不好了,阿超让车辗了。"他妈急往外跑,看智超迎面跑来,身后还有一个英国人在追他。原来开车的英国人要带他去医院检查,检查结果是在扑地时擦伤了点头皮。一场有惊无险的可怕事,许多朋友知道后,称他为"奇迹儿童"。

智超四岁入小学,九岁考上中学,十六岁高中毕业,学习成绩一直优秀,每进一个学校,都只是第一个学期交学费,之后因成绩突出而免交学费。但他体弱多病,经常停学。现在他还讲:"我是先天不足,后天失调。"读书,对他来讲是很轻松的事,放学回家一会儿就能做完作业,跟着就去玩了。父母从未对他的学习操过心,也从不用花时间来督促。五六岁时能读《三国演义》,抗战时期在大后方的遵义,书籍缺乏,他反复看萧红的《呼兰河

1936 年摄于上海。

1986 年 12 月摄于香港九
龙弥敦道。背后为儿时
就读的兴中小学旧址，
马路即为当年被轿车从
身上飞驰而过之处。

传》，罗烽、白朗的《我们十四个》，家里也没有其他合适的书供他看。他十岁那年，浙大教育系的师生来给他们测智商，他的智商为147，相当于十五岁孩子的智商，师生们称他为"天才儿童"。抗战胜利后，父亲任教的浙江大学复员回杭州，全家跟着搬回。上高一时他喜欢看美国电影，看完后经常在"影剧天地"报上发表影评。发表几次后，编辑看他是个十四岁的孩子，给他几张电影票当报酬，而他有电影看就很高兴了。

1943年他九岁时，浙大附中设在湄潭，父母只想让他去试试，让他报考，居然被录取了。可是湄潭离遵义有七十五公里，当时交通不方便，父母放心不下，只好让他再读浙大附小六年级的插班生。

1944年，智超考入在遵义的私立城成中学读初一，不久，因家庭经济困难（浙大教授当年的薪水只能买七斗米，一家七口吃饭都成问题），辍学在家，帮母亲摆摊卖旧衣物。该校校长认为，不让他继续读书太可惜，亲自登门拜访，告知其父亲，由于智超学习优秀，可免去全部学费。但父亲还是坚持不让他去念书，他很委屈。后来父亲才告诉他，家中五姊弟，大姐姐从小失去母亲，应首先供她上学，其余四人只能辍学，你也不应例外，你是长子更应当作表率。

1945年，智超再次考上浙大附中，为初二插班生，这次父母把他托付给自己的学生刘晔（他在附中任教），智超就住在他的宿舍里。晚上在长椅上铺上铺盖，白天再收起来。他在这里读了一年书，只有寒假才回家一次，对一个十一岁的孩子来说，也算不简单了。

1945年，十四年抗日战争胜利结束。次年，浙大、西南联大等高校纷纷复员，浙大搬回杭州。智超一家与当时父亲在浙大的同事顾谷宜等共三家合乘一辆卡车，于9月动身，一路非常艰苦。从遵义下贵阳，经贵定、黄平、芷江、洪江、湘潭、长沙。从长沙坐船经洞庭湖到武汉，在武汉停留十天等船，从武汉坐船到南京，再从南京乘火车到杭州。在武汉等船时，有美国军队的登陆艇可以乘，而且不收费，但中国人只能待在舱底，不能登上甲板。对于这种带有侮辱性的"施舍"，绝大部分中国人都拒绝了。

1947年，智超在浙大附中初中毕业，因随父亲奔曾祖母丧，错过了考期，但因为在班上成绩排在前五名内，由学校直接保送上高中。1949年5月3日，解放军进入杭州，11月他参加青年团。1950年冬天放寒假，青年团杭州市委学校工作部举行干训班，乔石是他们的班主任。高中毕业他报名参加土地改革，在浙江省干部学校第四期学习，不久发现患肺结核病，只好回家养病。养病期间，要经常吃营养品，打价格很贵的链霉素。家里没有这么多钱，他母亲忍痛卖掉首饰，为他治病。母亲还常念："风吹鸡蛋壳，财散人安乐。"经过母亲的精心调理，不到一年，他的病好了。

智超高中毕业，面临人生的重大选择，如果去报考大学，对他来说不是难事。但他放弃了上大学的机会，而选择了另一条艰辛的道路。当时内战刚结束，人民生活困苦、国家满目疮痍，真是百废待兴。智超响应了国家的召唤"到边疆去，到祖国最需要的地方去"，体现了那个时代青年的光荣使命感。他有着单纯、善良的爱国之心，满怀建设祖国的雄心壮志，毅然报名参加土地改革。1951年5月他肺结核初愈，考取了中央交通部干部学校南京分校的桥梁科，学习一年多后，奔赴边疆，投入建设国家的第一线。

三、披荆斩棘，建设边疆

智超在南京交通部干部学校学习了一年多（1951年5月—

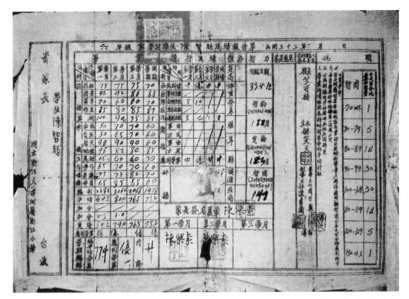

1944年在遵义浙大附小时成绩单。校长由竺可桢兼。"智力"栏为智商测验结果。

1946年摄于杭州。

1952 年 7 月）。干校学生的年龄、文化程度参差不齐。有大学生，也有初中毕业生，还有少数保送来的工农学员。在学校里，他的学习成绩是很好的。他们每月有十六元生活费，八元伙食费，八元零用费，他连续几个月，捐八元，抗美援朝买飞机、武器，自己一分钱都不用，也不向父母要钱。因为性格的关系，他爱提意见、好打抱不平，经常向一位当过小学教师、常以工农干部口吻训斥知识分子的班主任提意见，这个班主任便说他"骄傲自满，看不起老师"，等等。于是毕业时明显挨整。干校分配工作有五等，成绩最好的保送到苏联继续学习；第二等分配到大连海运学院；第三等分配到北京中央交通部；第四等分配到华东、华北、中南；第五等分配到西南和西北，这是最艰苦的地区。如果按照他的成绩，从培养人才的大局出发，应该按第一、第二等分配。把他分到西南，显然是整他，给他"穿小鞋"，同学们都深感意外，但他二话没说，打起被包就到重庆西南交通部报到。到西南以后，干校毕业生又分为三批，一是留在部里，二是西藏，三是云南，他毫不犹豫地要求到最艰苦的西藏，但体检时，他的心肺功能不太好，最后分他到云南，那也是很艰苦的地区。

那一次，分到西南地区十五人，他们从南京坐船到武汉，到了武汉后，要换较小的船，溯川江到重庆。在过三峡时，又发生一件有惊无险的故事。船过宜昌，不久进入三峡，水流湍急，其中有一段水流特别急。因江中有大礁石，把水分成两股，石上刻着"对我来"三个大字。逆流而上的船只，一定要对着大石开去，直到离石一百米左右，再往左边的支流冲上去，才能安全通过。然而，船上的大副喝了酒去睡觉了，玩忽职守，让三副掌舵。三副没有经验，船离巨石很远就往左转，水流太急，船开足马力也无法逆流前进，如果稍一松动，船就会被急流冲走。在这紧急的关头，船上发出警报，岸上两名全身赤裸的水手乘小船冲下来，把缆绳扔到大船上，水手将缆绳绕在船头的粗桩上，岸上用机械绞绳转，船也开足马力，才开过了险滩。避免了全船人员落入三峡的恶运。

智超被分配在西南交通部第三工程局，总部设在云南峨山大白邑村，他被派到施工科当技术员。当时的行政、技术管理水平低下，各项工作显得混乱不堪，民工都是从附近各县农民中征召来的，工伤事故多，疾病肆虐，死了不少人，工程效率也很低。不久智超下到基层，进入百里无人烟的深山老林，气候多变，有时走一整天见不到一个人影。他们逢山开路、遇水搭桥，经常碰到毒蛇、猛兽。智超回忆说："在那样艰难困苦的日子里，最能磨炼人的意志……"另外，兵灾匪祸时有发生。当时境外还有大批国民党李弥的部队，常派人到境内来进行破坏活动。有一次，智超他们去勘测路段，就在到达的前一天，有一个村干部被潜入的李军开枪打死了。卫生状况也很糟，伤寒、痢疾、鼠疫等流行。思茅现改称普洱，原是滇南的一个商埠，过去还有飞机场，1949年之前曾发生过一次鼠疫，死者众多，活着的人都逃走了。智超他们到达思茅时，城里长满了野草，虎豹出入，军人比老百姓还多。西双版纳首府是允景洪（1949年之前名车里），因法国人在那里传教，盖过一个简陋的医院，墙是用卵石砌成的，这就是当时他们见到过的最好的房屋了。

物资供应极缺乏，全靠马帮从昆明运送。旱季四十天马帮才能到达，而雨季根本无法行路，所以很长一段时间，他们得吃土豆干、腊肉。米运不进来，吃了半年的糯米饭。刚开始还觉得新鲜、好吃，几天下来胃就受不了。难得有机会出差到昆明一趟，最想吃的就是青菜。白天顶着骄阳苦干，晚上住帆布帐篷，席地

1955 年 1 月与同事摄于云南普洱（今宁洱）。

立功喜报

陈智超同志在一九五四年修建公路任务中艰苦工作埋头苦干荣获光辉成绩被选为三等人民功臣特予驰报庆贺

光荣

云南省公路修建指挥部

公元一九五四年十一月十四日

立功喜报

陈志超同志在一九五三年修建公路任务中艰苦工作埋头苦干荣获光辉成绩被选为二等人民功臣特予驰报庆贺

光荣

云南省公路修建指挥部

公元一九五四年一月　日

1953、1954 年立功喜报。

1956年1月自云南来北京开会时摄影。

而卧，铺上的油布第二天掀起一看，下面都发霉了。工程局的总部在大白邑村，村里有一半是回民，有座清真寺。智超他们去开会时，就到清真寺冲个冷水澡，算是最大的享受。

从1952年7月至1957年，智超在云南修了五年公路，这条公路被称为昆洛公路，即昆明至中缅边境的打洛。1949年前这条公路已修了一段，即从昆明修到玉溪的大栗园，共一百公里。智超他们去后，从大栗园接着往下修。智超到工程局报到后，第一个任务是勘测从杨武到新平县城的支线。他们七八个人组成一个测量小队，有人选线，有人测水平，有人做饭。一早外出工作，中午就在工地埋锅做饭，晚上住老乡家。

智超负责测量水平，就是测出每一点的相对高度，这样才能计算出开挖土石方的工作量。这次测量使他得到一个永远不能忘记的教训。他们从杨武开始测量，一直测到目的地新平县，到了新平才发现测量中的某一点出了差错，需要找到测错的那一点，就必须重新来过，因为错一点就影响到整个工程的质量，损失重大。这次翻工，出发人员减半，只有他带着三个人返回起点，一路检查、重测。只有一人扶杆，一人做饭，吃尽苦头，教训深刻。从此后，他每测一点都特别认真、细心，每一个工作环节都要再三核实。这教训，对他之后从事历史研究是很有帮助的。

测量杨新支线后回局不久，领导把他调到新成立的技术定额测定队任队长，具体工作就是：分析每个工种工人的操作过程，把它分解为最基本的单位，然后制定定额，总结先进经验。这是当时学习苏联的经验。追根溯源，就是列宁著作中提到的美国泰罗制。比如开挖路基，有人挖土石方，有人将挖松的土石运走。运土这个看似很简单的工作，又可分解为：(1)摆土箕，(2)等待装土，(3)挑土起身，(4)转身，(5)运到倒土地点，(6)放下土箕，

(7)倒土，(8)转身，(9)将空箕挑至装土地点九个动作。同样的动作，有的做得快，有的慢，其中固然有体力因素，也有技术及工具的不同。技术定额测定队就是要总结出那些为一般工人都能掌握的先进经验，定出一般工人经过努力可以达到的定额。

定额测定队，有二十几个人。我的堂叔宪禄也在此时调到定额测定队，和智超认识，并成为好朋友。测定队成员来自十几个民族，智超的水平最高，年纪最轻，思想单纯，不怕吃苦，又肯努力、虚心学习，又爱动脑筋，工作取得了很大成绩，却仍然不改爱提意见的个性。例如，要想提高工作质量，需要非常准确地掌握时间。在那个年代，几乎没有人戴手表，他向领导提出，要求给每一个队员发块手表。那个领导是土地革命时期(20世纪20年代)就参军的老红军，他说："你这是资产阶级思想，买什么表？我们过去爬雪山过草地都没有表，看天空就行了，再说，买个马蹄表挂在树上、放在地上，不就行了吗？当年贺龙老总不是两把菜刀闹革命吗？"智超不管他官高、资格老，还是据理力争，最后果然给每一个人发了一只表。但这位副局长在事后向人打听，这个敢提意见的小娃娃是谁？并记住了智超。

由于智超在工作中成绩突出，年年被评为劳动模范，整个工程局都在推广他们总结的先进经验，工作效率大大提高，工人的工资也相应提高了不少。他多次到昆明、北京开会。1955年他到北京开会，这是他第一次到北京，见到分别多年的父母，看到了多年没见面的爷爷，高兴的心情是无法用言辞表达的。

到1955年、1956年时，智超深感自己能力不足、力不从心，正好，中央又提出向科学进军、攀登技术高峰的号召，于是他向领导提出想报考大学的请求。和他一同分到云南的干校同学，那些留在科室工作的都得到批准，而对他的要求，领导以工作需要

1957 年 9 月考入北京大学历史系后，与祖父、仲益、容叔摄于香山静宜园佛手树前。

1960 年与庆瑛摄于北京。

为由，两次拒绝了。到了 1957 年年初，他们整个工程局没有施工任务，全局人员调到昆明郊区的呈贡县可乐村集训，不久又开展反右派运动。他第三次提出报考大学，这时的领导不能再拿工作离不开为由阻止他了，勉强同意，但规定他必须天天参加运动，实际上就是不给他时间去准备。他高中毕业已七年，因为在这七年中他从没有中断过自学，又有丰富的实践经验，如果报考理工科，录取是毫无问题的，也许是受祖父、父亲长期的影响，他毅然地选择报考文科。他临时买了几本高中的历史、地理、政治等书籍，利用星期日来准备，第一志愿填的是北大历史系。8月发榜，果然考取北大。那年，整个云南省，北大只有四个名额，他只记得一名是化学系、一名是新闻系的。

当收到厚厚的一份录取通知书时，他无比兴奋，立即给父母发了一份电报："考取北大。"之前，他父母都不知道他报考北大。8月，他办了离职手续，单位发给他一百元作为路费，他没有直接去北京，先到成都探访了以前同在云南，但先他两年考上大学的同学，然后又在西安停留了两天，参观半坡遗址、大雁塔和碑林等历史遗迹。

到北京后，父母当然很高兴，特别是父亲，平时感情很少外露，这次好几天笑得合不拢嘴。过了几天，去拜见祖父，告知考取北大历史系，祖父对智超说："我好久没有心情出去走走了，今天要特意陪你去香山。"爷爷那天的高兴是少见的。这时，正好天津的容叔来京，祖孙和容叔、益叔四人去了香山。爷爷当年已七十七岁，虽不能爬"鬼见愁"，但他兴致勃勃地在公园里走了很久，一路谈笑风生，谈了许多 20 世纪 20 年代他在香山疗养的事，可惜那天的留影只保存下来一张。

从此，智超的人生翻开了新的一页。

四、一鸣惊人

1957 年秋季入学，进校就面对接连不断的运动和劳动。当时"反右"运动还没有结束，他们是新生，班上虽然没有右派，但系领导让他们参加五年级毕业班的"反右"斗争，算是给他们的"反右"补课吧。对于北大五年的学习生活，他回忆道："真正安安稳稳坐下来学习、读点书的时间加起来不到三年。"

1958 年，当时大学校园忙着"插红旗，拔白旗"，号召师生走"又红又专"的道路，批判教师的"资产阶级学术思想"，批判学生中的"白专道路"。连邵循正教授都搬到学生宿舍和同学一道学习，批判。接着是"大跃进"、大炼钢铁、人民公社等运动，学生还到十三陵水库劳动。不久又赶上三年困难时期，全国上下天灾人祸不断，粮食短缺，平均每人一天一斤粮，油水极少，根本吃不饱，学生每月发一张饭卡，有的同学把饭卡挂在脖子上，戏称为"生命卡"。因为，如果不小心把"饭卡"丢了，真是叫天天不应，叫地地不灵，人人的粮食都吃紧，有钱也没办法补。

20 世纪 60 年代全班到昌平县黑山寨劳动，向贫下中农学习，改造思想，白天干很重的农活，晚上还要开会、总结学习，更重要的是吃不饱肚子，严重缺乏营养，最严重的时候把玉米核磨碎与粮食掺在一起来充饥。几乎所有的同学都浮肿，一双双脚肿起来，一按一个坑，腿像灌了铅。两个月才能休息一天，一早从黑山寨赶回家已是中午，待半天又往回赶。当时，从德胜门到长陵的汽车只有很少的几班，到长陵后还要步行上山，半夜走山路又黑又有野兽，很危险。我看他瘦得皮包骨头，劳动任务又重，就从自己一天一斤的口粮中省下几两，等他回家时带上几个窝头给他吃。这件微不足道的事，他却铭刻在心，经常说："这才真正体会到什么叫做糟糠之妻。"

在向工农兵学习时，他们分别写村史、店史、家史。智超与两位同学，写了一本大约七万字的书《猛虎连史》，后来出版了，但在所谓"不要名不要利"的要求下，作者连署名权都被剥夺了。

在黑山寨劳动了半年，1961年春季终于回校学习，这时已是四年级下学期。他们分配的宿舍是三十八斋五层，几乎没有一个同学能一口气从一楼走上五楼。他们宿舍在西头，门在东头。智超他们走上三楼，从东头走到西头，作为缓冲，然后再走上五楼。由于大家身体虚弱，体育课都取消了，政治运动也没那么多了，这时才有时间读点书，但也是饿着肚子读书。这时开始分科，有中国古代史、近现代史、世界史、亚非史四个专门化，他选择的是中国古代史。到了五年级，全国正处在调整期间，政策比较宽松，北大准备恢复已中断多年的毕业论文制度，他们开始选毕业论文题目，根据他们自选的题目，由系里分配指导老师。

智超自选的论文题目是《嘉靖中浙江福建地区反对葡萄牙殖民者的斗争》。智超的论文指导教师是著名的向达教授（他在1957年被划为右派，1966年病逝）。为了写好这篇论文，智超在当时比较困难的物质条件下，不仅充分利用了北大图书馆丰富的馆藏，还跑到北京图书馆的善本部和科学院图书馆去借阅书籍。向达先生把珍藏的许多英文、日文史料借给他，并细心给予指导。经过刻苦钻研，他不但弄清楚了论文主题内的许多历史事实，而且对当时史学界以尚钺、吴晗为代表的，对中国资本主义萌芽有较高估计的观点，提出了针锋相对的观点。当时，北大的毕业论文制度不但中断了几年，毕业论文答辩更是许多年没有举行。学校决定在文科各系中选出一两篇论文举行答辩会，作为试点，智超的论文被选中。

这次他的论文答辩是很隆重的，系里组织了一个答辩委员会，由几位著名教授组成。主席是许大龄，质辩人是邵循正，还有副系主任周一良、许师谦。经过两个多小时的公开答辩，最后评分为"优"等。这次论文答辩会取得了圆满成功，引起很大反响。先是7月26日《北京大学校刊》发表了长篇报道，题为《一次严格的考核——中国古代史教研室论文答辩旁听记》，说："陈智超对所有的发问——作了答辩。他对有关史料相当熟悉。随口说出某条资料出于某某史籍，赢得了与会者的赞许。"8月28日的《北京晚报》也以《北大应届毕业生陈智超毕业答辩成绩优秀，对明朝反葡斗争提出了新见解》为题发表了长篇报道，说答辩委员会认为他的论文"提出了自己的创见，论点明确清楚，史料运用正确，文章逻辑性较强，给予优等成绩"。《北京日报》也作了较长篇幅的报道，在关于北大应届毕业生完成毕业论文答辩的综合报道中，从文科理科各选一篇作为典型。文科的代表就是智超的论文，说他在"学术上提出新见解，研究成果受到了参加论文答辩会师生的重视"。《北京大学学报》全文刊登了他这篇两万字的论文。"不鸣则已，一鸣惊人"，这也是他对大学五年学习的最好总结。

智超在北大的优异成绩引起了历史研究所领导的注意。在他毕业前不久，中国科学院哲学社会科学部（现名为中国社会科学院）历史研究所派人找他谈话，建议他报考历史所宋史专业研究生。来人对他说，他父亲乐素先生是历史所的兼职研究员。因在人民教育出版社任历史室主任，主持全国中小学历史教科书的编写，任务繁重，没能更好发挥他作为宋史专家的专长。如果智超当了他的研究生，将来毕业可以协助他父亲更好地研究宋史，发挥乐素先生的更大作用，并告知此事已征得他父亲的同意。既然

1959 年与庆瑛及
儿子超英摄于北
京景山公园。

1962 年 8 月 28 日《北京晚报》关于智超毕业答辩的报道。

组织这样动员他，智超同意报考历史所的宋史研究生。

经过严格的考试，智超被录取了，当时的副所长熊德基教授见到智超，跟他开玩笑说："你与乐素先生有三重关系：你们是父子，是师生，又是党内同志。"说完开怀大笑。

不久，智超与父亲制订了三年的详细学习计划，开列书单。他父亲是善于启发学生的自觉性与积极性的好老师，要求很严，但不勉强他一定照自己的办法去学习。有问题也可以随时向父亲请教。起初一切按计划进行着，但不到半年，智超开始发低烧，长期不退。他母亲带他到医院去检查，医生要他住院待查，怀疑他是肺结核复发。但反复检查，仍无结果。当时是三月份，天气还比较凉爽，一天内科主任来查房，看到他吃饭时满头大汗，怀疑他是风湿，让主治医生立即给他做抗风湿试验和心电图，结果查出是风湿性心肌炎，于是让他马上绝对卧床，开始吃大剂量的激素和阿司匹林，卧床住院三个月，人也浮肿了。第二年，在一次全所学术讨论会上，他发言后心脏狂跳不止，送到医院，马上住进加护病房，又住了十几天。即使在这样的身体状况下，他仍然刻苦读书。

1965年，三年研究生毕业，所长尹达安排他到历史所学术秘书处工作。此时已是"文化大革命"前夕，学术界已是"山雨欲来风满楼"之势，他的宋史研究已不能正常进行。

五、迷乱的年代

"文化大革命"开始不久，智超就被扣上了两项大帽子：一是"资产阶级保皇派"；二是"资产阶级反动权威的孝子贤孙"。所谓"保皇派"是说没有像"造反派"那样打倒当时历史所的两位副所长尹达、侯外庐（所长是郭沫若，很少过问所里的事）。所谓"孝子贤孙"，是说他尽力保护祖父陈垣先生。他的办公桌上，左右各贴"保皇派"和"孝子贤孙"的纸条，还有横批"打倒一切牛鬼蛇神"。他被造反派们挂上黑牌子，每天扫院子，还被剃了阴阳头。不论是学部还是所里的"造反派"，或是从外面来串联的大、中、小学的红卫兵，要批斗"牛鬼蛇神"，就会敲锣大叫"牛鬼蛇神集合了"，这些人就要随身戴上随身带的高帽子，挂上各式牌子，走到专门搭的大席棚的台上接受批斗。智超印象最深刻的一次，是他站在顾颉刚旁边。顾先生挂的牌子是"资产阶级反动学术权威"，红卫兵问他："你是什么人？"顾答："我是中国科学院历史研究所一级研究员顾颉刚"；红卫兵再问他："你究竟是什么人？"顾先生仍然作了如上的回答。于是这个红卫兵用力甩着皮带上有铜扣环的一头，往顾的身上狠狠地抽过去，智超为了保护他，也连带挨了一皮带。

"文化大革命"这十年，正是智超三十二岁至四十二岁年富力强的黄金岁月，以最少字数估计，每天写二百字的话，一个月就是六千，十年就是七十二万字。"文化大革命"中最大的痛苦是不能干自己想干的事，不能读书，不能用自己的头脑去思考问题，不能用自己的笔说话。一切正义在高压下被扭曲，所谓言论自由只是一纸空文。另一方面，每个人都在表演，充分暴露了人性的丑陋面。有一位作家说："当政治运动到来的时候，那么多人跪下去，没有一个人站起来反抗；当政治运动过去的时候，那么多人站起来，没有一个人跪下去忏悔。"

1970年大批知识分子被下放到农村，智超所在的学部（包括历史研究所）全部下放到河南息县"五七"干校，劳动改造，备战。据说，整个哲学社会科学部将解散。后来还是周恩来总理坚持说："不能不要这批知识分子，要解散易，要再找回来就难

1971 年与庆瑛、次子雪松合影。

了……"1973 年，学部全部迁回北京。

六、励耘丰收

中共十一届三中全会后，各条战线才恢复了正常的运转，也宣告了十年动乱的结束。梦魇般的往事不堪回首，智超决心要把浪费掉的十年光阴补回来。智超在历史研究中，很大程度上继承和发扬了史学世家的治学传统，毕竟家庭会影响一个人的一生。他有一种打破砂锅问到底、穷追不舍的精神，他不断扩展自己的研究范围，因此，四十年中取得了举世瞩目的成就。"四人帮"垮台后，他与其他几位同事经过一年多的努力，1978 年正式出版彻底揭露批判"梁效"、"罗思鼎"在"四人帮"指挥下，对历史学破坏的两本书《历史的记录》与《历史的审判》。1982 年出版了《古代中越关系资料选编》。他研究中越关系史，在收集了大量资料的基础上，批驳了越南某些人歪曲中越关系史的谬论。

他为了纪念陈垣先生诞生一百周年，精选了陈垣先生的论文，于 1980 年、1982 年由中华书局出版了《陈垣学术论文集》一、二册。这是 1949 年后第一次出版陈垣先生的论文集。《道家金石略》是一部大型的道教碑刻资料集，陈垣先生生前就想出版，但没来得及完成。陈垣先生研究道教史，深感资料不足，下决心从历代碑刻中发掘资料。碑刻与书本不同，散处四方，而且拓片质量参差不齐。1923 年、1924 年陈垣先生在北京大学兼课，北大藏有缪荃孙艺风堂拓片万余通，他编出书目，让一批勤工俭学的中学生抄录出八十余万字的稿本。但正如他所说的："抄书易，抄碑难，抄碑易，校碑难。"这几十个学生，不长时间就抄了几十万字的拓片，但错误很多。陈垣先生没有时间亲自校对，这批稿本因此一直放在那里，他也以不能出版为一憾事。1981 年始，我们夫妇前后花了两年半的时间，校对每一通拓片，并到山西、四川、上海、陕西等地补充材料。智超到北大图书馆校对拓片，这种工作不是用辛苦二字能说明的。因为收藏这批拓片的金石阅览室，每天只开放半天，从早上七点半到十一点半。北大在北京的西北郊，我家住在东南郊，当时到北大，要换两三次公交车，单程要两至两个半小时，为了争取在开馆前赶到图书馆，每天五点半就要动身，天天如此。有时要整个上午蹲在地上，反复辨认拓片，单尘土就能把他熏得头昏眼花。经过两年多的努力，终于编成230万字的《道家金石略》。对此，学术界给予很高的评价，有人认为这是几十年来道教史最重要的研究成果。有位读者在看了智超写的前言、其中讲述了校补经过，感动得热泪盈眶。

另一项重要的工作，是完成了《宋史艺文志考证》的出版。这是智超父亲乐素先生从1941年在香港时开始写作的书。历经五十年，父亲三易其稿，可是，到1990年父亲逝世时，仍未完成。智超为了实现父亲多年的心愿，经过一年多的精心整理，终于完成此书，交稿后又在出版社放了十年。智超从七岁时就曾帮父亲抄考证《宋史艺文志》的材料，前后整整六十年，此书终于在2002年出版。张其凡教授说得好："六十年沧桑成此书。"

近年来，有许多好心的朋友、同行评价智超时说："他无论在国内、国外，凡是他所到之处，总会有新的发现、新的收获。"以至于近年他每从外地或国外回来，熟悉的朋友见面第一句话就是："有什么新发现？"现仅就他的发现，挑选几项作简单介绍。

1. 有关郑成功信件的发现

1993年4月，智超应邀访问日本一个月，主要目的是收集清初到日本的高僧东皋心越的材料。东皋心越是浙江浦江人，八岁出家当和尚，后来参加反清活动。反清失败后，他到了日本。他

1978年与庆瑛摄于故宫。

1997 年 12 月在美国亚利桑那州立大学演讲后与陶晋生教授摄于校园内。

是佛教禅宗里的曹洞宗一派。他在日本经历了各种艰辛，终于得到水户藩主德川光圀的支持，在水户盖了一座天德寺。心越是该寺的开山祖（此寺现存，改名为祇园寺）。心越在日本影响很大，他除了建立新教派外，突出的贡献有两点：一是把中国的篆刻艺术带到日本，影响至今；二是，也是更重要的是，古琴指法在日本失传已久，心越精于琴道，在日本重传弹琴指法，被日本古琴界奉为鼻祖，影响很大。前些年，连年召开纪念心越的研究会。

日本学者杉村英治，青少年时代在中国度过，回国后在东京大学图书馆工作了三十多年。他热爱中国，对心越这位高僧非常钦佩，发愤写作心越的长篇传记。为了写这部书，他曾在 1987年来到中国，收集有关心越的资料。但令他失望的是，即使在心越的家乡浙江浦江，也没有人知道心越的事迹，他的专著虽然出版了，但仍觉得缺乏中国方面的资料是个缺陷。杉村英治看到智超编注的《陈垣来往书信集》，知道陈垣先生是他舅舅的岳父松崎鹤雄的朋友，又看到智超的其他著作，认定智超是可以依赖的学者。1993 年他通过日中友协邀请智超访日，主要是想请智超编选一部心越的诗文集。

智超访日前已做了充分准备。到达日本后，杉村先生陪他沿着心越当年到过的地方访问。第一站是水户市的祇园寺和彰考馆，第二次世界大战时，水户曾遭美军轰炸，祇园寺和彰考馆也曾被炸，大批文物丧失。但还保留着心越的一些遗物，如书信、字画，等等。他们去的第二站是京都附近宇治市黄檗山的万福寺。此寺的开山住持是隐元隆琦，隐元属于禅宗里的临济宗，他比心越早到日本，名气也比心越大，心越曾到万福寺祝贺隐元弟子木庵的七十诞辰，智超从访问水户天德寺的经验知道，日本对开山住持的材料是非常重视的，因此，万福寺也可能收藏有隐元的材料。他向黄檗文化研究所所长大槻先生提出，能否看看万福寺收藏的有关隐元的材料，特别是文字方面的材料，包括书信，等等。大槻先生慷慨应诺，拿来钥匙开了一道又一道的门，先拿出来的是隐元从中国带到日本的书籍，包括抗清牺牲的黄道周的几本著作。然后，大槻拿出几卷隐元的信件，从中看到了一些名人志士——郑彩、刘沂春等的信札。其中有一通没有署名的信，引起了智超的特别注意。写信人自称"本藩"。从信中内容可知，隐元从中国到日本，是由"本藩"拨船相送。智超觉察到此人很可能就是郑成功，他很快又查到隐元年谱，说他在顺治十一年即1654年从福州经泉州到中左所（现在的厦门），郑成功接待了隐元并派船送他到日本。别人称郑成功为"藩王"，而郑成功自称为"本藩"。因此，智超当时就判断眼前这封信就是郑成功的亲笔信。为谨慎起见，他回国后进一步查寻材料，加以论证。

郑成功信件在日本被发现的消息被确认后，中央人民广播电台公开广播，接着中国国际广播电台、《人民日报》、日本的《读卖新闻》，都纷纷进行广播、报道，一时引起了很大反响。同事见智超就笑着说："你成了新闻人物了。"这封保存了几百年的信，证明了隐元参加了抗清斗争，并可能接受了郑成功交给他的使命，到日本请求援助。后来，智超与两位同事又将所有隐元信件注释出版，书名《旅日高僧隐元中土来往书信集》。此书获得了中国社会科学院的优秀成果奖。

但是，后来智超发现，断定这封信的作者是郑成功是个误判，真正的作者是郑成功的部下。作出这个误判的原因是，"本藩"是自称不错，郑成功固然可以自称"本藩"，他的部下称郑成功也可以称"本藩"，而当时智超忽视了这一点。他后来在学术演讲中，在发表的论文中阐明了这个问题，并说：失败是成功之母，失败是伟大的学校，但只有正视失败，认真总结，才能不白交学费，才能把失败转化为成功。

2.《宋会要》辑稿遗文和嘉业堂清本的发现及《宋会要》的复原

宋王朝共存在 320 年。宋朝皇帝和政府，为了统治的需要，设置专门机构，把各种重要文件，按不同性质归类，编成会要，会要就是原始档案的分类汇编。宋会要编过多次，特别到南宋，编会要更加制度化，每代皇帝即位，就开始编本朝会要。每当朝廷遇到问题要处理，就可以参考会要，知道过去是怎么处理的，《宋会要》对后人来说，则是了解研究宋代历史的史料宝库。

元灭宋后，大批文书档案从杭州运到了北京，《宋会要》也在其中。明灭元后，《宋会要》还是完整地保留着。但根据明中期文渊阁藏书的目录，《宋会要》在此时已经没有了。那么，我们为何在现在还能看到《宋会要》呢？

原来 15 世纪初，明成祖下令修《永乐大典》，把明朝以前的书都分韵编入《永乐大典》中。因此，《宋会要》的主要内容，也得以保存到《永乐大典》之中。可是，《宋会要》收入《永乐大典》时，已经发生了很大变化，原来的类、门、名，完全消失了。

《永乐大典》是大部头的类书，共有两万两千八百七十七卷，约三亿七千万字。明嘉靖时，皇宫发生大火，大火虽没殃及《永乐大典》，但嘉靖皇帝为防不测，组织人力，另外找人写了一部，称为"副本"。奇怪的是，正本在后来却找不到了，有种传说是埋到嘉靖皇帝的坟墓里陪葬了，但已无法证实。所以《永乐大典》只剩下副本了。到了清朝，乾隆皇帝组织编修《四库全书》，这时的《永乐大典》副本已经丢失了二千多卷。八国联军侵入北京后，《永乐大典》大部分散失，有少部分被英、德、法、日劫走了。到了 20 世纪五六十年代，通过各种渠道，全力收集了约八百卷，已不到原书的百分之四。

清朝编修《四库全书》时，乾隆曾下令各地方向朝廷献书，同时也从《永乐大典》中辑出了几百种书。《宋会要》本是《永乐大典》所收的最大部头的一部书，修《四库全书》的官员，本来可以而且应当辑出《宋会要》，但他们没有这样做，估计是嫌部头太大，分门太多，畏难而退了。又过了 30 多年，到嘉庆十四年（1809 年）二十九岁的徐松被派去作全唐文馆的提调兼总纂官。为修《全唐文》，清政府把《永乐大典》搬到《全唐文》馆内。徐松是个有心人，他利用修《全唐文》的机会，命书吏把凡是引《宋会要》的内容都另外抄出来，大约抄了一千万字。当时，徐松的做法是假公济私，可从后代人看来，徐松是做了件大好事。因为他当时看到的《永乐大典》还有近二万卷，而我们如今只能看到八百多卷了。如果不是徐松当时辑出《宋会要》，这宝贵的资料就失传了。徐松曾经想恢复《宋会要》的原貌，可是，他一时找不到助手，过了一年他因犯法，被充军到新疆，《宋会要》的重辑工作，便被抛置一边了。后来，连这部辑本也流落在外了。到中华民国四年（1915 年），浙江湖州的藏书家刘承幹用重金买下这批已经两次易手的稿子，并请人加以整理，编成八百万字的《宋会要》嘉业堂清本（刘的藏书楼名嘉业堂）。

到了 20 世纪 30 年代，北平图书馆从刘承幹那里把徐松原辑本买下，又把嘉业堂清本借到北平图书馆，当时北平图书馆还成立了一个专门委员会，以陈垣为委员长。委员会先请图书馆的人员检查，得出的结论是：徐松辑本被刘富曾割裂拆订，已失去原有面目。正在此时，九一八事变爆发，日军占领东三省后逼近华北，北平局势紧张。委员会就决定先影印徐松的辑本。可是，花费颇多，后得哈佛燕京学社资助五千美金，印了二百套。到 1957

年，中华书局影印了三千部，这就是《宋会要辑稿》。后来，台湾也影印了中华书局的影印本。《宋会要辑稿》的出版，推动了宋史研究的进展，但因为这是一个被搅乱了并准备丢弃的稿本，混乱不堪，使用起来很不方便，青年学者更视为"天书"，不敢问津。

1981年，智超倡议对《宋会要辑稿》作彻底整理，以便于学者们使用，更进一步推动宋史研究的发展。智超进行科学研究，一贯坚持两点：第一，弄清楚前人在这个题目上究竟做了些什么工作？还有哪些问题需要解决？第二，收集齐全有关这个问题的材料，尽量做到"竭泽而渔"。前人对《宋会要辑稿》的研究，仅仅局限在对这部辑稿的利用，如编制目录、索引等，对它本身存在的问题了解有限。在材料方面，他首先把目光锁定在寻找八百万字的嘉业堂清本上。

智超先到北京图书馆（现为国家图书馆），在善本目录中查到有两部《宋会要》。他请工作人员将这两部《宋会要》调出，一部就是通行的《宋会要辑稿》影印本的底本；另一部实际上是两捆稿本，除少部分是缪荃孙和刘承幹的整理本外，主要是《宋会要》辑本的遗文。

智超经过分析断定，这八十万字的遗文，是刘承幹在整理徐松辑本时，把他们认为的复文删落下来的。其实这部分内容很重要，一部分虽然是复文，但有重要的校补价值；另一部分则并非复文，而被误认为是复文。智超后来把这批零乱但很重要的遗文，编成《宋会要辑稿补编》出版，并利用这批遗文在《宋会要》的研究中取得了很多突破。

在北京图书馆找到这批遗文之后，他继续通过各种线索追踪嘉业堂清本的下落。他首先寻访过的人中，有史学前辈张政烺先生，他当年在史语所工作，曾被派往嘉业堂看书购书。再函询唐长孺先生，他与刘承幹有亲戚关系。他又跑到上海，找到周子美老先生，他曾为嘉业堂编目。当时周九十多岁，已经失聪，笔谈得知嘉业堂藏书有一部分卖给了几家图书馆。智超就先后走访了上海图书馆、复旦大学图书馆、杭州大学图书馆，但仍无结果。他这时又分析，清本很可能在刘承幹捐赠了大量图书的浙江省图书馆。因此，他又到了浙江省图书馆。经多方询问，找到一个老馆员何先生。何先生拿出善本书目给他查找，还是没有。智超又向何先生讲明，此稿的重要性，最后，何先生说："好像在山上书库内，还有一堆稿本。"于是他去拿了一本下来给智超看，这正是嘉业堂清本中的一册。智超喜出望外，请他全部拿下来，他清理顺序，整整460册，一册不差。此时此刻，他无比兴奋，真是皇天不负有心人，顿时也感到太累了。为了庆贺，他特意到浙江图书馆附近著名的楼外楼餐厅要了一盘清炒虾仁来慰劳自己。

根据以上发现，他在1982年1月发表了《宋会要辑稿遗文和嘉业堂清本的再发现》论文，把发现经过讲述一番。后来，历史所出资一千元，借浙江图书馆的清本复印了一套。经过努力，《宋会要辑稿补编》一书也在1988年出版了。

从1982年起，智超持续不断地、全面系统地研究《宋会要》，终于在1995年出版了他的第一部个人专著《解开〈宋会要〉之谜》，全书三十多万字。史学界对此书的评价很高。邓广铭先生说："《宋会要辑稿》影印本行世，对宋史研究起了很大推动作用，然而编次杂乱，学者仍难借以窥知宋人历次所修会要的原面目。这本书的出版，为全面整理《宋会要》提供了可行的方案。作者在本书中运用的方法，也可供历史工作者借鉴。"徐规先生说："此一成果的意义将远远超出其研究对象《宋会要》。它对《宋会要辑稿》混乱和存在问题的澄清……对于宋史与中国古代史的研究，无异提供了最可靠的丰富资料。……对整个文化学术事业的发展也必将有所推进。"日本著名学者斯波义信则说，它"真是对于宋史研究空前绝后之贡献伟业"。中年学者方健评价说："本书对近千万言的《宋会要辑稿》和《宋会要辑稿补编》进行了全方位、多侧面的研究，令人信服地总结出《宋会要》被录入《大典》，又被从《大典》辑出的规律，对前人三次不得其法的整理也进行了总结性清理，从而破解了大小数以百计之谜。其间睿思妙论丛生，悬念迭起，而谜底一一揭露"，"它代表了迄今研究'宋会要'的最高水平"。

3.《名公书判清明集》明刻本的发现

《名公书判清明集》是南宋中后期编辑的一部当时官员诉讼判词和官府公文的分类汇编。过去只知有一个宋刻残本，仅存四卷，而且仅存一部，它由清代著名藏书家陆心源所藏。陆心源有两百部宋刻本的书，他非常珍视这些书，把藏书楼取名"皕宋楼"，"皕"就是二百的意思。但在他逝世后，后人把这些书，包括《名公书判清明集》残本，都卖给了日本静嘉堂文库，中国学者反而看不到了。《名公书判清明集》残本仍有很高的史料价值，因为它反映了当时社会的实际情况，反映法律怎么实施。此书传到日本后，许多日本学者，不但经常引用，还就本书专门写过多篇论文。

1983年、1984年，智超提出要标点这四卷《名公书判清明集》，当时的许多学者，缺乏自我意识，做学问要依靠组织、领导、集体；自己个人做好像是搞单干一样。结果，研究室三个人一起做这项工作。这时，同研究室的郭正忠告诉智超，"好像北图目录上有明刻本的《名公书判清明集》"。于是，智超跑到北图查书目，查到的是明刻本十卷本，就是说，他找到了比宋刻本多出六卷的十卷本。但是，北图的明刻本没有篇目，没有书签，只有序言，这就引起了他的怀疑。这时，他深感自己过去有循规蹈矩的心理，以为《名公书判清明集》这样重要，如果有其他版本，一定早就为人所知了。因此没有想到去查找新版本。他进一步思考，除北图外，是不是还会有别的图书馆有另外的版本呢？怎样去寻找呢？他知道周总理在生前曾经指示过，全国要统一编出一部善本书目，可是，此时还没有出版，智超想到了当时主持这项工作的冀叔英女士，请她帮忙代查。她很快回信，告知上海图书馆有一部明刻本的《名公书判清明集》共十四卷。智超非常高兴，马上赶往上海，到上海图书馆借阅。果然，上海图书馆所藏《名公书判清明集》与北京图书馆的是同一个版本。但上海图书馆的是足本，北京图书馆是残本。上海图书馆藏本有篇目也有书签，可以断定，书商在把残本卖给北京图书馆时，把篇目抽掉了，使人不知是残本。

史学界认为，智超的这一发现，是1949年后宋史学的一大发现，意义重大，影响深远。他们三人把这十四卷本连同宋残本有而明刻本无的内容全部标点出版了。此书出版后，不但被广泛应用，日本和中国台湾还多次举办关于此书的研讨会，出版了讨论集和日文译注本，美国学者也出版了此书选本的英译本。根据国内外学者的要求，2003年中华书局再版了此书。此书还被收入《历代判牍判例》这套大丛书中。

4. 发掘出明代徽州文书——方用彬信件

美国哈佛大学哈佛燕京图书馆关于中国古籍的收藏在北美大学中是首屈一指的。它还有许多珍贵的历史文献，其中最重要的馆藏之一是一批明朝人的信件，共733封，名刺190件。这么多明朝人的信件，而且收信人基本上是同一个人，在国内外都是仅见的。国内收藏明朝人信件最多的上海图书馆，不过五百余封。

所以这批信件有很高的文物价值及史料价值。

要利用这批信件进行历史研究，首先要做几项工作：

（1）辨别字、句：一般说来，朋友间写信是比较随意的，行书、草书都有，认不清文字就不能了解内容。

（2）确定写信人、收信人的姓名，身份：过去的人写信，称字不称名。如果不了解其人其事，或者有错误，就不能正确利用。

（3）时代：过去的人写信，一般不写年、月、日。要利用信件就要了解信件的时代，起码是大致的年代，因为历史活动总是人在具体的时间和空间中完成的。

（4）地点：收信人和写信人所在的地点。

（5）信中所说何事：对信的内容做出准确的解释。

这五方面的工作是互相联系的。智超在对这批信件进行研究之前，介绍这批信件的专文只有一篇，作者是位曾到哈佛的访问学者。1995 年他在一本权威期刊上发表文章，把收信人确认为浙江兰溪人方太古。

智超对这批信件进行了研究，在对全部信件作出释文以后，他首先要确定收信人到底是谁？收信人姓方，字元素。前述作者根据这两点，从一般词典之类的工具书中查到金华方太古字元素，便肯定收信人是方太古。其实，他根本没有看懂这些信件的内容，从而了解金华方太古的生平，更没有把信件内容与方太古生平联系起来思考。智超认真研究了方太古的生平，发现写信人包括著名的王世贞和汪道昆，他俩根本不可能认识方太古。所以王、汪两人写信的对象方元素，肯定不是方太古。其次，方太古有明确的生卒年，他死于嘉靖二十六年（1547 年），而现在这批信件中，有确切年代的，有一封是嘉靖四十三年（1564 年），一封是万历二十六年(1598 年)，分别在方太古死后的 17 年和 51 年。根据这两点，智超推翻了前人关于收信人是兰溪方太古的结论。

可是，仅仅否认以上推断，只是研究工作的开始，那么，这批信件的真正收信人是谁？这在一般工具书上是查不到的。智超认定，在茫茫人海中要查出收信人，只能从已有的材料出发。已有材料包括两方面，第一是信件本身；第二是写信人的著作。具体来说，先要缩小搜索范围，找出收信人的籍贯。有封信恭维方元素是"新都词宗"，可知其为新都人。另一封信，请他刻图章，这人是新安人，住在真州（今江苏仪征），信中说，他离开家乡时，方元素送他很远。新都、新安都是徽州的古称，这样便知方元素是徽州人。智超不以此为满足，因徽州有六个县，方氏到底是哪个县的人呢？他又看到另一封信讲：请你告诉我，贵宅在岩镇之街。可知方在岩镇，而岩镇在歙县，因过去这里有个岩寺而得名。宋朝在此设收税的机关，到明嘉靖、万历时，已是有万户人口的大镇。抗日战争时期，新四军军部曾在岩镇设总部，故岩镇很有名。从书信中，也发现了方元素的名。有一封写信人是汪徽，他是当时第一流的篆刻家，他给方元素写信，说他给方元素刻了两枚图章，信中还盖了这两枚图章，其中一枚是"方用彬字元素"，另一枚是"别字思玄"。至此，收信人的籍贯、名字全查出来了。他是徽州歙县岩镇人方用彬，字元素，别字思玄。

智超回国后又进一步寻找方用彬的家谱。最后在安徽博物馆查到了环岩"方氏族谱"，上面明确记载方用彬"字元素，号黟江，国学生"，族谱还记载了他的生卒年、月、日，妻子姓氏，葬地和两个儿子的名字。

智超用了三年多的时间，写出一部一百二十万字的专著《美国哈佛大学哈佛燕京图书馆藏明代徽州方氏亲友手札七百通考释》，2001 年由安徽大学出版社出版。这部书现在成了哈佛燕京图书馆馆际交流的必备书，被当作访问学者作品的典范。

5.《旧五代史》的重辑

二十四史是中国古代各朝撰写的二十四部史书的总称，是被历来的朝代纳为正统的史书，故又称"正史"。其中二十三部，都是原来的本子流传下来的，只有一部宋初修的"旧五代史"是个例外，它的原本已经失传。清乾隆修《四库全书》时，邵晋涵从《永乐大典》等书中辑出。后经乾隆皇帝正式批准，与其他二十三史并列，故有二十四史之称，是二十四史中仅有的全辑本。

大部分读《旧五代史》辑本的人，对它深信不疑，当成原本对待。到 20 世纪 30 年代，有学者对《旧五代史》辑本提出了许多问题，其中影响最大的是陈垣先生，他写了一本著作《旧五代史辑本发覆》，指出辑本对《旧五代史》原来的胡、虏等字作了篡改，有时甚至把句子的意义也改了。此后，他又制订了校点《旧五代史》的计划，并做了大量工作。但这些珍贵的稿本，在"文化大革命"开始时都被中华书局的造反派取走，至今不知下落。

现在，智超要做的工作，可以说是继续陈垣先生的未竟之志，而且还要把这项工作向前推进。他要重新辑补《旧五代史》辑本。经过细致、艰苦的工作，他先对《旧五代史》辑本的问题进行了彻底、全面的清理。分别从内容、编排、文字等这样横的方面，以及本纪、列传、志这样纵的方面，全面分析了《旧五代史》辑本存在的问题。然后，他制订了严密的计划，重辑《旧五代史》。用他的话来说："如果我们今天具备当年邵晋涵的条件，能利用基本完整的《永乐大典》，我们肯定可以编出一部远远超过现辑本水平的《旧五代史》。但如果当年邵晋涵没有及时辑出《旧五代史》，我们仅根据现在残存的《永乐大典》和现存的文献，绝不可能编出如邵晋涵辑本那样规模的辑本。但是，在现在辑本的基础上，在现有条件下，我们却能够重新整理出一部更符合《旧五代史》原本的新辑本。"他还说："我们所根据的不是什么新资料，到目前为止，还没有发现有分量的关于五代史的新资料，我们依靠的是科学的思维和方法。"现在史学界正盼望他的《旧五代史》新辑本早日问世。

因篇幅关系，智超的另一些发现，如金元真大道教碑文在河南的发现，女真后裔在台湾的发现，明玉珍后裔在韩国的发现，契丹后裔在云南的发现，陈元光的鲜卑血统的发现，占婆文书在法国的发现，首先倡议在广东新会崖门打捞宋元战争的沉船，等等，限于篇幅不一一赘述。

七、珍贵的友谊

(一)杉村英治

20 世纪 80 年代的一天，有一位顾廷龙先生的研究生、庆应义塾大学的日本学者高桥智找到智超，告知有一位名叫杉村英治的先生希望与智超取得联系。杉村英治先生的舅舅，是日本人松崎鹤雄先生的女婿。松崎鹤雄先生在 20 世纪 20 年代自日本到中国后，曾师从清末著名学者、藏书家叶德辉先生，随后在大连图书馆工作。1925 年开始，松崎鹤雄先生与智超的祖父陈垣先生，互有书信往来。杉村英治先生得知智超一直在整理祖父的书信，就主动与智超取得联系，向智超请教有关问题。就这样，半世纪前，两位祖辈之间的通信与友谊，重新在这里得到了延续。

杉村英治对中国一直有着深厚的感情。他小学毕业后，到大连的日本中学读书。当时正值中国抗日战争末期，日本兵源严重缺乏。瘦弱的杉村英治身体条件并不好，但是他仍旧被强行征兵。从军不到一年，日本宣布战败，无条件投降。杉村英治作为侵华日军的一员，被遣返回国。他回到日本以后，一直在东京大学图书馆工作，兢兢业业，对读者认真负责，并且多年间致力于研究清代浙江金华府浦阳县（现属浦江蒋宅村）的诗僧东皋心越，著有《望乡诗僧》一书。为此，他还曾专程赴浦江考察。可惜当地的人并不了解东皋心越的事迹，甚至没有听说过此人，这令他感到非常失望。

东皋心越生于明崇祯十二年（1639 年），卒于康熙三十四年（1695 年）。他东渡日本，传播书画篆刻艺术，振兴琴道，弘扬佛法，是中日文化交流史上的重要人物，被日本奉为佛教曹洞宗寿昌派开山鼻祖，在日本佛教界、艺术界有巨大影响。为了更好地研究东皋心越在日本的生平事迹及诗文创作，20 世纪 90 年代初，杉村英治通过千叶县日中友好协会，邀请智超去日本寻访遗迹，并收集相关诗文资料。

在日本考察期间，杉村英治的一位居住在长崎的朋友给智超留下了深刻的印象。这位朋友和杉村英治一样，曾参与过日本侵华战争，并且在战争中负伤，一只眼睛失明。归国后，他娶了一位日本贵族女子，在商业领域取得了不俗的成绩。但是，在他的家里做客时，较之景致精美的庭院、美味可口的刺身，更令智超深深震撼、至今难忘的是，他第一次见智超时，深深鞠躬，并且说道："我要向中国人民谢罪！"其实，多年来，他在山东创办日中合资企业，资助青年学者赴日留学研修，一直在为日中友好作出自己的贡献。但是，在与他的接触和交谈中，智超依旧能切身感受到他心底里深藏的对曾参与侵华战争的负罪感。

最终，在杉村英治提供资金的支持下，智超根据在日本收集到的材料，编纂出版了《旅日高僧东皋心越诗文集》，由中国社会科学出版社于 1994 年出版印了 1000 册，此书早已绝版。此后多年，他们也一直保持着书信往来。前些年，智超和我去日本开会，杉村英治虽然身体不适仍来参会。没有想到的是，这竟成了他们的最后一次见面。

杉村英治一生都在为日中文化交流倾尽全力。

（二）麦哲夫（Jeffrey meyer）

20 世纪 80 年代初，改革开放不久，一位加拿大籍学者来到中国，就有关佛教的问题进行考察与研究。社科院历史所派智超负责相关的接待工作。智超带着他查阅了陈垣先生珍贵的佛教研究手稿。他非常感谢智超提供的帮助，同时向智超介绍了一位他的朋友——美国北卡罗来纳州立大学夏洛特分校的麦哲夫教授。

90 年代初，麦哲夫教授作为访问学者，到北京进行访学和智超有了很多学术交流。在工作之外的领域，他向智超提出了一个非常私人的请求。他的妻子由于身体原因，不能生育，他非常希望能借着此次机会，收养一个中国孩子。当时，中美关系降至冰点，智超希望借着这个机会，为中美关系的缓和尽一份力量。他对外国人在中国收养弃婴的政策也不熟悉，多方打听下，得知可以去儿童福利院询问有关情况。就这样，智超找到儿童福利院，并协助麦哲夫办理了收养手续。选中的一位随后被带到了美国，收养的这个孩子在美国爸爸妈妈的呵护与养育下，开启了崭新的人生之路，现在已经大学毕业了。

1997 年，在麦哲夫的推荐下，智超被他所在的大学合聘为历史学与宗教学系的教授，用英文为美国大学生讲授中国历史。智超和我借住在麦哲夫的家中。他的家距离学校很远，坐落在一片非常僻静的原始森林中，风景旖旎，湖水泛泛，旁边还有两个很大的养马场，关于智超所讲授的中国历史的课程内容，当时的美国学生知之甚少，还有不少对中国的负面认知和评价。为了尽可能详细而精准地讲授中国数千年的历史与文化演变历程，在每周两次的课程里，智超努力克服语言障碍，常常备课到深夜，倾注了很大的心血。在学期末课程结束的时候，学校教务处的工作人员来到课堂上请智超回避 15 分钟，同时请学生为课程评分。在课程考试成绩公布后，学生们对智超的授课评价也一并公布。在学校反馈的学生评价中，学生们纷纷表示，这是至今听到的最好的课程之一，智超是他们遇到的最好的老师之一。看到学生们这些情感真挚的评语，我们倍感欣慰。

在北卡罗来纳州立大学夏洛特分校的讲课的间隙中，智超又被邀请到哈佛大学参加一个学术会议。会上，哈佛大学的包弼德教授请智超在结束夏洛特的课程后，同他一起主持一个有关明代历史的工作坊。哈佛燕京图书馆馆长吴文津、郑烟文邀请智超为他们馆藏的明代徽州方氏亲友手札进行研究。就这样，为了整理这批重要的研究资料，智超在哈佛大学的研究时间从最初计划的半年延长到两年，直至完成全部研究工作。回国后，智超编著了《美国哈佛大学哈佛燕京图书馆藏明代徽州方氏亲友手札七百通考释》，最终将这两年在哈佛访学的研究成果结集出版。这部书成了哈佛燕京图书馆馆际交流的代表作。

(三)李弘祺

李弘祺先生是台南人，身材高大。他的家族是台湾少数民族的一支，他本人则是少数民族与荷兰人所生的混血儿的后代。他年轻时曾赴美国学习深造，在耶鲁大学取得博士学位，毕业后，任职于香港中文大学。1981 年，海峡两岸和香港地区，以及美国和日本的学者在香港召开了一次非常成功的学术研讨会。正是借着筹备此次会议的机缘，智超与李弘祺逐渐熟识。

这次学术会议之所以能够成功举办，源于 20 世纪 80 年代两岸学术交流的重新打通和日渐深入。中华人民共和国成立前，曾任浙江大学文学院院长的张其昀先生，在台湾创办中国文化大学，并任国民党中常委。他的学生宋晞，曾是陈乐素先生在浙江大学的学生，也一直跟随张其昀先生在文化大学工作，80 年代初期，美国学者刘子健先生到大陆访学，社科院历史所派智超负责接待工作。刘子健表示希望能在香港举办一个国际性的学术研讨会，邀请包括邓广铭、陈乐素、宋晞等多位海内外著名学者出席。大陆方面的联系工作，他建议由智超负责，而港、台地区及海外的联系工作，由李弘祺负责。智超虽没有去香港参会，但这却是他们二人 30 多年交往与友谊的开端。

1982 年，李弘祺受中国文化书院邀请，到北京参加纪念梁漱溟先生的学术研讨会，和智超首次见面，一见如故。1986 年，他为智超申请了香港中文大学的访问学者项目，智超也终于有机会在香港与他会面。直至今日，我们两家人一直保持联系往来，各自出版的专著作品，都会互相赠阅。

(四)陈庆浩

陈庆浩先生，广东澄海澄城人，法国国家科学研究中心研究员，法国远东学院、巴黎第七大学教授。20 世纪 50 年代，他曾就读于广东澄海中学，1960 年于香港中文大学毕业，后进法国科学研究中心，开展宋史研究工作，同时致力于域外汉文文化研究及相关文献的收集整理，著有《域外汉文小说大系》。在从事学术研究之余，他在中外学术交流上做了大量工作，联络中国、日本、韩国、越南等诸多知名学者，特别是为中国赴法访学的学者，提供了许多帮助。

1982 年，智超第一次远赴法国访学，当时他们之间的联系并不多。1988年，智超第二次去法国，他们的联系日渐密切。一直到现在，他们都保持着密切的学术交往，互赠学术著作，沟通最新的学术信息。20世纪80年代，我曾赴法国访学进修，陈庆浩一家给我提供了巨大的帮助，协助办理许多繁杂的入学和住宿手续，在生活上给以无微不至的照顾。

八、老骥伏枥

2002年11月在珠海举行的纪念陈乐素教授冥诞百周年学术讨论会上，智超发言，提到自己已经六十八岁时，引起全场一片惊讶声。到会的许多人对他都比较熟悉，都不相信他有这么大年纪了。许多朋友都说，这得益于家庭的遗传，他有长寿基因。祖父陈垣先生享年九十一岁，父亲乐素先生米寿，都算高寿了。但智超总会向人介绍这样一个事实："垣老的父、祖、曾祖三代，男子中没有超过七十岁的。"有朋友也问他有什么养生之道，其实，他并没有刻意保养身体。

他生活简朴，有规律。没有烟酒嗜好，偶尔喝一点酒，从不过量。对饮食不苛求，很容易满足，从这点上说来，他是一个容易照顾的好丈夫。他常说，山珍海味、大鱼大肉，吃上几顿就会腻了。白菜萝卜、粗茶淡饭，一辈子也吃不厌。他生活很有规律，一般五六点起床，一日三餐都是固定时间，中午小憩一小时左右，晚上十一时就寝。除非有特殊情况，天天如此。

智超曾对我说，他是个悲剧性的人物，真是性格决定命运。他不屑攀附权贵，一身傲骨，不喜欢当官从政，不喜欢抛头露面，不事张扬。1986年，历史所开始评定研究员，智超连续几年落选，这是他悲剧性格的充分体现。他想得太简单，太天真，以为只要学术水平摆在那里，就没有评不上的道理。我说："你不去搞人际关系，又没有一官半职，你就会吃亏的。"人们常说当时的情况是："说你行，你就行，不行也行。说你不行，就不行，行也不行。"我改为："让你上，你就上，不该上也上。不让你上，就不能上，该上也不能上。"时任历史所领导常常是在公开场合要求大家在名利面前要向后退，但是自己却紧抓名利不放手，事事向前冲。

智超几次落选，引起了史学界的议论。有一次历史所派人到复旦大学找谭其骧教授商议《历史大辞典》的事，谭向来者问及历史所评职称的情况，得知智超几次没评上，大为恼火说："你回去给历史所的领导带个话，我是亲眼看着智超长大的，他都评不上研究员。实在太不像话了。"后来，我告知谭教授，智超在历史所遭受妒忌、排挤、压制的事太多了，对他太不公平。这位德高望重的学者闻后感叹不已。记得祖父陈垣先生讲过："一个人要出头，必须具备两个条件，一是自己要有真本事；二是有人提携你。没有真本事，上去了也待不久；没有人提携，有本事也上不去。"

2010年、2012年，智超先后两次未能入选社科院荣誉学部委员。就学术研究成果而言，智超作为候选人，具备绝对的实力，入选是众望所归的。在评选过程中，他严格遵守文件规定，不搞"串联"，不走关系，不主动表明自己的学术成就。然而，这让他再次遭受不公的对待和压制。

2012年那次评选荣誉学部委员，直到填写当选人表格时，一位当选人打电话给他，问他这个表格该如何填写，我们才得知落选的事实。这件事情从另一个侧面说明，这位当选者认为自己可以当选，智超也一定在当选人之列，是肯定可以选上的。后来，我们得知，有一位曾担任过研究所党委书记的当选人，在候选期间曾打电话给有投票权的当事者，表示自己身患不治之症，希望争取一些"同情票"。最后，这些"同情票"起了关键作用，这位党委书记最终如愿当选。

智超为了表达对这种违背遴选公平、公正原则的做法的愤慨之情，将自己近年的研究成果、学术论著装箱运到社科院学部主席团，向有关人员公开表明自己的态度。一位参与遴选工作的学部主席团成员表达了对智超未能当选的遗憾与无奈心情，智超对她说："莫斯科不相信眼泪。"此外，还有其他学部主席团成员也表示了自己的遗憾与无奈，但是结果已经无法更改。随后，虽然社科院委派有关领导专程赴家中安抚、慰问智超，但是我们对于这种按照"人情关系"遴选代表社科院最高学术荣誉的做法依旧表达了强烈的不满。

岁月蹉跎，如今年纪大了。我常劝他身体要紧，岁月不饶人，何必这么苦干呢？再说你已经事业有成了。而他认为："人生芳秽有千载，世上荣枯无百年。作为一个历史学家，应当多给后人留下些掷地有声的文章，经得起推敲和时间考验的著作，才无愧于养育我们的祖国、人民。"

2009 年，智超手边《陈垣全集》的编纂工作接近尾声。智超非常崇敬祖父，不仅仅因为亲情，更重要的是，在他的史学生涯中、在反复比较中，他深刻体会到垣老在历史学领域取得成就之卓越与艰辛。祖父逝世 48 年来，他一直注意收集祖父的有关资料，一张纸条也不放过。现在《陈垣全集》已出版，全书有一千万字，包括祖父生前没有来得及发表或整理结集的著作，是一个最权威的版本。《陈垣全集》的出版，树立了一座供后人学习景仰的丰碑，而智超在不经意中，在这座丰碑的底座上，镌刻上自己的名字。另外就是辑补《旧五代史》和新辑《宋会要》是多么繁重的工作啊！即便是壮年，恐怕也难以完成。智超多次对我说：等这两项工作完成之后，他要彻底休息，陪我旅游，各地走走。我担心他能否兑现这个诺言，因为到时候，他又会向更高的目标迈进。

我们度过了多少个悲、欢、离、合的日子，遇到过多少吉、凶、祸、福。过去的岁月像流水般逝去。今后，我只求我们健康、平安、快乐。

2001 年 1 月，与启功先生讨论编辑《陈垣全集》事宜。

2003 年与次子雪松、孙子浩宁摄于住宅小区内。

2000 年 11 月，代表陈垣先生家属将陈垣新会故居捐赠与新会市政府。接受者为广东省文化厅曹厅长。

国家图书馆关于捐赠陈垣先生藏书、文物等的荣誉证书。

2008 年与庆瑛摄于北京陈垣故居。

第八篇　活出自己——我的人生道路：曾庆瑛

　　我在颠沛流离中度过了苦涩的童年。我出生在昆明，两岁时父母离异，不久他们又各自再婚。留下我和哥哥兄妹二人，交给祖母照顾，父亲一人苦撑维持两个家庭的生计。没妈的孩子像根草，祖母极端重男轻女。在祖母的几近虐待下，我养成了叛逆的个性，多次离家出走。倔强的个性反而促成了我求知好学、积极向上的行为习惯。

　　十七岁时，正处在人生的转弯处，我在十字路口徘徊，这时，我的命运有了转机。我有机会到北京求学，认识了我的丈夫、公婆。在他们的热心帮助下，我克服了各种困难，自强不息，终于成为曾氏家族中第一代女大学生、大学教授。

　　还在念大学时，我就有个梦想：如果将来我有了可以自己支配的时间，可以静静地坐下来，我一定要写下我苦难的童年、艰辛的求学历程。但之后的日子，一直都忙于教学，抚养孩子，照顾丈夫，侍奉公婆和祖父。一直到现在，我终于有时间静下心来写自己，我又不想写了，因为我是一个平凡的人，没有做出惊天动地的事，没有丰功伟绩，没有妙趣横生的经历。总之，无从写起。但是，最近，在我的亲人、朋友、学生的热情鼓励下，我拿起笔打算忠实记录下我的人生经历。我想给后代一点有益的启迪，让人们更珍惜生命，更努力向前，这就是我最大的期盼。

一、我的童年

（一）家境的无奈

我的祖籍是四川南溪县牟家坪场。祖父共有五兄弟，他排行第四。老大、老三早夭。祖父属"昭"字辈，老二名昭富，大名友之，我称他二老爹，在昆明做盐巴生意。他有个独子，名宪禄，我叫他幺叔。祖父是老四，族名已查不到，大名耀伦。他在我出生前已经去世。听长辈说，他在财经学校以第一名毕业，别人算不了的账，他一算就清清楚楚。他当过云南绥江的税务局长，后来调到巧家县，一说他是税务局长，一说升官当了县长，但到巧家县几个月就病故了，留下了孤儿寡母。我的祖母（我叫她奶奶）名余国良，农村妇女，不识字，裹小脚。祖父在外面做官，她在老家开饭铺，恶得很。祖父两子两女。父亲是老大，属"宪"字辈，名宪雨，字公田，老二早夭。两个姑姑，我称她们三娘、四娘。祖父辈五兄弟中读书最多、最富有的是老五，我称他幺老爹。他族名昭鲁，大名郎奎，生于1901年，毕业于成都外国语专科学校，学的是法语。毕业后，先在法国驻昆明领事馆工作，去过几趟越南。后任云南盐务使署庶务主任（署长是龙云三舅），富滇银行襄理（行长是缪云台），昆明银行协理（总经理是龙云的电务台主任）、总经理等。他的妻子，我叫幺奶，身体不好，经常卧床，但人很善良。幺老爹有两子两女，两个女儿年纪同我差不多，我叫她们小三娘、小四娘，以别于我的亲三娘、四娘。小四娘和我同年级，是我小时的玩伴。她上学坐黄包车，为了有机会跟她一起玩，有时我背着书包跟在车后跑。

我母亲名朱明慧，云南绥江彝族姑娘，天生丽质，有绥江一枝花的美称。父亲与母亲的家乡虽说一个属于四川，一个属于云

1964 年中央民族学院毕业照。

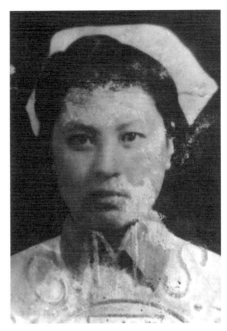

母亲朱明慧早年照。

父亲曾宪雨早年照。

南，但两地距离很近，走动也很方便。父亲在家乡读书，读到了高中。祖父在世时，家境是比较富有的。关于父母的结合，有两种说法。一说因为外公是私塾老师，家境贫寒，欠了祖父的钱，母亲是抵债嫁到曾家的。一种说法是父亲随祖父在绥江任上，与母亲私定终身。祖母对母亲很不好，一是母亲家境贫寒；二是当地的彝族，汉人往往蔑称为"倮倮"，很是看不起。

祖父去世后，祖母带着全家从老家来到昆明，投奔幺老爹。他把我父亲安排在昆明银行当一名职员，后来父亲还经营过一家织袜厂，开过一个小杂货店，家境还算不错。当时住在昆明小南门的昆安巷，1936 年，我的哥哥庆国出生，三年之后我也来到了人世。

祖母虽然吃斋念佛，但却没有多少慈悲之心。多年过去，在我的记忆中她还是一副凶狠的相貌。她封建意识很浓，重男轻女，父亲得到她的宠爱，在家中，与我两个娘娘得到的待遇，真是天渊之别。她对我母亲更是百般虐待。在忍无可忍之下，母亲终于在我两岁的时候，与我父亲离婚，独自出走，永远离开了曾家。

在我童年最早的记忆中，有件事给我印象特别深。父亲经常带着我到一个地方，进了大门要走过一条偏僻的小路，有一堵矮墙。父亲把我放在墙上坐着，过了一会，一个女人走过来了。她冲我说话，又与父亲对话，还不时落泪，这样的情景有好几次，就像电影一样留在我的记忆里。因为太小，记不清楚，到我十几岁时，我曾问过父亲。我说："爹，我好像在很小时，有过几次，你把我放在墙上，和对面走过来的女人说话，为什么我印象那么深？"父亲说："你母亲出走后，她因放心不下你，时常要我带你去看她。她离家后，你也时常哭闹着要找妈妈。"我才知道，她就是我的生母。在 20 世纪 40 年代，一个从农村到城里的妇女，举目无亲，出走后，全靠自己的奋斗才能勉强生存下去，她不带走我，是有她的苦衷的。当时，父亲在银行当职员，兼做小本生意，无暇顾及我和哥哥，就把我们兄妹二人交给奶奶来照顾。

这样，我母亲的厄运又降临到了我的身上。奶奶对哥哥百般宠爱，百依百顺，对我则是百般折磨。或许因为我长得酷似母亲，惹来十多年的打骂。在众人眼里，我是个漂亮、可爱的小姑娘；而在奶奶眼里，我是母亲的化身。她把对母亲的怨恨，全部发泄到我的身上。我一次又一次被迫离开家，只因为我还是个小女孩，不能像母亲一样远走高飞，又一次一次被迫回到奶奶身边。

(二)第一次离家

我五岁时，父亲再婚。继母姓姚，是昆明一位名中医家的小姐，是一名飞行员的遗孀。她晚年对人说，她当年背着父母和这位飞行员私奔。丈夫把她带到重庆，举行了盛大的婚礼。新婚当晚，丈夫告诉她，明天他就要驾机到延安投奔共产党，要她跟他一起走，她没有同意。丈夫独自一人飞走后，从国共两方传出了相反的消息：国民党说因她丈夫叛逃，已将其击落；共产党则说欢迎他起义。但从此再无消息。她只身回到昆明，父母把她锁在房中。过了一段时间，经朋友介绍，她与我父亲结婚。

父亲再婚之后，与继母单独居住。虽然住的地方离奶奶这里不算远，但很少来看我。母亲离家后，父亲对我的爱还曾稍稍弥补我失去母爱的伤痛，而后来连这一点父爱也几乎没有了，奶奶也更变本加厉了。父亲再婚不久，祖母对我和哥哥说："你们有妈了，明天就去见妈。一见面就要大声叫妈，谁要是不叫，回来就罚跪三炷香，不得吃饭。"我很听话，为的是不受罚，进到父亲新居，一见到继母，我就大声叫妈，得了一大把糖果。其实我当时还不懂什么亲妈、后妈。大我三岁的哥哥见到继母就是不肯叫，给他吃糖也不开口。等回到住地，祖母就叫哥哥下跪，开始点香。我正庆幸自己不会受罚，没想到祖母过来对我说："你也给我跪下，陪着你哥哥。"我说："我叫妈了，不该我跪。"此时，鸡毛掸子先打了一下哥哥，眼看就要打到我身上了，好汉不吃眼前亏，扑通一声，我也跪下了。但心里不服气，很委屈，一边跪着一边哭，恨祖母说话不算数，恨哥哥连累我。

我的二老爹曾对别人说过，我在母亲离开后，经常生病，整天哭闹不止，奶奶曾想把我扔到河里去喂鱼。父亲及二老爹知道后，极力阻止，并把我放到二老爹那里。在他那里待了半年多，因为他妻儿都在四川，他一个单身男人照顾小孩有一定困难，他又把我交还给父亲。最后我又被送回奶奶那里。

奶奶和我们住的昆安巷一号院里有两家人，另一家是我们的亲戚，两个老太太，是我么老爹的丈母娘姊妹二人，一瘦一胖。我管她们叫大老祖、二老祖。她们住西屋，我们住东屋，中间的大堂屋两家共用。一天她们从外面回来，听见她们养的母鸡在咯咯叫，可是她们去捡鸡蛋却没有。老祖在我们屋外叫我："小妹（我的小名），你看见我们的鸡下蛋了没有，怎么蛋没有了？"我说："鸡下蛋了，奶奶让我钻进鸡窝取出来交给她了。"小孩是单纯的，不会骗人，而且这两位老人对我也不错。老祖去问奶奶要鸡蛋，奶奶知道我告诉她们实况了，很生气，将我拖进屋就一顿打。我大声哭叫，惊动了两位老祖。她们过来敲门，叫祖母不要打孩子，说："一个鸡蛋值多少钱。小孩天真无邪，不会说谎。鸡蛋我们不要了，你千万别再打孩子。"但怎么劝也劝不住。我被打得鼻青脸肿，耳朵直往下淌血。她们看劝不住，赶快派人去找我父亲，但父亲很忙，直到晚上才来看我，我只知道哭。他跟奶奶吵了很久，我只记得父亲说："不能这样下去了，你会把她打死的。你打她比打我还让我难受。要知道，她还不到六岁。"

大约过了两三天，父亲采用调虎离山计，一大早，把奶奶支出门了。每次她出门，就把我锁在屋里。不久父亲来了，他在窗外叫我："小妹，快过来，把窗户插销打开。"我试了许久，就是打不开。父亲要我去找把小锤，敲几下，这样终于把窗户打开了。父亲又说："你去找几件平时穿的、好一点的衣服带上。"我取了几件衣服，也不知道要干什么。父亲说："你站在凳子上，先把衣服给我。"我父亲把我从窗户里抱出来，说："快走。"出了门叫了辆黄包车，我终于逃离了这个可怕的家。

逃离奶奶的家后，父亲先是把我放到继母的姐妹家，我管她叫姨妈。在姨妈家住了几天，父亲带着我与继母三个人，开始坐汽车，又转轮船。到了泸州，在旅馆休息了几天后，父亲说："我送你回老家去，那里有二奶奶照顾你。"我什么也不懂，跟着他走就是了。

（三）回到老家——四川南溪牟家坪

经过长途跋涉，我们终于到达目的地，我的老家四川南溪牟家坪。我至今还清楚记得，父亲坐的是滑竿，我由挑夫挑着，另一头是杂物。

牟家坪，现属四川省宜宾市翠屏区。前些年，我和智超去宜宾学院讲课，沿途经过一块"牟家坪"的路牌。我们请司机将车开到乡里，专程去看了我当年念书的小学。

二奶奶早在家等我们。二奶奶是我二老爹的妻子，二老爹在昆明做盐巴生意，她带着幺叔和童养媳在老家，她长得瘦小、精干，心地很善良。她一见我就很喜欢我，说："多可爱的小姑娘，在我这里好好待着，我怎么也舍不得打你。不过，你要听话，出了点什么事，我怎么向你爹交代。"说完哈哈笑个不停。她和我奶奶是这样不同，一句话就把我的疑虑都打消了。父亲临走时对我说："你就先在这里住着，等我有了好办法，会来接你回去的。"看他眼眶都红了，我小声哭了起来。来到这个陌生的地方，我不能选择，不能逃避。在一大群人中我可以放心依附的人，就是二奶奶，我相信她一定比我奶奶好，否则父亲不会送我到这么远的地方来。二奶奶给我们第一餐吃猪儿粑，很好吃，这是四川特有的食品。父亲走后，我并不特别伤感，只要不挨打，我在哪儿都高兴。二奶奶不常在家，她三天两头在外赶场，做小生意。她把我交给幺叔的童养媳，我叫她"五娘"。她当时也只有十四五岁，比幺叔大几岁。幺叔也还是个顽皮的大孩子，整天在外野跑。

五娘只在吃饭、睡觉时找我回来，可以说这是我童年最快乐的时期，无忧无虑，但最缺少的还是父母的关爱。有两次病了，病得还不轻。一次是发烧，烧得昏天黑地，一个人躺在床上起不来，没有人管我。哪有药吃，也不会自己去找医生。几天不吃不喝，终于挺过来了。大约一个星期，自己好了。另一次是身上起疱疹，围着胸口长。我看疱里有水，心想把水挤出来大概就好了，结果是一路长下去。二奶奶回来了，给我换衣服才发现，她大吃一惊说："你为什么不早告诉我，再晚几天，你就没命了。这是缠腰龙，围着胸口长，一头一尾接上，你就死了。"这时头与尾只差几寸了。她赶快找来土医生，用雄黄点酒精烧疱疹，抹上中药，几天后居然好了，但到现在还留下一些疤痕。

过了几个月，二奶奶对我说："你整天在外野跑，都玩疯了，该在家好好待着。你爸来信，要送你去读点书。"这样，把我送到一座破庙里去接受启蒙教育。这座庙阴沉沉的，一进庙门就有四个大泥菩萨，面目狰狞，当时觉得很可怕。我们进教室要经过几个殿堂，一个老先生教我们读三字经。每天规定你背几段，背不出来就打手心。每天上学，我就没有多少时间玩了。一天晚上，二奶奶对我说："小妹，我们要回昆明了。你爹说，也要把你带回去。"快见到父亲了，我也高兴，但又不愿回到祖母那里。

（四）回到昆明

回到昆明，我见到父亲的第一句话就是："我不跟奶奶住在一起。"这是唯一的要求。于是父亲把我送到了昆明圆通街的女上智小学念书。这是法国天主教教会学校。这样的学校收费很贵，食宿都在学校里。早晚、餐前餐后、睡前都要做祈祷，唱赞歌。每周进教堂做一次弥撒。平时在教室学文化课，与其他小学用的书本是一样的。我只念了两个学期。虽然我成绩优秀，期末都发我许多奖品、课本等，但由于父亲负担重，弟妹相继出生，父亲无力再供我上教会学校，他对我说："去奶奶那里吧，我跟她讲好，不会再打你了。"我只好又回到奶奶身边。父亲准备送我到离家近的靖国桥小学念书，奶奶极力反对，说："女孩子念什么书，将来长大了也是嫁人，让她在家学着做点家务吧。"我辍学在家，哥哥念小学三年级了。

这时，我们是一大家族的人住在一起，住在金碧路，离金马碧鸡牌坊很近。走十多分钟就到市中心，如果往城外走，五十米外有座桥，叫鸡鸣桥。大院里住着二老爹二奶奶一家四口，他们开一间盐铺。铺后面是大院子，西边有厨房。院里有两棵梨树，开花结果，鸟儿筑巢，给我的童年带来了许多快乐。往里走是两排平房，我和奶奶、哥哥住。再往里走有一间专放货物的仓房。厕所在最里面。铺面的楼上有四间房，后来我父亲和继母搬来住了一大间，有一间租给邻居。住在这大院的，还有母女二人，她们是我的四娘和她女儿。四娘遭遇不幸。她结婚一年后，生下一个女儿。丈夫是开汽车的，经常到缅甸做生意。在她生下女儿不久，就开车走了，这一走，再也没有回来，她苦等着。孤儿寡母也是靠我父亲养着。

不久，家里请来一位家庭教师给院子里的男孩补课。主要是教幺叔和我哥，再加上邻居两个男孩。他们四个人都很淘气，不好好读书。我不能参加他们的学习，一是他们年纪比我大，二是因为我是女孩，祖母不让。我只好在他们上课时，偷偷在窗外听老师给他们念诗，讲文章。有一天，这位老师要求他们背诵前几天教他们背的诗，四个男孩子没有一个能背出来，老师很生气。我在窗外对老师说："我能背。"老师不相信，说："你能背？那你就进来背给我们听。"我走进去，双手背在背后，开始背："三更灯火五更鸡，正是男儿读书时；黑发不知勤学早，白发方悔读书迟。"老师很惊喜。过了不久，家长请老师吃饭，老师对我父亲说："你女儿很聪明，爱读书。她在窗外听我教几个少爷背诗，他们太贪玩背不出，没想到你女儿比他们小倒是她背出来了。我常看到她一个人写字看书，你应当让她去念书。不然可惜了。"父亲笑着说："既然老师这么看重她，我一定送她去念书。"于是，我进了靖国小学念二年级。我跳班，哥哥留级，我们两兄妹同在一个年级。

(五)第二次离家

这时期，家庭经济拮据。一家六七口人的生活支出全靠父亲，奶奶还抽大烟，繁重的开销把父亲的身体压垮了。他因胃出血住进医院，弟妹又小。这时，我不到十岁，一天父亲右手按着胃部，哀求似的对我说："小妹，你奶奶要抽烟，我没钱给她买了。我的一个朋友很喜欢你，他愿收你做干女儿，这样他会借些钱让你奶奶买烟。他会带你到煤山去玩，住一段时间，我再把你接回来。"我说："我还要上学，我才不跟他去呢。"转眼又看到父亲痛苦不堪的样子，他几乎是在哀求我，我又想，这一去可以远离奶奶，免去不时的挨打挨骂，又能帮父亲解难。于是又对父亲说："那就去吧，这个家我也待烦了。"父亲说："好，回来后一定再让你去念书。"他知道我喜欢读书。这个干爹姓梁，与我父亲同岁，其貌不扬。梁干爹特意选一个好时辰，上门来了，祖母让我下跪磕三个头，他拿来一大堆见面礼，其中有我喜欢的一个布娃娃。过了几天，我跟着干爹上路了。先乘火车，在火车上，我没讲一句话，眼看着窗外心事重重。恨父亲把我交给这个陌生男人，恨祖母没钱还要抽大烟，如果我有亲妈在，绝不会有家等于没家，有妈等于没妈，继母从不关心我，她也从来不跟奶奶说一句话。

干爹是一平浪的一个小煤矿主，还开了一家杂货铺子，卖烟酒等物。铺子后面只有一间房，他们一家四口住，一个女儿四五岁，一个儿子才一岁多。我住铺面的阁楼上，从他们房的一角搭一个梯子爬上去。这个阁楼很黑，白天才能看见里面堆满杂货。我的铺位也不大，晚上点煤油灯上去睡觉。半夜里，老鼠很多，跑来跑去叫个不停，我很害怕老鼠咬我的脚指头，更可怕的是没有厕所，要上厕所必须出门走四五分钟才有一个茅草搭的棚子，四面透风。因为野外有狼，晚上不敢出去上厕所，我经常半夜尿床，尿流到他们的蚊帐上，两夫妇时常为我吵架。大约只住了一个多月，我跟干爹说，我要回家，他又把我送回昆明了。

(六)第三次离家

从一平浪煤矿回到昆明，父亲来接我，我向父亲提出两点要求：一不要让我跟奶奶住在一起。二送我回到学校念书。父亲答应了我。第一次把我带到他的住处，与继母住在一起，在附近一所小学上学。由于父亲做了许多工作，继母开始没对我怎么样。但好景不长，过了个把月，当我中午放学回家吃饭，却进不了门，门被锁了，只好饿着肚子去上学。几天下来都是这样，每天只有晚上能吃顿饭，父亲知道却不说什么。一天早晨，父亲上班去，我就跟着他走，他不回头，我也不叫他，不知道他是真不知道，还是装不知道。下雨了，雨越下越大，在大雨中，我一直跟着他走了近一个小时，看着他进了办公楼，我就坐在路边，让雨淋个透，满脸的雨水和泪水混合在一起。一种莫名其妙的失落感，是恨还是痛？我身无分文，向谁去诉说？父亲也这么狠心，我必须去告他一状，他只怕一个人，就是幺老爹。但我找不到他，于是我去他家找幺奶。她曾经当着我的面批评我爹，说："你要管好你前妻的两个孩子。"我为什么不去找她帮忙呢？但到了她家，我又不知说什么好。在她家吃了饭，又回到自己不愿进的家门。父亲看我回来了，说："你妈经常不在家，也没有人管你。你还是到奶奶那里住吧。"看他很为难，我只好又回到祖母身边。但不久就发生了我童年时期的第三次离家。

有一个亲戚结婚，请我们全家赴宴，桌上摆满了美味佳肴。旁边一位好心的阿姨不断给我夹菜，小孩不知深浅，吃多了，半夜呕吐不止，被子、床单全弄脏了，心里已经不好受了。祖母二话不说，拉下床来就是一顿打，鸡毛掸子都打断了。我大哭不停，邻居都被吵醒了，四娘跑来劝也无用，我被罚跪一直跪到第二天，又让我洗被单。一个不到十岁的孩子，哪里洗得干净，又是一顿打。一直到晚上，我赌气不吃饭，一人坐在街边思考，看星星看月亮。家家灯火亮了，收音机里经常听到："小白菜啊，地里黄啊，三岁两岁没有娘啊！……"这歌就是我身世的真实写照。

冬天我先钻被窝为她暖被，夏天替她赶蚊子。白天我给奶奶倒茶水，晚上她抽大烟，我给她放烟粒，陪到半夜，有时我实在太困，睡着了，她就用烟针扎我的手和脚，掐我的脸。她打我时，哥哥还在一边加油，没人敢阻拦她。我不想再看到她了，父亲也救不了我，只能自己想办法了，于是我决定离开这个家。过了几天，我谎称有个同学在纱厂当童工，她只比我大两岁，她说可以带我去做工。祖母听说做工有钱，她爱钱如命，同意让我走了。

第二天一早，我带了几件衣服，趁奶奶没起床，就急忙跑出来了。这次是我独自出走，像小鸟飞出了牢笼，一身轻松愉快，可以后的日子怎么过，一点不知道。在大街上游荡了一整天，身上仅有的一点钱买食物吃了，也走累了，天黑了，才想起我今晚到哪里去睡觉呢？我又饿又困，天下起雨来了，不由自主地又回到奶奶住处。看着屋里面还有灯光，我在门口徘徊，不敢进去，只要进去，免不了一顿打。此时，我忽然想起，我为什么不去找幺老爹呢？幺老爹是个好人，他是银行总经理，家有小汽车，有洋房多处，我们家在困难时，他经常接济我们。幺奶以前经常批评我父亲和奶奶，要他们对我好一点。每次过年过节，大人带我去，她都会给我压岁钱、零花钱，但一出她家门，便被奶奶、父亲没收了。我终于到了幺老爹家门口，但已经很晚了，大约有十一点了。他们家的铺面很大，后面是个花园，花园后面是二层楼的洋房，楼上楼下有许多房间。家里养了两条大狼狗，每天要吃几斤牛肉。可是，这么晚了，又叫不开门，我只好坐在台阶上等。天无绝人之路，不久，走过来一个人，是他们家长工。他一眼看见我，就问："这么晚了，你怎么一个人坐在这里？"我一声不吭，只是掉眼泪。他大概明白了其中理由，开门带我进去，把家里的丫头叫醒了。这个丫头是陪嫁过来的，小名叫小兰，我管她叫娘娘，三十多岁，人很好。她到厨房热饭给我吃后，当晚我就睡在她床上，感到从来没有的温暖与舒服。

第二天，小兰娘娘告诉我："我跟你幺奶讲了，你一个人逃跑出来了，不敢回家。去见幺奶吧。"我不敢去，小兰说："去吧，我带你上楼去。"到了幺奶房间，她一见我就说："当年你妈妈受不了你奶奶的虐待，经常跑到我这里来，在这里住几天，回去又挨打骂，又跑来，最后只好跑了。现在又轮到你，你还是个小孩子，真是造孽啊！你是个好孩子，饿着肚子也要上学，我心疼你。你先住在这里，不告诉你爹，让他找几天，看他怎么办？他来了，我要好好教训他。"

几天之后，父亲不知怎么找到这里来了。他跟我说："奶奶不敢打你了，你失踪后她也难过了几天。"这样，我就只好跟他回奶奶那里去。后来听说父亲与奶奶吵得很厉害，说再打我就不给她生活费。父亲还把哥哥痛打了一顿，说他没有保护我、与奶奶一道欺负我。

（七）福海村避轰炸

在我十岁那年冬天，政治局势忽然紧张起来，有飞机在昆明市五华山投炸弹，还散发传单。有一天晚上，我看见奶奶、娘娘慌慌张张地收拾衣物。我刚要睡觉，娘娘说："小妹，今晚不能睡了，快去多穿件衣服，马上要出门赶路了。"我不解地问："要去哪儿？"奶奶说："小孩子别多嘴"。大约十二点后，我困得睁不开眼，被大人拉着就往城外走。他们大包小包背着，走到一座桥头，只见军队三步一岗，五步一哨，不放车辆和行人通行。交涉很久，包裹都打开给他们看，好说歹说，又交了买路钱，才挥手让我们快走。走到半夜，中途住到一个朋友家，第二天一早接着走，中午才到达目的地——福海村。这个村里有一幢房子，是我幺老爹的房子，这房子很气派，在当地仅次于龙云（滇系军阀首领）的房子，他的房子就在对面。幺老爹的房子平时都空着，从老家请来了一个远房亲戚曾老三看管。我和哥哥、奶奶就住在一层的西厢房。不久，这个院子来人可多了。幺老爹一家七八口人也来了，他们自己的房子，当然住最好的楼上。楼上有三大间，没人住时像鬼屋，白天我都不敢上去。大门口外有个防空洞，很深，东西洞口相通，我们小孩经常在里面跑出跑进。

福海村是个非常美丽的村庄，湖光山色，是天然的美景，谁到这里都会喜欢。出门遥望西山，山下是一望无边的海子（云南人称湖为海子），就是著名的滇池。随着局势的稳定，曾氏家族的人开始搬回昆明。后来我才知道，1949 年 12 月 9 日，云南省政府主席卢汉宣布起义，当时解放军主力还没进入云南，国民党两个军包围昆明。昆明组织了保卫战，国民党则派飞机轰炸昆明。等到解放军进入云南，国民党军队败退，云南也真正解放了。战事缓和后，其他人都返回昆明的家中，只有奶奶坚持住在这里，不愿返回昆明。我也只好陪着她住了下来。

在这幢空荡荡的宅院里，奶奶和我住在正房的二楼，曾老三住在门口的小厢房。那时，我虽然年龄很小，但是常常听到曾老三给奶奶讲，正房二楼楼上经常有说话声和脚步声，他觉得那楼上"有鬼"，这让我感到特别害怕。每天晚饭后，奶奶经常会到院里遛弯。一直到了快要睡觉的时候，她就让我提前半小时上楼铺床，收拾屋子。每当我点着煤油灯，走在四处无人、黑漆漆的楼梯上，耳边就会响起曾老三给奶奶讲的那些鬼故事。每天晚上独自在楼上的半小时，是我最难熬的时间。这种紧张、害怕的感觉，一直到奶奶进屋，才能有所缓解。这给年幼的我造成很大的心理阴影，也是我日后从福海村逃离的原因之一。

童年的这段担惊受怕的经历，深深印刻在我的脑海中，挥之不去。虽然长大以后，不再相信"有鬼"的故事，但是有时会变得非常胆小。童年的经历和生活环境，影响了我的一生。在孩子年幼的时候，家长的教育方式会对孩子产生巨大的影响，会影响孩子的一生。

(八)1949 年后的学习

有一天，街上忽然变得很热闹，原来是解放军进城了。人们在歌唱，呼口号，夹道欢迎。我还不大懂事，跟着看热闹。我们家对面有一座楼房，原来是政府机关的办公楼，这时全进驻了解放军。他们派了些文化干部，召集附近的青少年学跳舞、学唱歌、学文化、学政治。喜欢学习的我，当然不会放过这样的好机会。

有位姓黄的解放军干部，是负责教我们文化课的。我们天天往机关里跑，学会的第一首歌就是"没有共产党就没有新中国"。第一支舞蹈是"解放区的天是明朗的天，解放区的人民好喜欢"。这是当时大人小孩都会唱的歌。黄老师教我们文化课很认真，我是当时班里最小的学生，大部分都是青壮年来学习。有一次，我进教室特别早，带了两个烤土豆，边吃边看书。他发现后走过来问我姓名、年龄，并鼓励我要好好学习，将来才有出息。他还要我向刘胡兰、赵一曼学习，做个女英雄。他当时的好多话我都不记得了，只是记得他说："只有读书多了，才会学到本事，才能改变自己的命运。"这一点我算是牢牢记住了。过去我只是喜欢看书、写字，从此以后，我认定只有努力学习，才能摆脱我的悲惨命运，因此更加自觉刻苦。我很感谢他的教育，他可以说是我的启蒙老师。

这段时间，我认识到解放了，人人平等。只要奶奶一骂我，我拔腿就跑，或者同她辩论，我再也不怕她了，而她也不敢再打骂我，对我的态度也有变化。不久，父亲被调去学习，审查历史，一时失去了工作。幺老爹是爱国人士，在抗美援朝运动中积极捐献飞机、大炮，之后又是公私合营，收入大减。由于家里等米下锅，四娘也要出去找工作了。一天，我陪她去找工作，在她登记时，有个女解放军走过来问我们，愿不愿去帮她看小孩。她说："小孩只有一个多月，在家里给小孩换尿布、喂奶粉就可以了，别的不用做。"我四娘说："好，可以去，每月给多少工钱？"解放军说："除了吃住，每月三四万块钱。"这相当于后来的三四块钱。四娘嫌太少。这时，女解放军看着我，说："这个小姑娘愿去吗？你多大了？"我说："十一岁。"四娘说："她去也行，就是太小。但她很听话，你们开始要教教她。"这样，我还不到十二岁，为了养家糊口，来到了云南军区政治部。

(九)在部队大院

这对夫妇都是军官。男的是东北人，官职可能高一些，女的姓张，我叫她张姨。他们就在大院里办公，早出晚归，上班前告诉我怎样给小孩喂奶粉，换尿布。我都按钟点办。孩子还小，整天躺床上，工间操时他妈回来看看，抱一抱。在这个军区大院里，我过的是部队生活。起床、开饭、熄灯，都听吹军号。军号一响就起床去打开水。开饭号一响，我就到食堂，只要围着桌子凑够八个人就开餐，大馒头、大包子、米饭、菜，随你吃，我觉得很有意思。解放军夫妇对我很好，把我当他家的小妹妹。他家宿舍是套房，他们夫妇、小孩睡在里间，我在外间。有时他们还给我找点书报看看，生活过得很轻松。每月的工钱，祖母到时就来取，一分都不留给我。这已经成了习惯。以前在家，过年过节，祖母就把我打扮得漂漂亮亮，到亲友家拜年，人人都会给我

1954 年照。

1954 年与小学同学合照。

压岁钱，只要一出了门，就叫我把钱交给她。

在张姨家只待了四个月。随着小孩一天天长大，要经常抱着走动，张姨说我太小，不放心让我抱，又舍不得让我走，把我介绍到她一个要好的同事那里。那对夫妇也是解放军，只是在另一个地方住，离市中心很近，出大门就是大街。我常看到与我同龄的孩子，天天背着书包上学校，很羡慕。他们可以做自己想做的事，能跟自己的父母在一起，这些都是我想得到却总是得不到的。看看别的孩子，想想自己，心都要碎了，觉得自己很不幸、很孤独，没有人能帮助我，还是靠自己去争取吧。

我找父亲说："我要回来念书。"父亲此时已被分配到玻璃厂当会计。我说："你只需每月给我几万块钱伙食费。"父亲说："你去报名考试吧，只要你能考上，我就供你。"于是我去报考金碧小学四年级，一考就被录取了。

(十)居无定所

重新上学念书后，一系列的困难摆在我面前。首先，家庭发生了很大变化。原来在金碧路的住房，只剩一小间，由父亲和继母住。这时继母已有了一女一子。一家四口，不容我去住。奶奶搬到了三娘家。四娘、五娘各奔东西。哥哥去当了学徒工。原来一大家子分得七零八落，只有我成了无家可归的人。开始时还跟二奶奶在一起，不久我的幺叔单位为他们分配了一套二居室的房子，离我的学校很远，我不能去。怎么办？我只好跟同班一个要好的同学韩金莲商量。她父亲开了一个杂货铺，二楼是卧室，就在学校对面，两分钟就可以走到学校。我对她说："我无家可归了，能不能暂时借住你家。"她觉得我很不幸，但知道我自尊心很强，不能听点滴的伤感话。她说："我很赞成，我们可以一起写作业，多好啊！你最好再给我爸爸讲讲，只要他一句话，我去跟我妈说，她不会不同意的。"这种有家等于没家、有妈等于没妈的心酸，只有自己知道。人不管怎么穷，但要有骨气。因此，我从来不对外人说我遭遇的苦难，因为我不需要同情，我只要自己去努力改变人生，与命运抗争。

一天放学后，我到了韩金莲家，对她爸爸说："大伯，你愿不愿意让我暂时住你们家，上学方便。"其实，我经常到他家玩，他也知道我的情况。他说："好啊！我有三个女儿，再加你一个也不算多啊！只是只有小阁楼可以住，没有地方了，你爸爸放心吗？"我说："我爹会同意的。"第二天，在小阁楼上铺上席子，带上简单的行李，这就是我的安身之地了。我很感激他们一家人。他们一家人对我也很好，不把我当外人。我也尽量不给他们添麻烦，一早就到学校，中午在学校午餐，晚上学校不开伙，我经常是在外面小摊上买碗米线、凉粉充饥。多数时间是买一斤土豆，在她家灶里烤烤，吹去灰，喝碗冷水就是一餐。有时他家吃好的，或者我帮他们看铺子了，他们一定要我一同吃饭，我也不谢绝。一般情况，我是等他们家吃完饭才回去。

我在小学五年级时入了少先队，少先队的辅导员赵老师对我特别好，她把她的旧衣服，或是小了她不能穿的衣服都给我。我也经常穿我哥哥的旧衣服。人家说，不管你怎样打扮都是个漂亮的小姑娘。由于我品学兼优，一学期结束或开学，我都会得到学校颁发的一份奖品——练习本、书本、铅笔，或者减免学杂费的奖励。

小学最后三年的时间，我都不知道是怎么熬过来的。经常是一天吃一顿饭，饿得面黄肌瘦。过的是流浪生活。食无定时，居无定所，心气又高，不愿被人看不起。在这种苦难中长大，养成了我的倔脾气，任性，独来独往，什么事都自己做主，不听别人话，特别是逆反心理很强。

一次父亲带我去买布，要给我做套衣服。他要选蓝色、灰色的卡其布，说结实。我非要选花布，花布好看。在布店里僵持了一个多小时，父亲被气走了，我自己买了花布，果然穿不久就破了。

我经常是饿着肚子去上学，又不肯告诉任何人。一次我实在饿极了，大概几天没吃饭，因为父亲不到学校交费，我就没饭吃。不得已，只好去找哥哥。他当了印刷工人，是我唯一的亲哥哥，找他帮助理所当然，想让他给我伙食费。不料他说："没有！过去你常向父亲告我的状，让我挨打，父亲只喜欢你，你去找他吧！"我说："你要知道，我是饿着肚子来找你的，你这么无情，以后就是饿死了，我也不再找你。"说完甩门走了，从此不再理他，街上见了，形同路人。1955年他参军，父亲在餐馆为他送行，我们虽见了面，但我也不跟他讲一句话。

(十一) 找到生母

父亲负担很重，一个月只有四十多元工资，要养活五口人，包括继母及弟、妹，加上我。继母虽然有工作，但她的收入从不拿出来维持家庭生计。妹妹上小学，弟弟只有一岁多在幼稚园。

我念五年级时，一天在放学路上，有位娘娘突然叫住了我。她说："小妹，你不认得我了？"我看了她一会儿，叫她娘娘。她说："好久没见到你了，你长大了，可这么冷，你穿得太少了。我听说你经常饿着肚子也要上学去，你爹也不管你。"我笑笑没说什么。她说："你怎么不去找你妈呢？她应当管你。"我说："奶奶说我妈早死了。""小妹，你相信我，你妈活得好好的，你奶奶骗你的。你妈妈跟你爹离开后，过了几年就跟一个医生结婚了，现在有好几个孩子。她就在一家医院当医士，我告诉你地址，你去找她。只是你不要跟任何人说是我告诉你的，不然他们会来怪罪我。"听了她讲的话，我十分震惊，多年来第一次听到母亲的消息，心中有说不出的滋味，但毕竟是个天大的好消息。我当时戴着红领巾，我庄重地向她敬了一个队礼，表示感谢。

在去找母亲前，我与父亲有段对话。我说："我现在才知道，我妈并没有死，可你们为什么一直瞒着我，说她不在人世，你也太狠心了。"父亲大吃一惊，呆呆地看着我，沉默很久，说："以前你小，现在你长大了，告诉你也没关系。我同你妈离婚也是万不得已。你现在要去找她就去吧，只要求你不把我忘记。想起来，我对不住你们兄妹。"看他很难过的样子，我再不说什么，何必让他伤心呢？过去了的事很难说清楚，他有他的苦衷。

我决定去找我的母亲，我多想见到她。自己一个人又不敢去，便约了韩金莲和另一个要好的同学一道去。到了她们单位大门，传达室有个叔叔，让我登记。他拿着登记条就进去了，过了一会儿，他带进来一个中年妇女。她对我们说："是谁找我？"我迎上去说："是我找你。"她看了看我说："找我有什么事吗？"此时此刻，我心跳加快，不知说什么好，我毕竟还是一个十几岁的孩子，又不能肯定她是谁，便说："我是来找我母亲的，她的名字叫朱明慧。"她看看我，很干脆地说："你找错了，我没有这么大的孩子。"我不知所措，感到很尴尬，想了一下就说："那就对不起啦，我们走吧！"我们三个人匆忙走出大门，自己也理不清是怎么回事。心想她肯定不是，如果是，哪有自己的孩子都不认的道理。我问身边同学："你们看她长得像不像我，因为奶奶总是骂我像我妈。"一个同学纠正说："应当说你像不像她才对啊。"另一个同学说："我看很像。"这时，我们身后传来了声音："喂，小孩，你们等一等。"我们转身看去，刚才那妇女在门口小摊上买了几个宝珠梨。我们站住等她，她过来了，先递一个梨给我，又分别给她俩一人一个。又说："我带你到后面走走，后边有莲花池，还有陈圆圆的梳妆台。"我们跟着她走，我手里的梨显得沉甸甸的，心里更是有些蹊跷，既然不是我母亲，为什么又要叫住我们呢？我情绪低落，理不清思绪，心乱如麻，一声不吭地跟着她走。这时，天还下着毛毛雨，我们走过小山坡，跨过铁轨，四周静悄悄的，见不到一个人，只听见风声、雨声滴滴答答，树木花草包围着我们。就这么静静地走了近半小时。她突然哭了："十几年前的事，好像又出现在眼前，你都这么大了。我跟你父亲没感情，我们离婚你奶奶起了很坏的作用。你最小，我原本要带你走的，可是你父亲不肯，一定要留下你。当初我也很困难，活下来都不易，后来找到医院的工作。现在我已经有五个孩子，丈夫不知道我过去的事，组织上我也没有讲过，这段历史我隐瞒了十几年。我不是不想认你，顾虑太多。"天还下着雨，真是天灰灰、雨蒙蒙，她的心雨也在纷洒，让我更是意冷冷。我不时看看她的表情，很平淡，没有见到多年不见的女儿的激动。母女相见，应当高兴啊！为什么反而感到痛苦，我真有点后悔，觉得不该来，我只好说："你有你的难处，我没想到，今天见到你一面我就满足了。为了不给你增加麻烦，我以后可以不来找你，今天的事，就当没有发生过。"她又转了话题，问我生活得怎么样？父亲、奶奶对你好吗？我简单地说："小时候吃了不少苦，有些是你想象不到的。已经过去的事，现在好多了。"天渐渐黑下来，远处已见灯光。我说："那我们就回去了。"临分开时，她说有事可以去找舅舅，她把地址告诉了我，并往我口袋里塞了两元钱。我朝思暮想的母亲啊，你让我过早体验到了人间的冷暖、世态的炎凉。这时我才觉得浑身冰凉，衣服都湿了。两位同学也陪伴我一天了，其中一个同学说：

"你妈有她的难处，但是也太狠心了。自己的女儿都不敢认，这样的妈有跟没有都一样。"她好心安慰我。我说："她心情也很矛盾。"为了感谢她两人，走到大街上，我用两元钱买了大饼请她们吃。她们又累又饿，衣服也湿了，但没有一丝怨言，还安慰我，真让我感动。

二、从没有家到有三个家

此后，我没有再去找母亲。心里虽然经常想起她，但只要她能平静地生活，我还能说什么呢？1954 年小学毕业，我进入昆明六中读书，食宿都在学校里。我学习成绩优秀，是全班第一批加入共青团的拔尖人物，十五岁时已长成亭亭玉立的大姑娘了。在学校一提起我，没有人不知道。因为有两根吸引人的大辫子，浓眉大眼，我好像是从丑小鸭变成了白天鹅。到了初二，我更是活跃人物，当选全校学生会主席。我喜欢唱歌、跳舞，经常上台表演。一天，学校负责伙食的老师对我说："你父亲有三个月没来交你的饭费了。我知道你在营火晚会上扭伤了腿，不便通知你。"我一听，觉得很难为情，去找父亲。他说："实在没办法，拿不出钱，怎么办？"我说："那就停伙，不交钱我怎能厚着脸皮去吃饭。"停伙了，我又是饿着肚子上课。不久得病了，拉痢疾，营养不良，我终于发烧躺下了，几天上不了课。老师、同学来看我，他们把情况反映到团委会，引起了团总支的注意。团总支书记来找我，说："你为什么不把困难告诉我们，看你瘦得皮包骨头了。你没满十八岁，家长要对你负责。"

于是学校出面，去找我母亲的单位领导，想通过领导给母亲及她的丈夫做思想工作。母亲单位的人事处长是院长的妻子，知道我的情况后，很重视，特别约我去见面了解情况。他们夫妇是

与母亲、继父全家合照。

父亲与继母结婚照。

红军长征干部，见到我后很喜欢我，决定由他们抚养我念书，帮我把欠学校的伙食费补交了。星期天带我去看电影，到郊区旅游，我们相处得很融洽。他们决定收我当他们的干女儿。他们有两个儿子，大儿子比我大两岁，小儿子在幼稚园。不久，我的继父也知道我生母以前的那段婚姻，虽然内心很矛盾，觉得我母亲欺骗了他，但他是个很有教养的人，中山大学医学院毕业后，一直当医生，医术高明，为人正派，心地善良，对我母亲一直很好。这件事发生后，他表示：过去的历史是旧社会造成的，在上世纪40年代，一个弱女子难于生存，才不得不狠心扔下两个孩子。小孩子是无辜的，我们应当把小孩子接到家里来，补偿对她造成的伤害。他还反过来安慰母亲，说他一点都不责怪她。放暑假了，一天，继父和我母亲一同到学校找我，说要把我接回家。我说："我不去，我已经过惯了没有家的生活。暑假里我在学校还有许多工作要做，我还是不去的好。"其实，我也怕影响他们的家庭关系。继父说："我们特意来接你，你一定要回去。我们跟弟妹们都讲好了，告诉他们，今天我们去火车站接一个从四川老家来的姐姐。弟妹们都很高兴，在家等着你呢！"继父是四川乐山人，他们这么真诚要我回去，盛情难却，我不好再说什么了，带上简单的物品，跟他们回到了生母的家。看见弟妹的高兴劲，我也很开心。多年来做梦都想有个避风港，有属于自己的小房间，现在终于有了。生母家的条件比我父亲的家好多了，我有一间十平方米的房间，有书桌。在我十五岁时，时来运转，母亲为我买了新衣服，我变得更漂亮了。有的同学称我是校花，经常有男同学围着我转，传字条给我。有一天，我在学校学生会办公室练习演讲，一个高我一班的体育委员，坐在一边听我演讲，突然站起来，亲了一下我的脸，满脸通红就跑出去了。当时我认为这是流氓习气，从此不再理他。

我同母亲一家在一起过得很愉快，全家八口人，六个孩子，因为小弟弟只有两三岁，还请了一个保姆。白天各自上班、上学，晚上大家聚在一起有说有笑，我开始过上了正常的家庭生活。大约又过了几个月，新的问题又产生了。我的红军干爸干妈，长时间不见我去找他们，他们来找我，要我回到他们那里生活。他们也是好心，认为我母亲这边孩子多，负担重，他们可以减轻我母亲的负担。这也有道理。而我母亲认为，这件事已公开了，许多同事都知道了，抚育我成长是她的责任。而我亲生父亲这边也有想法，认为他在我身上花了不少心血，含辛茹苦把我养大，这么大的孩子，又拱手送给别人，心有不甘。他只想我母亲给抚养费，别的不让她管。

这样一来，我变成了有三个家，有三个爸、三个妈。我真不知道怎么办了，星期天我都不知道该到哪儿待着。这样的关系真的不好处理，我只得顺其自然，东家住两天，西家住两天，只要大家高高兴兴就行了。我这个星期去生母家，下周去干妈家，再下周去我奶奶那里。奶奶住自己女儿那里，我叫"三娘"。三娘家离我学校最近，在初三我学习特别忙时，经常就住在她那里。我奶奶年纪大了，对我也比以前好了。她说："最靠得住的还是女孩子。你爹我指望不上，我心疼你哥，但他参军后连封信都不写，一分钱也不给。只有你还经常给我零花钱，给我找医生，给钱看病、抓药。"只要她明白过来就好，我也不记仇。我一直在给她钱，直到我到北京，虽是一个穷学生，每月还寄五元给她，一直到她1970年去世。

三、第一次见到他

进入初三下学期，我已经十七岁了。因为面临毕业，学习更

1955 年与异母弟庆思、妹庆新合照。

1956 年与中学同学合照。

1956 年照。

1957 年初摄。

1957 年夏初中毕业合照。第 2 排左起第 3 人为庆瑛。

紧张了。考试的科目繁多，我基本上就住在三娘家。我一天三餐在学校，上完晚自习才回到奶奶处。一天，奶奶告诉我："你幺叔从边疆回昆明了。"他是二老爹的独生儿子，在公路工程局工作，修建从昆明到中缅边境打洛的公路，长年累月在工地上。他写信回家，因为二老爹搬家，没有收到。他母亲因思念他得了病，按今天的医学来说，就是抑郁症，最后跳河自杀了。她就是小时候在四川照顾我的二奶奶。这时候，他们工程局没有任务，全局人员回到昆明附近的呈贡整训，星期天可以到昆明休息。幺叔回昆明已经见不到自己的母亲了，他经常到我三娘、奶奶处，有时我也能碰到他。常听到他同奶奶、三娘讲："我有一个最好的同事，我们叫他'眼镜'，这是大家给他的雅号。这个人很聪明，父母都是高级知识分子，爷爷是著名的历史学家，与郭沫若齐名，是大学校长。这个'眼镜'常给我们作报告，讲历史故事。领导器重他，年年当选先进工作者，到昆明、北京等地开会。"这样的话，我在无意中听过好几次，由此产生一点好奇心，想看看幺叔吹捧的这个同事，到底是个有多大学问的人才。

有一天，父亲告诉我："你明天到家里来吃午饭吧！你幺叔要带两个同事来家吃饭，他们还要带活鱼来。你喜欢吃鱼，我做好等你。"我听有鱼吃，便答应了。中午放学，一走进门，父亲就让我叫陈叔叔、萧叔叔。我礼貌地叫了一声陈叔叔、萧叔叔。这位萧叔叔，我在三娘家已见过几面，而这位陈叔叔还是第一次见。看他个头不高，人很瘦，穿着很普通，戴着一副眼镜。心想，这位陈叔叔大概就是幺叔常捧上天的那位"秀才"了。我到家，他们已经吃完饭，父亲为我留了一份。我吃饭，他们四人在聊天。我吃完饭，一个人找个角落写作业。一会儿，陈叔叔走过来，拿起我的一本作业本，翻看着，说："你的学习不错啊，都是五分。你很用功，你幺叔常在我们面前夸奖你呢。"我说："快考高中了，不努力不行。"这时，有道数学题我没搞明白，同时也想考考这个秀才水平有多高，就说："这道题你说应当怎么解呢？"他很快给我讲解了这道难题。他给我留下了谦虚、朴实、热情的印象。我与他相识，可以说是缘分，第一次见面，留下了很好的印象。

一个星期六的下午，幺叔又带着陈叔叔从呈贡到三娘家。他们玩到晚上，因为没车了，决定不回呈贡了。幺叔、陈叔叔就住在奶奶房里。奶奶有咳嗽的老毛病，陈叔叔半夜几次起身给奶奶喂药、倒水，奶奶很感动。第二天对我说："多少年了，我自己的儿女都没有这样照顾过我，他真好。"

七月，我考高中。按我平时的成绩，是很有把握的，但在考试过程中发生了意外。考数学那天，进考场时才发现准考证落在家了，不能进入考场。我只好跑回去取，再跑回考场，已经过了三十多分钟。考数学，每一分钟都很宝贵。结果数学拉分太多，没有被录取。正在难过时，陈叔叔兴冲冲来了，见面第一句话就说："祝贺你考上了。"我甩给他一句："谁考取了，你是故意讽刺人。"原来他以为我考取没有问题，看见榜上有一个"曾庆英"，认定是发榜时写错了名字，所以跑来祝贺我。是我错怪了他。他这次来还告诉我另一个消息，他考上了北京大学历史系。全云南当年考入北大的学生只有四个人。相识的人夸他了不起，中状元了。八月底，他离开了工作五年的云南，带着单位发给他的一百元路费，到北京上学，也回到他父母身边。我默默祝福他，送他北上时，好像有永远不会再见面的感觉。

四、人生十字路口

我没有考上高中，学校的音乐老师为我惋惜，他要推荐我去考云南歌舞团。我说："不行，唱歌，我没有那个天赋。"他说："人家也要跳舞的，考你的强项，全学校只推荐了三个人"。我想就去试试吧！老师带我们去，结果晚了一步，人家已经考完了，不再要人。我的心情很不好，自读书以来，每次考试都一帆风顺。我跟我母亲说："我还是要继续念书，先上一年补习学校，明年再考吧。"没想到母亲没有责备，还鼓励我不要灰心，明年一定能考上。

这时期，我有几个家，父亲的家、干爹的家、母亲的家、三娘家，但各家都发生了一些变化：父亲那里，我不愿去住，也没有地方住，他四口人只有一间大房。干爹那里条件最好，我一个人一间大房，吃饭到干部小灶食堂，只要平时照顾一下小弟弟，但他家比我大两岁的哥哥，对我有些好感，想与我发展成恋人关系，我不愿意，不得不躲他远远的，后来根本不到他家去了。我生母与继父这里是我主要的落脚之地，母亲觉得家里负担重，把保姆辞掉了，要我每天带弟妹，买菜做饭，洗衣服。我命比纸薄，心比天高，根本不愿也不会做这些家务事。我从小过惯了来无影、去无踪的生活，性子野，要我天天待在家里做家务，是根本不可能的。三娘那里，奶奶对我态度虽然大变，但那儿毕竟不是我的家。

我好像站在了人生的十字路口，不知下一步怎么走？但有一点是明确的，读书是我追求的唯一目标，决不会动摇。我的理想是将来一定要考上北大、清华那样的名牌大学。可眼下又有许多困惑。看到母亲经常同继父闹矛盾，有些事跟我有关，比如继父总是追问母亲的实际年龄，她也总是闭口不答。过去的阴影，多少会影响这个家庭的和睦。幺叔每次看到我，都关心地说："你好像很不开心。我了解你的个性，你既要继续求学，现在就安心晚上去上补习学校。"我说日子不好熬，不知怎么办才好，他突然像发现新大陆似的高兴地说："你不是就为了要继续求学吗？如果你到北京去念书，机会肯定比昆明多，条件也会好一些，你将来一定能考上大学。如果你愿意去，我写信问陈叔叔，看他能不能帮忙，先借住他家，考上学校后就搬到学校去。"我说："那你就试试看。"他很快写信去问他的好朋友陈智超。其实当时我也没有抱多大希望。半个多月后，幺叔告诉我，智超家欢迎你去北京。我说："我还要回去跟我妈商量，征得她同意才能去。"我原以为母亲不会同意，她却说："北京是首都，是人们向往的好地方，你若愿意去，当然是件好事。只是你还小，一切都要小心。"对父亲，我只能封锁消息。我找到母亲，已经给他一个打击，他还是很疼爱我的，只是他太窝囊，什么事都不能做主。因此，我只是在走前一天给他发了一封告别信，说过几年我会回来看他的。

我这一走，从此再没能见到父亲。他在家庭经济极困难的情况下，挪用公款三百多元，在那个极"左"的年代，被判三年劳动改造，到安宁地区带病劳动。他放心不下年仅六岁的小儿子，一天逃回祖母处看儿子。刚一进门，还没来得及抱抱儿子，就被后面追赶的人抓走了。父亲去世不久，劳改队给祖母发一消息，说他病死了。但到底是什么原因？葬在何处？至今还是个谜。

五、边城少女进北京

这次离家是去遥远的北方。对一个从没有独自出远门的十七岁女孩来说，困难不小。我从小没有家的概念，过惯了漂泊不定的游荡生活，离开家就像放飞的小鸟。出于好奇，更为将来能圆上大学的梦，我带着东拼西凑的几十元路费上路了。现在从昆明到北京，飞机只要三个小时，坐火车也有直达车，不到二十小时。而在 1957 年年底，交通还不很方便。我带上简单的行李，先坐一米轨的小火车到沾益，住一夜，再换汽车，又换火车，走了六天才到武汉。我实在太累了，脚都肿了，决定休息一天再走。一路上我不敢同陌生人交谈，正好有几位昆明公安局的人到北京学习，得到他们的帮助、指点，也缓解了旅途的寂寞。

智超算好我到达北京的日期，晚上从西北郊的北大赶到前门火车站，扑了一个空。因为我在武汉无法、也不知道怎样通知他改期，害得他担心了一整天，怕我在路上出了什么事。第二晚他再从北大赶来接我，我们在前门车站见面时那种喜悦与高兴，难以形容。他叫了两辆三轮车，拉上人和行李，到他家已近十点钟了。他的父母坐在屋里等我们。他们慈祥、和蔼，一见面就打消了我的许多顾虑。看来我给他们的第一印象也不错，特别是他妈妈很高兴，要我赶快休息。

我原来以为，像智超父亲那样的大知识分子，一定住花园洋房，比我么老爹原来的住处，至少比我干爹的住处要好得多。事实上，他们住的只是普通的宿舍。他父亲是人民教育出版社历史编辑室主任，主持全国中小学历史教科书的编写工作。宿舍和办公楼同在一个大院，是乾隆皇帝的一个公主府。老两口住有套间的两间平房，除了简单的家具外，满屋子都被书架占满了。隔几步有一间独立的小间，有七八平方米，是智超和他同年入大学的弟弟每周六晚上回家住的地方，现在腾出来作我的卧室。虽然简陋，但我有了自己的小天地，可以在这里安心学习。将来要考大学，首先就要自学高中的课程。中宣部当时为没有考上学校的干部子弟办了一所文化补习学校，也吸收附近机关的干部子弟入学。中宣部和人民教育出版社分别在景山东街的两头，相距不远，经过智超父母的介绍，我也报名入学了。这所学校下午、晚上上课，上午我在家做作业，学习也慢慢走上正轨。同学大多是高中毕业没有考上大学的，只有我一个人是初中毕业生，这也促使我加倍努力。

此时面临的第一个具体问题是：我同智超是什么关系？他是幺叔的同事，因此以前叫他叔叔，其实他只比我大六岁。我住在他家吃住怎么交钱？我不好意思开口，他父母也决不会要我交钱。我怎么同他的父母相处？他们是高级知识分子，忙碌、善良、正直、清贫，而我只是一个初中刚毕业的女孩子。周围邻居都有议论："乐素先生家来了个漂亮的大姑娘，是他们未来的儿媳妇？"我怎样面对他们善意但又好奇的目光？所有这些，对我这个涉世未深、阅历很浅的女孩子来说，都是难题。

不久，一个更迫切、更难解决的问题摆在我和智超面前：北京户口问题。当年如果报不上户口，既领不到粮票，也不能上学。而要在北京报上户口，比别的城市更难上百倍。这时，多年不联系的哥哥知道我只身跑到北京，写信骂我："你是一个女孩子，为什么不经父亲同意就跑了，害得他老泪纵横。你必须马上给我回来。"我回信："我到哪里是我的自由，你有什么资格来教训我。我就是死在外面，与你无关。我在昆明饿得快死的时候，你管过我吗？"其实我的心情也很矛盾，有一阵，真想赶快回去，在北方生活不习惯事小，许多问题我不会处理，户口更是个大问题。但随着时间的推移，我与智超的关系发生了变化。

我很敬佩他，过去把他当叔叔，出门在外，总是拉着他的衣角走。他去北大读书，当时又有各种政治运动，不一定每个星期天都回家。但只要周末一回来，就帮我补课，成了我的家庭教师。讲历史、语文、政治，每周布置作业，下次回来还批改作业、打分。面对面的辅导，我看他的牙齿这么洁白，他看我浓眉大眼，我们的感情开始升温。他问我，叔叔能不能变成哥哥？以前出门拉衣角，如今手拉手了。我想回昆明，他也不让了。再说，我回昆明，回哪个家呢？有家等于没家。我终于决定把智超的家当成我的家。他是个可靠的人，我相信把终生托付给他，他一定会对我好的。我也很看重他的才气，有上进精神，事业心强，有很强的责任心，能吃苦又朴实，我相信我的判断。

有一次，我笑着问他："你什么时候爱上我的?"他说："你还不知道，1955年我同你幺叔几个人到昆明开会。有一天你去找你叔叔，他送你出大门时，我看见一个还戴着红领巾的小姑娘。你没注意我，你走后，我问你叔叔：'她是谁?''她是我侄女。'那次就给我留下深刻印象。1957年，我们在呈贡整训，你叔叔又把你的一张照片给我看，我把照片留下来了。"我说："幺叔是有意牵线搭桥了，我还蒙在鼓里"。智超又说："你叔叔还给我讲了你家里许多情况，我很可怜、同情你。"一听到"可怜、同情"几个字，我就很反感。我说："同情不是爱情，谁要你可怜? 谁要你同情?"我觉得这些话伤了我的自尊心，我趁他不注意，又跑了。我又没有回昆明的路费，跑到哪儿呢? 在北京举目无亲，就跑到东四一条胡同里，去找我们文化补习学校团支部的一位同学。她是我到北京结识的最合得来的好朋友，比我大几岁，也比我懂事多了。在她家住了两天，她说："不要耍小孩脾气了，还是该回去。你这一跑，他和父母一家一定很着急。北京这么大，他们上哪儿去找你，不能这么任性。"我说我跑习惯了，只要不合我的心意我就跑。她到我们住处，找到智超来把我劝回去。我想在朋友家待着也不是长久办法。两位老人一定很着急，他们对我是有恩的，人们常说："滴水之恩，当涌泉相报。"于是，我决定回去，再也不能给老人添麻烦了。

没想到，我这爱逃跑的野性，是从我母亲那里继承来，又传给了我的两个儿子。大孩子因受我责骂，躲到街边烤白薯炉边过夜。小儿子跑的次数更多，十一岁时只因为我批评了他，从北京跑到青岛，以后又几次离家出走，让我们找了好多天。这时我才体会到，子女离家后家长着急的心情。

按道理，智超和我当时都在学习，虽然他每个月都有几十元的调干助学金，但经济也还不能完全独立。我们虽已确定了恋爱关系，原打算我大学毕业后再结婚。但要报上北京户口，最现实可行的办法，只有结婚。

我与智超终于走入婚姻的殿堂。当我们去登记结婚时，工作人员看我还小，特意把我叫到另一个房间，问我是不是自愿的。我毫不犹豫地回答："我是自愿和他结婚的。"工作人员这才发给我们结婚证书。

因为我们都是穷学生，又不愿增加父母的负担，我们的婚礼简单得不能再简单，却很有特色。一个周六的晚上，他父亲在家中准备了糖果，请来了出版社的社长、副社长、总编辑和编辑室的一些同事。他们都是五六十岁的专家、教授，进了屋，对我们表示祝贺以后就聊开了。他们的谈话同我们的婚礼没有什么关系，只记得社长戴白韬开玩笑似的批评一位编辑说："老邱，你可不能再生孩子了。你的孩子最多，已经九个了，再生的话就可以编成一个班了！"说完大家都哈哈大笑。结婚最大的花费就是他父亲花了三十元，在他祖父最喜欢的恩成居饭馆设宴招待祖父和其他家人。那间七八平方米的小屋就成了我们的新房。我们没有买新衣服、新被子，床单还补了一块大补丁。我们的物质生活是匮乏的，但精神生活是丰富的。可以说，当时我们还太年轻，还没有完全、真正懂得爱，就像有首歌所唱的，真是"不爱那么多，

1961 年与长子超英合影。

1964 年春赴云南毕业实习时在昆明与母亲合影。

只爱一点点"。但从这里开始，我和智超同甘共苦、相濡以沫，从青年、中年到老年，手牵手一直走到了今天。

六、终圆大学梦

智超的母亲，也就是我的婆婆给了我很大的支持。婆婆曾做过乳腺癌的切除手术，身体不大好，还要上班，我总想多做些家务减轻她的负担。但我越是主动多做家务，她就越想办法减少我的家务劳动。家里基本上不开火，一天三餐都到食堂打饭，或者到食堂吃饭，这样就不用买菜、生火、做饭，甚至不用洗碗。大孩子出生以后，她也退休了，帮助我照顾孩子，帮我减轻了许多压力。

我过去希望当医生。在小学、中学，我最愿意当小卫生员，为同学们包扎伤口、点眼药。白衣天使在我心目中有崇高的地位。我最初也准备报考医学院，但客观环境对人的影响是很大的。来到公婆家中，被历史书包围。公公有时还让我帮他查找资料，训练我阅读古文、识记历史知识。比如，他曾让我把《续资治通鉴》中有关岳飞的材料摘录出来。我中、小学时历史课的成绩好，有一定基础，再加上环境的熏陶，逐渐培养起对历史的兴趣，终于决定改学历史。

我初中毕业到北京，本应补习三年再考大学。但自从明确改学历史后，我用两年时间补习完高中三年语文、历史、地理等课程，并通过了考试。我觉得可以去参加高考了，即使失败也可以积累经验。我在1959年以同等学力的资格报考，北京师范大学历史系是我的第一志愿，第二志愿是中央民族学院历史系。考试结果揭晓，我被中央民族学院录取，公婆亲自送我到大学报到。

虽然实现了多年来上大学的愿望，但我清楚地知道，为了完成学业，我需要比其他同学付出更多的辛劳。我的小学学习是断断续续的。高中不但别人少念一年，而且学习偏重文科，没有受过完整的系统的高中教育。我还有家庭、孩子的牵累，我又不比别人聪明。笨鸟先飞，勤能补拙。我的学习机会来得很不容易，因此我加倍珍惜。在大学的五年中，我的活动路线就是宿舍——教室或图书馆——食堂——图书馆或教室——宿舍。在班里是很用功的好学生，周末回家，也尽量抽时间看书。智超只要有一点空闲，就给我讲古文、讲历史。没有他的帮助，我不可能以优秀的成绩毕业。

七、中央民族学院历史系的五年学习

1959 年 9 月至 1964 年 7 月，我就读于中央民族学院历史系。1952 年，全国高校院系调整，原燕京大学、辅仁大学、清华大学等知名院校的一批民族史、民族学、社会学等方面专家学者共同筹建中央民族学院历史系。1956 年，历史系正式成立，分设历史学和民族学两个专业，招收本科生和研究生。著名蒙元史专家、时任北京市教育局局长、中国科学院哲学社会科学部历史研究所蒙元史组组长的翁独健先生担任系主任，林耀华担任副主任，吴文藻、潘光旦、费孝通、傅乐焕、张锡彤、徐宗元、胡德煌、王锺翰、王辅仁、程溯洛、邝平章、李文瑾、孙鈱、戴可来、苏晋仁、贾敬颜、施联珠、陈雪白、宋蜀华、朱琳等许多学者，都是我们的老师。特别是翁独健先生，他在教学和科研工作之余，还主管全市中小学的教育工作，非常辛苦。据说，"文化大革命"结束后，他有机会去巴黎开会，还特意在早年与邝平章老师定情的地方，拍下了一张纪念照片。

他们学问渊博，授课内容丰富，五年的学习时光，使我的知识结构更为专业化和系统化。当时，我们的世界古代史和中国古代史课程，分别由张锡彤先生和徐宗元先生授课。张先生作为世界史研究领域的权威专家，讲课形象生动，逻辑清晰，令人印象深刻。徐宗元先生上课叼着烟卷，他学术功底扎实，讲课风趣幽默，深受学生爱戴。民族学院历史系的学术特色是重视少数民族历史与文化的教学。在学校期间，我除了学习外语——俄语以外，还学习了一门少数民族语言——傣语。王辅仁先生是我们藏族史课程的老师，当时他年轻有为，讲课生动形象，非常受学生的欢迎。本科毕业时，我以南明永历政权的抗清名将李定国为主要研究对象，完成了论文，顺利毕业。

五年学习中，虽然生活艰苦，常常只能吃黑馒头。但是，为了响应国家提出的与工农结合、改造思想的号召，我们经常下厂、下乡劳动。每年的劳动时间，少则两周，多则一两个月。我们曾到京郊大兴县黄村参加劳动，与农民同吃、同住，一去就是三个月。毕业前到西双版纳实习，一去也是三个月。在市郊劳动时，我们常帮助农民摘葡萄。当时，我还创作了一首诗"没有大粪臭，哪来葡萄香"，抒发大家的劳动热情。时任系主任的翁独健先生曾亲自去田间看望我们，还在大会上专门表扬了我的这首诗写得好，他说只有亲身体验与劳动实践，才能写出这样的诗句。除了外出劳动，我们每周还要开小组会，学习时事政治，畅谈国内外形势。那时，同学们都非常关心国家大事，每次讨论的气氛都非常热烈。

现在回想起来，这段求学的经历，帮我树立了正确的世界观、人生观和价值观，对我今后的人生道路有很大影响。但是，我感到最遗憾的是，没有足够的时间和精力照顾自己的孩子。当时，我和智超都比较年轻，身心都放在各自的学业上，只能在周末回家，对孩子和父母关心照顾得不够，小孩全靠爷爷、奶奶照顾。没有两位老人的全力支援，我不可能安心完成大学学业。他们的恩情，我永远铭记在心。

八、教师工作三十年

1964 年毕业，我被分配到北京铁路第二中学任教，走出大学校门又走进中学校门，但角色转换了，由学生变成老师。

在我走上教师岗位之前，陈垣先生同我谈过一次话，以他七十年教书的经验，对我再三叮咛，语重心长。给我印象最深的，也是我在以后的教学中严格遵守的是这样两点：第一，你当老师最重要的是什么？是认真备课，每一堂课都要好好准备，准备好了才能给学生讲。讲课内容，首先要自己弄懂，自己要清楚明白。如果你自己都不明白，糊里糊涂，怎么能让学生听明白？第二，要当好老师，板书要写好。如果你在黑板上字写得不好，不端正，你讲得再好，学生也会看不起你，影响教学效果。听了他这番话，我抽空练起了毛笔字。他听说以后，特意送了一本兰亭序帖给我。

我一到学校，领导就让我上堂讲课，并让我当一年级女生班的班主任。时任铁路二中校长的魏莲一，还曾听过我的试讲课，并给我提出了宝贵的建议。魏莲一校长是一位非常杰出的教育家。她在担任北京铁路二中校长期间，以对教育事业高度的责任感和对教育实践的深刻总结，很早就注意到学业负担过重影响学生全面发展的弊端。1963 年秋，北京试行新学制，教学内容增加，与此同时学生参加工农业生产劳动、政治活动的课时较之前一点也没减少，加上各校为了追求升学率，又都在复习考试环节投入大量课时，加重了学生负担。据魏莲一校长说，"那时我们整天忙得焦头烂额，却什么都没有忙好。除了上课，还要参加各种各样的活动。有时候半夜就要起来，组织学生扛着红旗，唱着歌，去天安门广场参加集会"。到了节假日，学校还要下乡支农。与学习无关的事占去了大量课时，教师们为了赶进度，只好在课堂上"满堂灌"，把课堂作业改为家庭作业。学生也急了，恨不得把吃饭洗漱的时间都用来学习，"有的一边梳头一边看书，有的一边跑步一边记东西"。魏莲一校长看在眼里急在心上，于是向时任北京市委书记处书记的邓拓反映，"现在学生的时间实在不够用"。1963 年 12 月，北京市委召开工作会议，魏莲一在会上着重谈了学生负担过重的问题，引起与会校长们的共鸣。大家很快达成共识："学生课业负担本来就重，需要'减负'。新大纲实行起来，更要'减负'了。"

1964 年 2 月，她提出的关于改进教学方法、减轻学生负担的建议，经有关方面转报中央。这就是教育史上著名的"二月来信"。在信中，魏莲一校长将学生负担过重归纳为：学科门类太多，理科内容太深，政治课经常临时增加内容，教学方法上死背硬记的太多。3 月 10 日，毛泽东主席作了关于减轻中学生负担的批示，3 月 14 日，中共中央向全国下发了毛泽东主席的这个重要批示和中共中央办公厅秘书室 3 月 6 日编印的《群众反映》，掀起教育改革的高潮，成为新中国教育史上产生重大影响的事件。

在魏莲一校长和许多老教师的帮助下，我由怯场到能够自如、从容地讲课，也能和学生打成一片，受到她们的欢迎。我比她们大十岁左右，她们把我当作知心的大姐姐。有两三位同学更是一下课就跟在我后面转，成了我的"小尾巴"。将近半个世纪过去了，有的学生至今还和我保持着联系。

前些年，我参加那班同学的聚会。她们因为"文化大革命"，没有能升入高中，但经过自己的努力，都在各自岗位上做出了成绩。刘玉琴进入外交部工作，成为驻古巴大使；孙莲珍自学成才，成为一名摄影师；刘铭东在复旦大学任教；戴南义在加拿大当医生，等等。作为一名教育工作者，学生的成长与成才，就是我收获的最大的快乐与幸福，我由衷地感到欣慰。

在铁路二中工作期间，"文化大革命"爆发了。先是斗所谓"黑帮"、"走资派"，然后是两派斗。我在"文化大革命"初期没有跟着"造反派"走，所以到"文化大革命"中后期"复课闹革命"的时候被推为学校革委会委员，主持全校复课工作。"文化大革命"结束，百废待举，被严重摧残的高等教育也在恢复，我调入中国人民大学，教的仍是我的老本行——历史。在大学期间，我主要讲授的是"历史基础知识"课程，其中有年代学、目录学、避讳学、历史地理和名人传记。同时，我还与其他老师合讲"中国古代通史"课程，负责唐宋元明清的部分。

大学和中学不同，教师除了讲课以外，还要从事专业学科研究，并不断把自己的研究成果充实到教学中。我在一些著名刊物上发表学术论文；同智超合作，先后赴陕西、山西收集道教碑刻材料，校补了他祖父早年编纂的《道家金石略》，计二百四十万字，被誉为道教研究的最重要成果之一。

正当我想进一步提高业务水平的时候，厄运又一次降临在我头上。我去法国进修前，一位领导要我到法国后也为他找一个进修的机会。我确实尽力了，但没有成功。谁知他恼羞成怒，在我将取得学位时，急令我回校上课。但当我放弃进一步进修机会，按时赶回学校，他又说已将课程安排给他人，不好改动，要我先备课，待下学年再开课。然后又以教学工作量不足为由，在离规定退休年龄还有七年的时候，强行把我列入退休名单。有的人看

2008 年 12 月，与智超及长孙浩宁合影。

2009 年 12 月
与智超合影。

我几次出国，得了"红眼病"，也趁机落井下石。尽管我当时是自费公派出国，出国期间在校工资已被扣除，理应不计算教学工作量，但是时任院领导仍旧按照工作量不足论断。戴逸先生还曾致信时任校长李文海，替我申冤，但是现官不如现管，我虽多次申诉，仍毫无效果。其实塞翁失马，焉知非福。

九、不是结尾的结语

我被迫提前七年退休，到现在已二十多年了。这些年我过得很充实，做了许多从前想做但没有时间做的事。我出版了专著，发表了一些引起好评的文章，到日本参加国际学术讨论会，和智超合作出书，陪他到美国讲学，到欧洲旅游，等等。

回顾这七十多年走过的道路，虽然很不平坦，但我都闯过来了。在我成长的过程中，遇到过许多好心人，老师、同学、亲人、朋友。每到关键时刻，我总会得到善良人的无私帮助，我心中铭记着他们。

幺叔宪禄始终关心我的成长。我考上大学，以后又当中学、大学教师，他都深感欣慰，为我祝福。可惜他没有看到我后来的成就。他不幸身患直肠癌，1986 年五十三岁就丢下三个孩子与世长辞。

公婆对我很宽容，把我当成他们的亲女儿。我做错了事，他们从不斥责，而是开导。他们身上所体现的传统美德与学者风范、他们的人格魅力，深深影响着我。

我的小学同学韩金莲和她的父母，在我无家可归时接纳了我，帮我在困难的情况下完成小学学业。她们对我的恩情不是说一声"谢谢"就可以了结的。前些年，我回到昆明，千方百计找到了韩金莲，几十年不见又重逢，万分欣喜。只可惜她的父母都已去世了。

现在就是对我祖母，也会想起她曾对我的点滴好处。她的结局是悲惨的。"文化大革命"中，家人都要参加运动，只有她孤零零一个人在家。天冷烤手炉，不小心点着了被子，等家人下班回家，她已死了。她是信佛的，我愿她的灵魂在西天安息！

有时我会开玩笑地对朋友说："我的遗憾是小时候没有母亲，到了老年没有女儿，人们都说女儿是妈妈的贴身小棉袄。"但是，我的两个淘气的儿子，经过自己的艰苦奋斗，现在都已成家立业，事业有成，对我们也很孝顺。

我不比别人聪明，也没有好的成长环境，但我肯下功夫，能坚持，在平凡的岗位上尽了自己最大的努力，因此我没有虚度年华。我和智超经过了多少风风雨雨的考验，已经从青年、中年进入老年阶段，我们在人生道路上互相搀扶，白头偕老，将携手共度美好幸福的晚年生活。不管别人怎么看，只要自己觉得好、觉得对，活出我们自己，就足够了。

2000 年在纪念陈垣先生诞生 120 周年大会上与王光美同志合影。

2001 年 1 月在与启功先生商讨《陈垣全集》编辑事宜时合影。

2004 年与孙女赛琳合影。

与朋友们合影。

1980 年寒假到云南师宗，与母亲、继父全家合照。

附录一

陈　垣

曾庆瑛

　　陈垣，号援庵，广东省新会县人。生于公元一八八〇年（清光绪六年）十一月十二日，卒于一九七一年六月十一日，终年九十一岁。

　　陈垣同志是我国老一辈的史学大师，在国内外史学界享有盛名。他在历史学龄前的许多领域都作了独创性的工作。他是宗教史的权威之一，对世界三大宗教——基督教、伊斯兰教和佛教在我国流传的历史都有深刻的研究，还有许多关于道教史、犹太教史、火袄教史、摩尼教史的著作。他对历史学的一些辅助学科，如年代学、校勘学、避讳学等，作了总结性的工作。在断代史方面，他对五代、宋、元、明、清史，特别是元史，有深入的研究。他一生为我们留下了三百余万字的史学著作（包括尚未发表的一百余万字）。

　　陈垣同志还长期从事教育工作，从十九岁开始，当过小学、中学教员。一九二二年任北京大学研究所国学门导师，一九二三年任燕京大学教授，一九二九年任北平师范大学史学系主任，一九三〇年任燕京大学国学研究所所长，一九三一年任北京大学名誉教授，一九二六年至五二年任辅仁大学校长，一九五二年以后任北京师范大学校长。他一生为祖国培养了不少人才，许多史学工作者受过他的教育。

的史学创作进入了旺盛时期，历久而不衰。一九三九年年初，他回顾自己二十年史学研究的过程时写道："二十年来余立意每年至少为文（专题）一篇，若能著比较有分量之书，则一书作两年或三年成绩，二十年未尝间断也。"事实确系如此。翻开他的著作年表，他写作史学论文或专著，一篇接着一篇，几乎没有间断，而且往往是前一篇还没有最后完成，又已经在酝酿下一篇的创作。这种创作的动力，是一种责任感和爱国心。他曾对学生说过：前人给我们留下不少成绩，我们也要给后代留些东西。又说：一个国家是从多方面发展起来的；一个国家的地位，是从各方面的成就累积的。我们必须从各方面就着各人所干的，努力和人家比。我们是干史学的，就当处心积虑，在史学上超过人家。他是这样教育学生的，自己更是这样做的。

他不但注重创作的数量、更注重创作的质量，要求自己的每篇著作"必须有新发见，或新解释"。他认为："材料、工具、方法为治学之三大要件"。

他十分重视材料的收集、整理和考订工作，材料没有收集好，绝不动手写文章。他提倡"竭泽而渔"和"打破砂锅问到底"的精神。所谓"竭泽而渔"，就是研究某一问题，一定要把有关这个问题的全部材料弄到手。然而，这并不等于把全部材料都堆在著作中，而是要经过一番整理、考订，看哪些是第一手材料，哪些是第二手材料，哪些是主要材料，哪些是次要材料，最后引用的，只是那些经过反复考订，证明是最可靠的材料。由于陈垣同志有渊博的目录学知识，又勤于搜集材料，所以他的著作的一个显著特点是材料丰富而精确。他一般不轻易下结论，所下的结论都有坚实的论据，经得起时间的考验。

"工欲善其事，必先利其器"。陈垣同志在研究问题时，善于依靠工具、利用工具。有现成的工具可以利用，固然很好。没有，就自己动手搞。他一生因研究史学而自己动手搞的工具书，包括已发表的和未发表的，有上百种之多。陈寅恪先生等，经常利用他编的工具书。

陈垣同志所编的工具书，最著名的是《中西回史日历》和《二十史朔闰表》。他因为研究元史、回族史和中西交通史，深感没有一本中历、西历、回历的合历，就不能进行精密的研究。于是从一九二一年起，下苦功夫，用了四年时间，编成《中西回史日历》和《二十史朔闰表》。从此中西回史的年月日都可以互通。他在《中西回史日历》的自序中谦称它是"二千年之中西月份牌"，"一千三百五十年之西域斋期单"，说："兹事甚细，智者不为，然不为终不能得其用。余之不惮烦，亦期为考史之助云尔，岂敢言历哉！"这两本工具书，几十年来为史学工作者提供了不少便利，至今仍没有失去它的价值。

陈垣同志当时所说的方法，自然还不是马克思主义的唯物辩证法，但也不同于传统的考证方法。以一九二八年完成的《史讳举例》为例，这本著作是为纪念钱大昕诞生二百周年而作的，书中也吸收了钱大昕关于避讳学的成果，但它不同于过去任何一部关于避讳的著作，陈垣同志搜罗了极其丰富的避讳史料，从中精选出有典型意义的材料，归纳为八十二例，不但阐明了历代避讳的种类、所用的方法、因避讳而篡改史实等情况，而且指出如何利用避讳学来"解释古文书之疑滞，辨别古文书之真伪及时代"。他在序言中谈到作此书的目的是"欲为避讳史作一总结束，而使考史者多一门路一钥匙"。确实，这是一部关于避讳学的总结性的著作。

陈垣同志一生的嗜好就是买书、读书。他常说："我如鱼，书如水，鱼离开了水，不能生存。"抗日战争爆发以后，因为离不开多年的藏书，他留在北平。他不顾敌伪的威胁利诱，坚决不任伪职，坚持了民族气节。

由于亲身遭受帝国主义侵略统治的苦痛，这时他的政治思想起了很大变化，并进而引起他史学思想的变化。一九四三年十一月，他在给友人的信中说："至于史学，此间风气亦变。从前专重考证，服膺嘉定钱氏；事变后，颇趋重实用，推尊昆山顾氏；近又进一步，颇提倡有意义之史学，故前两年讲《日知录》，今年讲《鲒埼亭集》，亦欲正人心，端士习，不徒为精密之考证而已。此盖时势为之，若药不瞑眩，厥疾弗瘳也"。这一段话，是他自己思想的真实写照。过去他最钦佩的学者是钱大昕，佩服他考据的精密。九一八事变以后，民族危机日益严重，他转而推崇顾炎武，用他的《日知录》作为"史源学实习"课程的教材，以为这是经世致用之学。抗日战争爆发，北平沦陷之后，他又讲授全祖望的《鲒埼亭集》，要学生不但要找出文章中史实的错误，更要"得其精神"，也就是全祖望在文集中表彰的明亡后东南一带抗清义士的斗争精神。

在抗日战争期间，陈垣同志写了几部重要著作——《明季滇黔佛教考》、《南宋初河北新道教考》、《清初僧诤记》和《通鉴胡注表微》等。这些著作，一方面保持了他过去著作所具有的材料丰富而精确的特色。例如，在《明季滇黔佛教考》一书中，他使用了过去从未被人利用过的《嘉兴藏》中许多和尚的语录。为了搜集这些材料，他带着助手，服用疟疾预防药，到存放《嘉兴藏》的那座阴暗潮湿、蚊虫密布的房子去，直到把《嘉兴藏》全部翻完。在写《南宋初河北新道教考》时，他利用了二十年代他所搜集的大量道教碑刻。另一方面，这些著作与他过去的著作有很大不同，议论很多，感叹很多，他通过褒贬抑扬，抒发自己的爱国感情。前三部书从题目看来好像是纯粹的宗教史，实际上它们也是政治史，是明末清初西南和东南人民抗清史以及金代河北人民生活和斗争史。《通鉴胡注表微》的"表微"，就是要阐发胡三省在为《资治通鉴》作注时，字里行间所流露的亡国之痛和故国之思。陈垣同志在这些著作中，借古喻今，希望能起"正人心，端士习"的作用。例如他在《通鉴胡注表微》中有这样一段话："人非甚无良，何至不爱其国，特未经亡国之惨，不知国之可爱耳！"表达了沦陷区广大人民的爱国感情。他还痛斥历史上那些汉奸是"人之恨之，不比人类"，"千夫所指，无疾而死"，显然这是针对当时那些卖国求荣的汉奸而发的。陈垣同志就是这样，用他的笔参加到当时全国人民抗日斗争的洪流中去。

陈垣同志在七十岁那年迎来了北平的解放。

解放以后，他认真学习马列主义、毛泽东思想。年纪大了，眼睛不好，书报上的五号字看不清，就要助手把资料工作停下来，帮他把经典著作抄成大字本，供他阅读。他用马克思主义来改造自己的世界观，也用来检查过去的史学思想。

他积极参加了土地改革和思想改造运动，思想感情起了很大变化，对历史文献记载的看法也有了改变。他在四川参加土改时，在大邑看到一块镂花大理石的、称颂当地堰塘修成的纪念碑。这时，也只有在这时，他透过那些"堰成，岁歌大有"等熟习的字句，看到了字里行间农民兄弟的辛酸血泪。

解放以后，陈垣同志担负了繁重的行政和学术领导工作，除了北京师范大学校长的职务以外，还是第一、二、三届全国人民代表大会常务委员，中国科学院专门委员，中国科学院哲学社会科学部学部委员，中国科学院历史研究所第二所所长（一九五四年至六〇年）。但他仍孜孜不倦地整理旧作，发表新著。一直到八十六岁的高龄，他仍继续写作。解放以前，他的许多著作，因为找不到合适的出版社，只好自己找人木刻，用木板印刷。他的重要著作《元西域人华化考》前四卷在北京大学《国学季刊》发表（一九二三年），原拟下期继续刊登后四卷，但因为《国学季刊》经费无着，下一期一直拖延不能出版，四年后只好把后半部放在《燕京学报》发表。解放以后，条件有了很大改变，他的许多著作，经过补充整理，由国家出版社出版了十种，共一百余万字，与此同时，他还从事《旧五代史》和《册府元龟》的推理、校勘工作，发表了数十篇学术论文。

陈垣同志的大半生是在旧社会度过的，经历了曲折迂回的道路。一九五九年，他以七十九岁的高龄，参加了中国共产党，获得了新的政治生命，也找到了光荣的归宿。

明年是陈垣同志百年诞辰，中华书局将分集出版他的学术论文集以及继续出版他的专著，以作纪念。

一九七九年四月

附：陈垣重要著作

《元也里可温考》，《东方杂志》第十五卷第一至四号（一九一八年）。

《记大同武州山石窟寺》，《东方杂志》第十六卷第二、三号（一九一九年）。

《开封一赐乐业教考》，《东方杂志》第十七卷第五至七号（一九二〇年）。

《火祆教入中国考》，北京大学《国学季刊》第一卷第一号（一九二三年）。

《摩尼教入中国考》，北京大学《国学季刊》第一卷第二号（一九二三年）。

《元西域人华化考》，前四卷发表于北京大学《国学季刊》第一卷第四号（一九二三年），后四卷发表于《燕京学报》第二期（一九二七年），后收入励耘书屋丛刻（一九三四年）。

《书内学院新校慈恩传后》，《东方杂志》第二十一卷第十九号（一九二四年）。

《二十史朔闰表》，北京大学研究所国学门丛书（一九二五年）、古籍出版社（一九五六年）。

《中西回史日历》，北京大学研究所国学门丛书（一九二六年）、中华书局（一九六二年）。

《回回教入中国史略》，《东方杂志》第二十五卷第一号（一九二八年）。

《史讳举例》，《燕京学报》第四期（一九二八年）、科学出版社（一九五八年）。

《中国史料的整理》，燕京大学《史学年报》第一期（一九二九年）。

《大唐西域记撰人辩机》，《历史语言研究所集刊》第二本第一分册（一九三〇年）。

《元典章校补》，励耘书屋丛刻（一九三一年）。

《元典章校补释例》（又名《校勘学释例》），《庆祝蔡元培先生六十五岁论文集》（一九三二年），中华书局（一九五九年）。

《元秘史译音用字考》，历史语言研究所单行本（一九三四年）。

《吴渔山先生年谱》，《辅仁学志》第六卷第一、二期合刊（一九三七年）。

《旧五代史辑本发覆》，励耘书屋丛刻（一九三七年）。

《释氏疑年录》，励耘书屋丛刻（一九三九年）、中华书局（一九六四年）。

《明季滇黔佛教考》，辅仁大学丛书第六种（一九四〇年）、中华书局（一九六二年）。

《清初僧诤记》，《辅仁学志》第九卷第二期（一九四〇年）、中华书局（一九六二年）。

《南宋初河北新道教考》，辅仁大学丛书第八种（一九四一年）、中华书局（一九六二年）。

《通鉴胡注表微》，前十篇载于《辅仁学志》第十三卷第一、二期合刊（一九四五年），后十篇载于第十四卷第一、二期合刊（一九四六年）；科学出版社（一九五八年）。

《中国佛教史籍概论》，中华书局（一九六二年）。

《跋西凉户籍残卷》，《北京师范大学学报》一九六三年第二期。

发表于《中国史研究动态》，1979（7）。

《人物》杂志全文转载

附录二

陈垣故居

曾庆瑛

西城区兴华胡同 13 号（原为兴化寺街 5 号，20 世纪 60 年代改今名），是一座典型的老北京四合院。从这座院往西几步，穿过一条狭长的甬道北行，就是定阜大街的辅仁大学的旧址（现为北京师范大学之一部）。它东临什刹海，西距嘉兴寺不远，南行马路对面就是北海后门。它坐北朝南，灰砖灰瓦。门前有四级台阶，两扇大门油漆已斑驳，但两边的一副对联"忠厚传家久，诗书继世长"仍清晰可读。门前原有一对石狮。进入大门，影壁迎面而立。向左行，就步入这两进院落的前院。前院不大，长约六七米，宽约十六七米。南房是套间，比较宽敞，原主人在世时，是他会客的地方。西厢是厨房和保姆住的地方。老保姆有时在这小小的院子里放养几只小鸡，给院子增添了几许生气。房子外面有两株几十年树龄的海棠树，春天繁花似锦，秋天红果累累。穿过垂花门，就进入后院，比前院大两三倍。东西厢房各三间。东厢房是亲友来时住的客房和抄书先生的工作间，西厢房则是主人的书库。他四万多册藏书，大都是线装书，整齐地码在书箱上，书箱则放在书架上，书架一排又一排，因为书太多，两排书架之间的空间很窄，主人戏称为"胡同"。他对自己的藏书非常熟悉，有时要查某书，会让助手到第几胡同第几架第几箱去取，从来没有出错过。北屋 5 间，西边是主人的卧室和卫生间，东边是助手的工作室。正中的堂屋，是主人的工作室，有时也作为会见客人的地方。室中经常轮换悬挂主人珍藏的清代著名学者的墨迹，还有一块匾额高悬室中，题字者是著名爱国人士英华（字敛之），匾上四个大字为"励耘书屋"。20 世纪 30 年代至 70 年代，居住在这里的就是书屋的主人陈垣。

从 1913 年来京至 1971 年去世，他在北京生活了 58 年，一直租赁房子居住，这 58 年中，他一共换过 8 处住所。头 8 年住在宣武门内象来街，之后 6 年住在西安门大街，有 3 年住翊教寺（今育教胡同），又住过丰盛胡同，1932 年至 1937 年住米粮库，与胡适做了多年邻居。抗战爆发当天搬至南官坊口，一年零两个月后又搬李广桥西街（今名柳荫街）。十个月后的 1939 年 7 月 16 日，搬到兴化寺街 5 号，从此才安定下来，整整住了 32 年，直到去世。兴化寺街 5 号是陈垣一生住得最长的地方。他在这里度过了生命最后三分之一的时光。

陈垣逝世一周后，北师大宣传队收回了这座四合院，七八户人家陆续搬进来，成了大杂院。北屋 5 间住的是白寿彝一家。他是陈垣在燕京大学任国学研究所所长时的学生，后来任北师大历史系主任。

随着国民经济的发展，原住院内的各家，除了前院的两户外，都分到了房子，搬出了这个院子。北师大近年对这个院子进行了整修，北院现在是辅仁大学校友会办公室，院内安置着一座由校友捐赠的陈垣塑像。正屋现在悬挂着启功题的"励耘书屋"牌匾。四周挂的是陈垣一生不同时期的照片。每年辅仁大学的返校节，包括台湾辅仁大学在内的校友会来此聚会，也有一些国内外的学者、学生来参观。

故居现为西城区文物保护单位。